U0954989

网络与新媒体系列教材

总主编　周茂君

新媒体营销

周丽玲　刘明秀　编著

西南大学出版社
SWUP
国家一级出版社　全国百佳图书出版单位

图书在版编目(CIP)数据

新媒体营销 / 周丽玲, 刘明秀编著. -- 重庆 : 西南大学出版社, 2023.1
网络与新媒体系列教材
ISBN 978-7-5697-1487-6

Ⅰ. ①新… Ⅱ. ①周… ②刘… Ⅲ. ①网络营销—教材 Ⅳ. ①F713.365.2

中国版本图书馆CIP数据核字(2022)第212811号

新媒体营销

XINMEITI YINGXIAO

周丽玲　刘明秀　编著

责任编辑 | 杨景罡
责任校对 | 鲁　艺
装帧设计 | 魏显锋　汤　立
排　　版 | 吕书田
出版发行 | 西南大学出版社
地　　址 | 重庆市北碚区天生路2号
邮　　编 | 400715
经　　销 | 全国新华书店
印　　刷 | 重庆三达广告印务装璜有限公司
幅面尺寸 | 185mm×260mm
印　　张 | 17.25
字　　数 | 315千字
版　　次 | 2023年1月　第1版
印　　次 | 2023年1月　第1次印刷
书　　号 | ISBN 978-7-5697-1487-6
定　　价 | 49.90元

丛书编委会

总主编：周茂君

副主编：洪杰文　李明海

编　委：（按姓氏笔画为序）

马二伟　王　琼　王红缨　王杨丽　王朝阳
方　堃　归伟夏　代玉梅　延怡冉　刘明秀
阮　卫　李明海　杨　嫚　何明贵　张　玲
张琳琳　林　婕　金　鑫　周丽玲　周茂君
洪杰文

策　划：杨　毅　李远毅　杨景罡　钟小族　鲁　艺

本书资源

联系电话:023-68252455　鲁老师

序言

媒介技术的发展将我们带到了一个众声喧哗、瞬息万变的新媒体时代。面对这个由媒介构建的全新世界，人们的思想观念、生活方式乃至行为举止都在发生着急剧的改变；既为其所迷醉，乐此不疲，又常常感到不知所措和无所适从。新媒体到底是什么？新媒体时代到来又意味着什么？人们如何正确处理好与新媒体的关系？这些问题看似简单，却又真真切切地摆在人们面前，需要我们去面对，去解决。因此，科学地认知、理解和运用新媒体在当下显得尤为重要。

人类社会发展的每一阶段都会有一些新型的媒体出现，它们都会给人们的社会生活带来巨大的改变。这种改变在今天这个新媒体时代表现得尤其明显：受众这一角色转变成了"网众"或"用户"，成了传播的主动参与者，而非此前的信息被动接收者；传播过程不再是单向的，而是双向互动的；传播模式的核心在于数字化和互动性。这一系列改变的背后是网络技术、数字技术和移动通信技术的发展，并由此衍生出多种新媒体形态——以网络媒体、互动性电视媒体、移动媒体为代表的新兴媒体和以楼宇电视、车载移动电视等为代表的户外新型媒体。

由周茂君教授主编的这套网络与新媒体系列教材，就是在移动互联、数字营销、大数据和社会化网络等热点问题层出不穷的背景下，沿着技术、传播、运营和管理的逻辑，对新媒体进行的梳理和把握。从技术层面上看，新媒体是用网络技术、数字技术和移动通信技术搭建起来，进行信息传递与接收的信息交流平台，包括固定终端与移动终端。它具备以新技术为载体、以互动性为核心、以平台化为特色、以人性化为导向等基本特征。从传播层面看，新媒体从四个方面改变着传统媒体固有的传播定位与流程，即传播参与者由过去的受众变成了网众，传播内容由过去的组织生产变成了用户生产，传播过程由过去的一对多传播变成了病毒式扩散传播，传播效果由过去能预期目标变成了无法预估的未知数。这种改变从某种程度上可以说是颠覆性的，传统的“5W”“魔弹论”和“受众”等经典理论已经成为明日黄花。从运营层面看，在技术构筑的新媒体平台之上，各类新媒体开展着各种运营活动。从管理层面看，新媒体管理主要从三个方面着手，即新媒体的政府规制、新媒体伦理和新媒体用户的媒介素养。这样，政府规制对新媒体形成一种外在规范，新媒体伦理从内在方面对从业者形成约束，而媒介素养则对新媒体用户提出要求。

这套网络与新媒体系列教材既有对新媒体的发展轨迹和运行规律的理论归纳，又有对新媒体运营实务的探讨，还有对大量鲜活新媒体案例的点评，切实做到了理论与实务结合、操作与案例相佐，展现出教材作者良好的学术旨趣与功力。希望以这套教材为起点，国内涌现出更多的高质量研究著作和教材，早日迎来网络与新媒体教育、研究的新时代。

是为序。

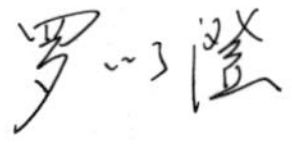

2022年8月

（罗以澄，全国应用新闻传播学研究会名誉会长、湖北省新闻传播教育学会名誉会长，曾任国务院学位委员会新闻传播学科评议组成员、中国新闻教育学会副会长、中国传播学会副会长。）

前言

关于网络与新媒体，从概念到特征，有各种不一样的看法与表述。其实，网络与新媒体是对网络媒体、数字媒体和移动媒体的总称，是指采用网络技术、数字技术和移动通信技术等新技术进行信息传递与接收的信息交流平台，包括固定终端与移动终端。新技术、互动性、平台化、数据和算法，是解读网络与新媒体时代的重要关键词。

以新技术为引领，是指网络与新媒体的运营以新技术为基础。新技术的应用与普及，不仅为网络与新媒体的诞生提供了技术支持，同时也为其运营提供了信息载体，使得信息能以超时空、融媒体、高保真的形式传播出去。可以说，网络与新媒体的所有特征，均建立在新技术提供的技术可能性的基础之上。

互动性是网络与新媒体的本质特征。传统媒体时代信息的流动都是单向的，而网络与新媒体却突破了这一局限。它从根本上改变了信息的传播模式，也从根本上改变了传者与受众之间的关系。传播参与者以一个相对平等的地位进行信息交流，媒体以往的告知功能演变为如今的互动沟通。这种沟通不仅体现在媒体与用户之间，还体现在用户与用户之间。可以说，网络与新媒体的这一特征，不仅对传统媒体，而且对整个社会都产生了深远的影响。

平台化是网络与新媒体的主要特色。借助信息交换平台，传统媒体与新媒体逐渐走向融合——网络与新媒体以其包容性的技术优势，接纳与汇聚了传统媒体的媒介属性；而报刊、广播、电视等传统媒体则在适应新的媒体环境，与新技术形式相互渗透、融合之后，获得了二次发展。

数据，是网络与新媒体时代最重要的生产要素，是新媒体平台和传统媒体平台开展业务运营的基础性前提。平台运营的基础是基于用户数据的大数据挖掘与分析，有了数据的加持，媒体平台无论用户运营，还是内容运营，抑或是活动运营，才会做到有的放矢、精准无比。

算法推送是网络与新媒体时代同传统媒体时代的重要分野。传统媒体不管受众是谁、有什么实际需求，往往习惯于居高临下的“自说自话”，极易造成“鸡对鸭说”的无奈结果；而网络与新媒体平台则采用人工智能技术，基于算法、算力、运算法则和大数据，早早将目标用户“锁定”，针对其新需求和隐性需求，选妥内容并适时推送。

修订、重新编写这套网络与新媒体系列教材，出于三方面的考虑：

其一，修订、重编教材要跟上网络与新媒体专业发展的步伐。20世纪90年代末国内只有少数几家“先知先觉”的新闻传播院校在新闻学系开办“网络新闻方向”或者“网络传播方向”，一般将它命名为“传播学专业”。其特征一是没有“准生证”，二是专业(方向)定位模糊，这种状况直到2012年教育部将该专业列入高等学校本科招生目录才有所改观。到2022年，已有307家院校招收网络与新媒体专业的本科生[1]，其专业教育已从初创时的“涓涓细流”汇聚成现在的“大江大河”。因此，相关教材的修订、重编必须跟上并适应这种发展态势。

其二，修订、重编教材要顺应网络与新媒体专业渐次规范的潮流。一个专业从无到有，无疑是“草创”；其课程设置与专业定位皆无先例可循，也与“草创”无异；该专业创办以后，国内缺少成套教材，各院校只能选用在市场上销售的散本新媒体书籍作为教材供学生使用，同样是“草创”。因此，出版于2016年的9本“新媒体系列丛书”——《新媒体概论》《新媒体技术》《新媒体运营》《新媒体营销》《全媒体新闻报道》《网络视频拍摄与制作》《Web技术原理与应用》《新媒体内容生产与编辑》《新媒体广告》——虽也是“草创”产物，但对缓解当时的教材“荒”，帮助该专业走向规范是

[1] 依照教育部指定高考信息发布平台统计，我国目前开办网络与新媒体专业本科教育的院校已达307所。

有贡献的。在此基础上，武汉大学新闻与传播学院课题组，在开展“基于一流课程的教学改革与实践研究”专项重点课题时[2]，对国内54家院校网络与新媒体专业本科人才培养方案进行内容分析，以3434门专业课程为样本，按照开设频率和代表性，整合出16门专业核心课程，并在此基础上拟定16本专业教材——《网络与新媒体概论》《数字媒体技术》《融合新闻报道》《新媒体内容生产与编辑》《新媒体Web技术基础》《短视频拍摄与制作》《新媒体运营》《新媒体营销》《新媒体产品策划》《数据新闻：理论与方法》《新媒体数据分析》《数字媒介视觉设计》《新媒体广告教程》《新媒体伦理与法规》《计算传播学：理论与应用》《新媒介经营管理案例解析》——借此促进专业的课程设置和目标定位。当然，上述16本教材要涵盖该专业所有核心课程无疑是困难的，但却向着规范道路又跨出了坚实一步。

其三，修订、重编教材要与知识更新迭代同步。网络与新媒体时代是一个变革的时代——传播技术在变，传播业态在变，媒体格局在变，人们的观念在变——变革是永恒的主题，它无处不在。与此相应，知识的更新迭代同样迅猛。因此，修订、重编教材既要关注业界的最新动态，又要汲取学界的前沿研究成果，这样才能与知识更新迭代同步，始终立于时代前列。

修订、重新编写本套教材希望达到如下目标：

1. 在指导思想上，本套教材着眼于网络与新媒体时代合格的应用型人才培养，适应人才培养逐步由知识型向能力型转变的需要。这是编写本套教材的基本方针，也是编写的基础和前提。

2. 本套教材将“技术”“内容生产”“数据”“运营”“产品”五个层面作为着力点，将网络技术、数字技术、移动通信技术和人工智能技术等发展带来的各种新媒体形态作为主要研究对象，勾画出从传统媒体到融合媒体、从传统新闻到数据新闻、从传统营销到数字营销和从传统广告到数字广告的发展线索，落脚点和编写重点在网络与新媒体的理论与实践。教材内容既要相互关联，又要厘清彼此间的边界而不至于重复。

3. 本套教材瞄准高等学校网络与新媒体专业或相关专业的专业主干课，因而

[2] 中国高等教育学会2020年度“基于一流课程的教学改革与实践研究”专项重点课题“新闻传播学本科专业核心课程体系构建研究”（JXD05）。

教材的编写内容，除了具备普通高等学校在校本科生、研究生必须掌握的新媒体传播、运营实务的基本知识和技能外，还必须具备开阔的思路和国际化的视野，有利于完善学生的知识结构，有利于培养其适应时代需要的新媒体内容生产、新媒体产品策划、短视频拍摄与制作、新媒体数据挖掘、新媒体运营和新媒体营销等方面的能力，保证其毕业后能胜任相关工作。

4. 本套教材既关注理论前沿问题，又将基本理论、实际应用和案例点评相结合，展现出独具的特色：

其一，基本理论部分。围绕网络与新媒体相关理论，只作概括性的叙述，不进行全面性的阐述，对其基本原理，力争深入浅出，易学易懂。

其二，实际应用部分。网络与新媒体基本理论的实际应用是本套教材的写作重点。无论技术层面，还是内容生产层面，抑或是数据、运营、产品层面，注重实际应用将贯穿于每本书的编写之中。

其三，案例点评部分。每本书的大部分章节都要求安排与本章内容相关联的案例点评，点评的篇幅可短可长，从数十字到数百字均可，用具体的案例点评，来回应前面的基本理论和实际应用。

5. 本套教材在编写过程中尽力做到有思想、有创见、有全新体系，观点新颖，持论公允，整体风格力求简洁、明了、畅达，并在此基础上使行文生动、活泼、风趣。

"理想很丰满，现实很骨感。"上述目标在编写过程中是否实现了，还有待学界和业界学者、专家以及广大读者的检验与评判，为此我们祈盼着！

在本套教材付梓之际，需要感谢和铭记的人很多。首先要感谢武汉大学新闻与传播学院的老院长罗以澄先生，他不仅为本套教材的编写提出了许多建设性意见，还亲自撰写了序言，老一辈学者对年轻后辈的爱护与提携之情溢于言表。其次要感谢本套教材的所有作者，时间紧，任务重，至少有7本教材需要"另起炉灶"，其间的艰辛与困苦可想而知。最后要感谢西南大学出版社的杨毅先生、李远毅先生、杨景罡先生、钟小族先生和鲁艺女士等，是你们的辛勤付出和宽大包容才使本套教材得以顺利面世，感激之情无以言表。

周茂君　于武昌珞珈山

2022年8月

目录

CONTENTS

第一章

1 新媒体营销概述

2 第一节 新媒体营销的概念与内容

10 第二节 新媒体营销的演进与发展

第二章

35 新媒体营销的理论基础

37 第一节 参与化时代与合作营销

43 第二节 关系视角下的新媒体营销

56 第三节 技术视角下的新媒体营销

61 第四节 营销观念的变革

第三章

68 新媒体营销策划

70 第一节 确立营销参与者及目标

72 第二节 搭建营销传播平台

81 第三节 数据管理与整合营销

第四章

88 搜索营销

90 第一节 搜索营销概述

93 第二节 搜索营销的方法与策略

101 第三节 搜索的多元化及其营销前景

目录

CONTENTS

第五章

114 视频营销

116 第一节 视频营销概述

122 第二节 视频营销的类型

130 第三节 视频营销的策略与方法

第六章

139 直播营销

140 第一节 直播营销的发展与特点

147 第二节 直播营销的模式与策略

152 第三节 直播营销的困境与优化

第七章

164 游戏营销

165 第一节 游戏营销概述

172 第二节 游戏营销的形式与方法

179 第三节 游戏营销的风险、问题与应用策略

目录

CONTENTS

第八章

185 微博营销

186 第一节 微博营销概述

193 第二节 微博营销策略

200 第三节 微博营销面临的挑战和发展趋势

第九章

208 微信营销

210 第一节 微信营销的兴起与主要形式

217 第二节 公众号与小程序营销的方法与技巧

224 第三节 朋友圈与视频号营销的方法与技巧

228 第四节 微信营销的发展趋势

第十章

232 App营销

233 第一节 App营销概述

242 第二节 App营销模式

249 第三节 App营销的策略与方法

第一章　新媒体营销概述

知识目标

1.新媒体营销的特点。

2.新媒体营销内容体系。

能力目标

1.把握新媒体的发展对营销所带来的机遇与挑战。

2.提升运用新媒体进行营销活动的意识与能力。

思维导图

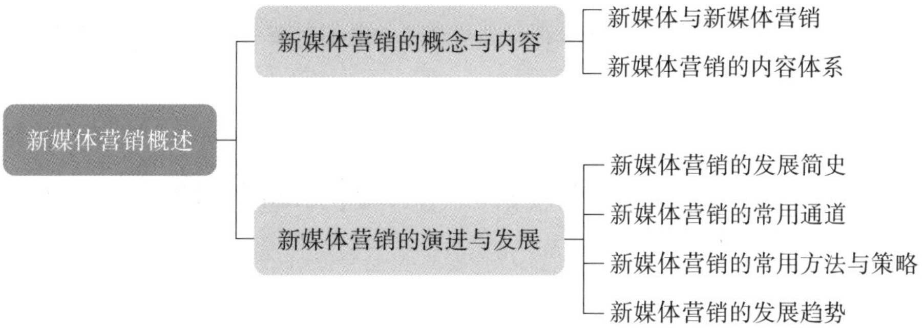

@ 案例导入

随着数字技术特别是人工智能技术的发展，虚拟偶像开始出现在演艺娱乐、新闻播报、网络直播以及广告代言等活动中。除了较为知名的虚拟歌姬“洛天依”外，虚拟偶像女团“A-SOUL”、虚拟人“翎_Ling”等也走入大众视野。

2021年11月，中国首个超写实虚拟偶像KOL“翎_Ling”受宝格丽邀请，参与演绎2022春夏系列新品。作为国内超写实虚拟人中最早涉猎国风领域的“翎_Ling”，“中国风格”与“未来数字感”交织的独特魅力，让她大受品牌欢迎。健身品牌Keep、美妆品牌百雀羚均先后邀请其担任产品推广官。

还有越来越多的品牌开始尝试虚拟偶像代言。2021年10月，普拉达在社交平台上发布全新的Candy香水广告，并宣布使用全新的虚拟偶像代言人“Candy”。其业务负责人表示，使用虚拟偶像作为广告面孔，能够帮助品牌更好地吸引到Z世代的关注。

知名虚拟偶像“洛天依”多次与维他合作，为维他柠檬茶进行广告宣传；天猫则邀请“翎_Ling”和中国首位超写实虚拟男模“Ask”担任数字推荐官，打造首个奢侈品“数字藏品”艺术Gallery；雅迪电动车签约虚拟偶像“阿喜”作为其最新推出的高端智能换电车换换系列的“新品推荐官”……

许多品牌也推出了属于自己的虚拟偶像代言人，如花西子推出同名虚拟偶像“花西子”作为代言人，屈臣氏推出虚拟代言人“屈晨曦”。2022年3月，五芳斋推出首位虚拟艺人“五糯糯”，以五芳食坊主理人的身份与消费者共享好吃、好看、好玩的节令美食。

在数字时代，现实与虚拟随时切换。虚拟偶像会是品牌年轻化的万能灵药吗？①

第一节　新媒体营销的概念与内容

无论我们是否愿意接受，数字技术正在重塑我们的社会和人类行为。互联网深度融入人们的日常生活，互联网经济也逐渐将越来越多的传统产业纳入其中，融合发展。新媒体营销已成为企业重要的营销手段，在很多企业的营销预算中占据着重要位置，甚至是主导地位。

---

① 资料来源：《越来越多的品牌广告启用虚拟偶像　这会是吸引年轻人的万能“灵药”?》，《钱江晚报》官方帐号2021年11月30日。

一、新媒体与新媒体营销

从纸媒到电波，从音频到视频，从现实到虚拟，从信息技术（IT）到数字技术（DT），再到人工智能、云计算，科技的每次创新，都给我们的社会和每个人的生活带来重要影响。媒体是人们传播信息、实现人与人的联结的中介，它既可以是有形的，也可以是无形的。我们常常以媒体的新旧作为划分时代的依据，如“纸媒时代”“电视时代”“网络时代”“手机时代”“社交媒体时代”，这也从侧面反映了媒体对一个时代和社会的影响之深远。我们也常说“传统媒体时代”“新媒体时代”，那么，究竟什么是“新媒体”呢？

（一）新媒体的概念

“新媒体”（new media）一词最早见于1967年美国哥伦比亚广播公司技术研究所所长P.戈尔德马克的一份商品开始计划。之后，在1969年，美国传播政策总统特别委员会主席E.罗斯托在向尼克松总统提交的报告书中，也多次使用了“新媒体”一词。

联合国教科文组织对新媒体下过一个定义：“新媒体就是网络媒体。”不过，这个定义没有对新媒体与传统媒体的本质区别做进一步阐述，没有揭示媒体传播模式和内容生产方面的变化。

美国《连线》杂志将新媒体定义为“所有人对所有人的传播”。这个定义突破了传统媒体对传者和受众两个角色的严格划分，在新媒体环境下，没有所谓的“听众”“观众”“读者”“作者”，每个人既可以是接受者，也可以是传播者，信息的传播不再是单向的。可以说，《连线》杂志将新媒体互动性的特征揭示了出来。①

蒋宏、徐剑提出，新媒体是指20世纪后期在世界科学技术发生巨大进步的背景下，在社会信息传播领域都出现的建立在数字技术基础上的能使传播信息大大扩展、传播速度大大加快、传播方式大大丰富的，与传统媒体迥然相异的新型媒体。②清华大学熊澄宇教授提出，所谓新传媒，或称数字媒体、网络媒体，是建立在计算机信息处理技术和互联网基础之上，发挥传播功能的媒介总和，全方位、立体化地融合了大众传播、组织传播和人际传播，以有别于传统媒体的功能影响我们的社会生活。③

《新媒体百科全书》的主编斯蒂夫·琼斯认为：“新媒体是一个相对的概念，相对于图

① 匡文波.“新媒体”概念辨析[J].国际新闻界，2008，3(6).

② 蒋宏，徐剑.新媒体导论[M].上海：上海交通大学出版社，2006.

③ 熊澄宇，廖毅文.新媒体——伊拉克战争中的达摩克利斯之剑[J].中国记者，2003，2(5).

书，报纸是新媒体；相对于广播，电视是新媒体；新是相对于旧而言的。新媒体是一个时间概念，在一定的时间段内，新媒体应该有一个稳定的内涵。新媒体同时又是一个发展的概念，科学技术的发展不会终结，人类的需求不会终结，新媒体也不会停留在任何一个现存的平台。”

可见，新媒体的内涵会随着传媒技术的进步而有所发展，要准确地界定新媒体必须以历史、技术和社会为基础综合理解。本书所称之新媒体，是指建立在数字技术和互联网基础之上的媒体形式，较之以往的媒体具有全新的传受关系性质和全新的技术手段。

（二）新媒体特征

数字技术是新媒体发展的原动力，现阶段的新媒体无不以数字技术为基础，所以也有人将新媒体称为数字媒体。数字技术是伴随着计算机的发明而开发的一种新的信息编码方式，它将数字“0”或“1”作为信息的最小单位——比特，任何信息都表达为一系列“0”和“1”的排列组合，并在数字编码的基础上，通过电子计算机、光缆、通信卫星等设备来表达、传播、处理和存储所有信息。换言之，数字技术就是将信息数字化。正是由于数字技术是新媒体的核心技术，所以数字媒体表现出与传统媒体不同的特征。

1.互动性

从数字技术特性来看，互动性是新媒体的根本特征。数字技术实现了信息的多样化传播，整合了媒体资源。任何新媒体的信息，包括网络信息、手机信息、数字电视等都可以通过编码，进入信息系统之中，从而为各种基于数字技术的媒体所共享。因此，任何时间、任何地点、任何媒体、任何人的信息传播和接收都成为可能。可以说，在新媒体传播中“处处是边缘，无处是中心”，交互性是新媒体区别于传统媒体的重要特征之一。

2.即时性

新媒体技术打破了传统媒体在时间上的限制，能在瞬间到达地球上的任何地方，真正实现了麦克卢汉的“地球村”预言。一般而言，传统媒体具有出版周期，且版面、时长都有严格的规定，所以信息传播受到时间和空间的限制。但是新媒体可以随时更新新闻信息，可以24小时不间断发稿，可以对突发事件进行直播，如2008年汶川地震，受众通过新媒体在第一时间获取第一手信息。再如2013年雅安地震，在所有媒体中播报信息最快、传递信息最广、现场感最强、传递信息最丰富的非新浪微博莫属。

3.共享性

互联网将全世界的网络连接起来，形成一个巨大无比的数据库，其超链接技术又将这些海量信息融合在一起，其开放、共享的程度超过了以往所有媒体。受众能够将所看到的信息第一时间发布出去，并将信息与其他用户进行共享。比如，百度文库是供网友在线分享文档的开放平台，用户可以在百度文库在线阅读或下载论文、专业资料、课件、试题、各类公文模板等，而这些文档也是网友上传的。2015年4月25日尼泊尔大地震，数以百万计的人们利用Facebook和Google等社交媒体寻找亲人、通知当局和表达支持，成功地将关注尼泊尔地震的全球民众汇聚在一起，展开多元化救助。[①]2020年新冠肺炎疫情暴发以来，在我国有着超十亿用户的国民级应用微信，在疫情报道、疫情防控、社会救助和社会治理上扮演了重要角色。通过微信去了解信息、展开话题讨论和互动分享已经成为绝大多数中国人的日常习惯。

4.个性化

诚如美国西北大学媒介研究所学者詹姆斯·韦伯斯特所言，“媒介融合，不是强调技术，不是强调产品，而是强调对用户特定需求的满足”。例如，iPhone提供的一项基于GPS定位技术的新应用“imap”能够提供更加随时随地的服务，不同地区的不同用户可以享用不同个性化的服务。可以说，在新媒体时代，媒介正在对不同的个体，实现最大程度的延伸。新媒体融合了传统媒体的很多优点，能够为受众提供个性化服务。通常，这种“个性化”体现在细节设计之中。当前，包括SNS网站、博客、微博客在内的社交网络媒体都为用户提供个性化的服务，从主页设计、页面排版、好友管理到图片视频分享等。对于用户而言，不仅拥有信息的选择权，还拥有信息的控制权，可以自己的个性方式创造信息内容、改变信息传播方式。利用各种搜索引擎工具，人们可以根据自己所需来选择关注的内容，还可以根据自己的喜好，寻找自己的“朋友圈”，例如BBS论坛、QQ群、微信等。

① 尼泊尔强震 新媒体技术控如何拯救世界?[EB/OL].网络广告人社区.http://www.iwebad.com/x/8177.html,2015-04-29.

5.超文本

新媒体改变了信息组合方式,因为它可以将分布于全世界的图文并茂的多媒体信息,以超链接的方式组织在一起,用户只要连接到一个网页,点击链接就可以访问其他相关网页。因此,用户可以按照自己所需所好进行信息的编排与传播。新媒体超文本特点,大大增加了信息传播的可读性与传播速度。

(三)新媒体营销

营销是个人和群体通过创造并同他人交换产品和价值,以满足需求和欲望的一种社会管理过程。随着社会经济的发展,营销观念也随之发生变化。由以满足市场需求为宗旨的4P理论,到以追求顾客满意为目的的4C理论,再到由4C理论延伸的4R、4V理论。其理论演变的基本脉络为消费者的地位在不断增强。

随着信息技术的发展进步,特别是Web2.0技术所带来的巨大革新,用户不仅可以不受时空限制地分享各种观点,而且可以很方便地获取自己所需要的信息、发布自己的观点。这种变化使得企业的营销思维也随之发生了改变,企业变得更加注重消费者的体验与沟通。新媒体营销就是在这种环境下产生的。所谓新媒体营销,就是通过新媒体渠道所开展的营销活动。它具有以下特点:

1.成本低廉

新媒体营销是数字技术发展的产物,按照吉尔德定律,随着通信能力的提高,每比特传输价格朝着免费的方向下跌,无限接近于零。相对于传统媒体的购买成本,新媒体成本要低廉很多。比如微博,企业只需要完成微博的注册、认证、信息发布和回复等功能,就可以进行营销信息的传播。并且营销信息的传播无须经过相关行政部门的审批,大大简化了工作程序,不仅节约了经济成本,也节约了时间成本。再者,新媒体打破了传统上的物理空间概念,实现了"地球村"的预言,相比过去,在最大程度上实现了信息传播的畅通无阻,因此,只要信息满足消费者的兴奋点,消费者就会自动加入到信息传播中去,从而带来信息的免费传播和共享。

2.精准定位

数字技术和通信技术的发展,为营销的精准定位提供了很好的技术支持。不管是门户网站的按钮广告,搜索引擎的关键词广告,还是SNS推广等,基于大数据分析,都可以进行更精准的定位，满足客户个性化需求。譬如，网友在网上谈论购买化妆品的事情，那么系统就会认定网友有购买化妆品的需求。基于这种判断，系统会向网友推送化妆品的宣传。新媒体营销之所以可以做到这点，是因为它有全新的技术手段，一切基于消费者网络账户的个人及关系网、消费需求及网络行为都可以被记录和分析。新媒体的强大数据库成为这些记录和分析工作的基础。因此大数据的营销价值被充分肯定，被认为是精准营销的根基所在。

3. 更易形成病毒传播

新媒体传播由传统的单向传播演变为双向甚至多向传播，使得每一个信息接收者都有可能变为信息源。同时，新媒体的多元、便利，以及传播渠道和平台的开放、易得性，都使得发散效应颇为显著的病毒式传播在新媒体条件下会有更大可能得以出现。为此，企业需要真正了解和懂得网友和消费者，了解消费者真正感兴趣的是什么，了解网民最喜欢参与的话题和事件又是什么，通过与消费者的讨论和分享，推动信息的大范围自发传播，形成病毒传播。

例如，喜力啤酒曾开展过一场别开生面的造谣运动——“朋友之间的造谣运动”，利用用户与朋友之间的一些照片，为用户提供“媒体环境”，让他们创作一些造谣的图片，然后通过网络发给圈子内的人。很多人收到这样的图片后，马上会转发给更多的朋友，或者参与到造谣运动之中，成功完成了病毒性营销。

二、新媒体营销的内容体系

随着数字技术和通信技术的不断发展，新媒体不仅打破了传媒业和通信业、信息技术的界限，也打破了有线网、无线网、通信网、电视网的界限，所以新媒体兼容、融合各种媒体形态，[①]改变了整个媒体产业结构，也改变了受众的信息接触和传播方式，带来终端革命，所以作为营销者，也势必要重新建构其营销内容体系。

海量数据库和共创共享性的传播平台，是构建新媒体营销体系的两大基石。[②]依据这两大基石，企业应该根据消费者的兴趣与需求建立消费者数据库，依据新媒体属性构建信息平台，结合消费者、新媒体特性及企业发展目标制订营销战略，利用大数据

① 匡文波. 新媒体概论[M]. 北京：中国人民大学出版社，2012.
② 黄升民，刘珊.“大数据”背景下营销体系的解构与重构[J]. 现代传播，2012(10)11.

进行效果评估，以提升营销的精准性和营销效率。

（一）建立以消费者为核心的数据体系

新媒体的数字化，使通过新媒体所开展的营销能轻而易举地获取消费者的大量信息，这些信息对于企业来说正是决定其营销成败的关键数据信息。在交互性的新媒体世界里，品牌不是被企业单独塑造出来的，品牌地位和能量是被广大网友们联合塑造的。[①]随着社会化媒体的兴起，互动成为营销关键，企业迫切希望与消费者产生良性互动。互动的过程既包括企业与消费者的互动，也包括消费者与消费者的互动。在信息互动的过程中，企业不仅事半功倍地树立正面品牌形象，还可以根据互动数据信息，了解消费者真正喜好与内在需求，准确理解消费者，进而洞察消费者，有效引导消费者。因此，在新媒体营销内容体系中，企业要根据营销目标和市场定位，建立以消费者为核心的数据体系。该数据体系以消费者数据库为核心，还包括各级经销商数据库和企业员工数据库，后两者是以服务前者为目的的。因为用户洞察是新媒体营销制胜的关键，谁最了解用户，谁就能赢得消费者，谁就能制胜。

（二）构建信息传播生态系统

新媒体的融媒性，决定了数字化信息承载与表达媒体的多样性。新媒体的社交化，造就了人人都是自媒体、人人都是麦克风的时代。每个人都是一个营销传播渠道，消费者互相分享信息、传播信息，像病毒般扩散。在这种环境下，企业应该关注影响信息传播效果的每一类主体，积极构建全方位的新媒体信息平台，打造企业独有的信息传播生态系统。这一系统除了囊括企业的目标消费者和企业自身的营销人员外，还包含了媒体达人、意见领袖、草根网民、社交平台等其他环境因素。作为系统的建构者，企业需随时关注本品牌及竞争对手和整个行业的发展动向，关注网上的舆论走向和消费需求趋势，使这一系统能真正实现及时搜集相关信息、快速做出反应、保持与消费者和网民的沟通渠道畅通、维系客户关系等营销目的。

小米有自己的专属社区，在小米社区里，小米用户不仅可以看到产品的最新信息，发表自己对产品的看法，分享消费体验，更为重要的是有种归属感。人是群体动物，一旦形成归属感，就会与品牌之间建立信任关系，成为品牌的忠实用户和拥护者。

---

① (美)索利斯.互联网思维——传统商业的终结与重塑[M].周雷，廖文俊，译.北京：人民邮电出版社，2014.

（三）打造全平台内容营销生态闭环

新媒体为营销者提供了完全不同于传统媒体时代的各种营销平台和营销方式。门户网站、搜索引擎、微博、微信、抖音、网络游戏以及各种App，均蕴藏着巨大的营销机会；手机、PC、平板电脑等，都是营销者可资利用的营销舞台；文字、图片、视频、地图、语音，均成为营销信息传递的工具和介质；网络大咖、草根网民、企业官网官微，都是营销的重要参与者和影响者。在新媒体时代，企业想成就自己的品牌，就应充分利用各种传播媒体和营销工具，打造全平台内容营销生态闭环。具体来讲，就是以多种手段真正引发消费者的积极性，不断激励消费者，做好内容营销，形成口碑效应，实现企业资源利用的最优化和企业效益的最大化。

曾是青少年牛仔裤的首选品牌李维斯，在优衣库等快时尚品牌的侵袭下，在中国曾一度陷入销售低迷。为此，李维斯制订营销计划以提高品牌知名度和市场份额。2014年7月，李维斯推出了一个全球性的推广活动——“Live in Levi's®”。整个活动覆盖全球范围内的数字媒体、社交平台、电视、电影院、平面媒体、手机媒体和店内体验，涵盖了新媒体和传统媒体的诸多领域，通过现实生活与虚拟活动的结合，深入接触，激发消费者的参与性。[①]

（四）利用大数据进行效果评估

新媒体时代，企业较以前更容易掌握大量的消费者数据，但也同时面临庞大数据的运用困惑以及一些核心数据难于获取等问题。因此，在营销的过程中，企业需要不断收集相关数据，构建基于大数据的效果评价新体系，帮助企业客观评估营销效果，改进营销方法和策略。

具体来讲，企业可以从以下方面着手：第一，充分发挥数字媒体特点，利用搜索引擎、口碑营销与舆情监控评估工具，评估品牌广告和营销的效果。第二，合理构建效果评估体系，综合评估，判断绩效。分析投入与产出，对营销效果进行综合评判。通过基于大数据的效果评估数据，更好地指导企业开展新媒体营销活动，提高企业营销活动的效果与效率。

利用大数据技术进行店铺评级的方式在电商领域得到了广泛运用。用户和店铺之

① 案例分析：看李维斯如何玩转新媒体营销[EB/OL].联商资讯.http://www.linkshop.com.cn/web/archives/2014/307944.shtml，2014-10-27.

间发生的各种行为，如购物、网页点击、售后服务等数据，都被用作反映店铺管理和营销效果的重要指标。店铺评级体系上线后，京东在前台页面及后台系统中都展示了店铺评级的体系内容和各项结果，用户和店铺人员能够方便快捷地找到其所需要的内容，让双方信息形成共享。从消费者角度，消费者可以清晰了解到各个店铺在服务、商品和时效各方面的表现和水平高低，丰富明确的量化信息为其进店和购物决策提供了高效客观的数据。从商家角度，评级结果可使运营人员找出自身的优势和不足，从而改善运营现状，不断提升运营水平以获得用户更好的评级，而更好的评级成绩又可以用来吸引更多的用户，形成良性循环。①

第二节　新媒体营销的演进与发展

新媒体营销是通过新媒体渠道所开展的营销，其发展演进与新媒体本身的发展密切相连。从电子邮件到网络广告，从门户网站到搜索引擎，从论坛到微博、微信，从PC到移动，从以电视终端为核心的大屏产业链到以手机、PAD、智能手表为代表的小屏系列，新媒体的形态、结构和技术手段一直都处在变革当中，依托其上的新媒体营销自然也是历经变化。

一、新媒体营销发展简史

电子邮件最早是在20世纪60年代末70年代初发明的，但却是在80年代随着个人电脑的出现才得以兴起。70年代的沉寂主要是由于当时的网络使用尚未普及。而Email营销则诞生于1994年，将Email营销概念进一步推向成熟的是“许可营销”理论的诞生。电子邮件营销原则上是在用户事先许可的情况下，通过电子邮件方式向目标客户传递信息的一种营销方式。2006年，美国在电子邮件营销领域花费约40亿美元，仍有很大的发展前景。但是在中国，由于严重的垃圾邮件问题和社会信任问题，电子邮件营销效果大打折扣，一般并没有被当作一种主要的营销方式，实际的应

① 京东，基于大数据技术的店铺评级[EB/OL].36大数据.http://www.36dsj.com/archives/16086，2014-11-06.

用受到很大局限。

网络广告也是最为常用的新媒体营销方式之一，它是指在互联网站点上发布的以数字代码为载体的各种经营性广告。网络广告以GIF、JPG等格式建立的图像文件，定位在网页中，大多用来表现广告内容，同时还可使用JAVA等语言使其产生交互性，用Shockwave等插件工具增强表现力。1994年10月14日，美国著名的《连成》杂志推出网络版，其主页上设置的AT&T等14个客户的旗帜广告（Banner），被视为最早的网络广告。1996年，美国的网络广告营业额约为3亿美元，1997年约为9亿美元，1998年19亿美元，1999年即达约30亿美元，网络广告逐渐成为网络营销的重要方式之一。我国网络广告的萌芽大约始于1995年，以马云创办国内第一家中文商业信息站点“中国黄页”为标志。1998年以后，在国中网、China Byte的推动下，国内的广告主逐渐开始青睐网络广告这一新形式。[①]很多门户网站都是采用网络广告的方式获得盈利。

电子邮件营销和网络广告都是属于Web1.0时代的营销形态。Web1.0时代实际上也就是网络发展的初期阶段，彼时，整个互联网以门户网站为核心，而门户模式是对传统大众传播模式的沿袭，门户时代只能算是网络传播的热身阶段。[②]接着，搜索引擎的出现为互联网打开另一种发展模式，其营销方法和逻辑与过去全然不同。

搜索引擎最突出的特点，便是它完全体现了用户的主动需求，用户对搜索引擎的使用一般是出于用户自身明确的搜索目标，因此，搜索营销非常便于精准定向。搜索技术在1990年左右便开始有了重要进展，1994年雅虎的成立，标志着第一代搜索引擎的诞生，1998年、2000年，谷歌、百度相继成立，自此搜索引擎进入一个高速发展时期。搜索引擎的发展思路完全不同于门户网站，它的宗旨便是要为网民解决在海量信息中搜索出有用信息的难题。基于搜索技术和用户使用特点，搜索引擎创造出了完全不同于门户网站的广告和营销方式，营销目标更精准，用户的消费意愿更强，而广告形式和商业模式也与过去大为不同。

不过，对于互联网来说，更具意义的变革是社会化媒体的出现，即时通信工具、论坛、博客、微博，这些打上社交烙印、赋予用户更多主动权的社会化媒体，将互联网带入Web2.0时代。关系的聚合、用户参与创造内容（UGC），让营销对象和信息传播格局发生很大变化，企业不再能单独决定营销的内容，消费者与消费者之间的互

① 史达.网络营销（第2版）[M].大连：东北财经大学出版社，2010.

② 尹韵公.新媒体蓝皮书：中国新媒体发展报告（2012）[M].北京：社会科学文献出版社，2012.

动和传播变得格外重要，相应地，企业的营销思维、角色和方式也必须相应改变。可以说，互联网从Web1.0到Web2.0的变革，在很大程度上改变了新媒体营销的特点和性质。

Web2.0的核心是社交媒体，首先来看即时通信工具的发展。电子邮件扩展了人际交流的空间，但时效性和交互性难以实现，而即时通信工具则可以解决这个问题。世界上最早的即时通信工具是ICQ，ICQ起源于1996年11月，由几个以色列人共同开发完成，他们给这个新的即时通信软件起了一个非常形象化的名字“I SEEK YOU”（我找你），简称ICQ。1998年，著名的美国在线（AOL）看好即时通信这个市场，遂以2.87亿美元的价格收购了ICQ。ICQ的出现，引领了全球即时通信软件的发展和壮大，几乎每个国家都有本土化的类似ICQ的即时通信软件产品推出。常见的即时通信工具有QQ、微信、钉钉、MSN、Skype等。

即时通信工具营销，也叫IM营销，就是企业通过即时通信工具与用户进行即时沟通、品牌推广等营销活动。由于即时通信工具在网民中的超高使用率，所以利用各种即时通信工具进行营销的现象一直很普遍。据CNNIC的调查，即时通信在我国网民中的使用率高达97.5%，即时通信用户规模达10.07亿个，在所有互联网应用中高居第一。[①]即时通信工具的广泛使用率和对人们生活的深度融入，使其产生巨大的营销价值，即时通信工具营销也就成为企业经常使用的营销手段。2008年奥运会上，刘翔在众人的期盼中无奈地退赛，作为为刘翔提供比赛服装及比赛用品的耐克公司受到广大网友的质疑。有网友质疑刘翔所穿的耐克鞋子可能有问题，导致刘翔脚受伤而退出比赛，也有传闻刘翔是受到耐克的“胁迫”而退赛。耐克公司迅速与QQ联合开展了危机公关营销。耐克公司与腾讯合作设立了“QQ爱墙——祝福刘翔”，一经推出即受到广大网友的强烈响应。奥运期间，每天有数百万的网友在QQ爱墙上祝福刘翔。耐克公司通过QQ平台，使得耐克的营销信息迅速传播扩散。随之，耐克公司迅速推出了“爱运动，即使它伤了你的心”的公关广告。广告使用了刘翔的答复照片，但不再是以往奔跑的形象，而是采用刘翔平静的面孔以及一句“爱比赛，爱拼上所有的尊严，爱把它再赢回来，爱付出一切。爱荣誉、爱挫折、爱运动，即使它伤了你的心”。通过这些方式，

① 中国互联网络信息中心（CNNIC）.第49次中国互联网络发展状况统计报告[EB/OL].CNNIC.http://www.cnnic.cn/hlwfzyj/hlwxzbg/hlwtjbg/202202/P020220318335949959545.pdf，2022-3-25.

耐克获得了危机营销的胜利。①

网络论坛又名电子公告板(Bulletin Board System,简称BBS),是一种电子信息服务系统,提供一种公共电子板,每个用户可以在上面发布信息或评论回复,具有交互性、内容丰富的特点。企业利用论坛可以适时发布产品和服务的信息,并配以相关文字、图片或视频,具有较强的吸引力,使消费者更加深刻地了解产品。世界上第一个BBS系统于1978年在美国芝加哥发布,1996年以后,BBS在中国快速发展起来,猫扑(1997)、天涯社区(1999)先后创立,迎来其最兴盛的时期。不过,后面微博(2006)、微信(2011)的兴起对论坛造成不小的冲击,论坛独领风骚的年代一去不复返。

博客是继Email、BBS、ICQ之后出现的第四种网络交流方式。Blog的全名是Weblog,该词来源于Web Log(网络日志),特指一种特别的网络个人出版形式,内容按照时间顺序排列,并且不断更新。博客这个名称最早于1997年12月由约恩·巴杰提出,1999年,一个专门制作博客站点的免费工具软件"Pitas"发布后,博客网站得到快速发展。2001年美国世贸大楼遭受"9·11"恐怖袭击,博客成为重大事件和灾难亲身体验的重要信息来源,从此,博客正式步入主流社会的视野。②

相对于网络论坛营销,博客营销带有私人领地属性,企业可以利用意见领袖,发起话题,引起讨论,扩大品牌知名度。但毕竟博客具有较高的门槛,而且不利于即时的传播。微博完美地解决了这一问题。相应地,企业营销阵地从博客转移到微博。一个影响广泛的微博主可以轻松左右一大批潜在消费者,鼓励或劝阻他们购买某个公司的产品或服务。很多企业与微博大V联系,通过他们推荐企业相关产品信息和使用体验,以达到促进销售和提升品牌影响力的目的。

最近几年,新媒体领域最引人瞩目的变化,除了社交媒体的兴盛之外,便是移动化和多屏化的趋势。智能手机、平板电脑、可穿戴设备,成为现在和未来的重要营销阵地,它们不仅是移动端的新媒体代表,也反映了媒体装备的多屏化。作为传统媒体老大的电视,也开始融入这场新媒体的洪流,包括OTT、IPTV在内的新业态电视所能承载的内容和交互形式,已经远远超出传统电视的领域和范畴,并促使大批受众,尤其是年轻观众重新回归电视屏幕之前,围绕客厅中的电视终端的全新大屏产业链

① 悲情营销 耐克打响广告闪击战[EB/OL].新浪财经.http://finance.sina.com.cn/leadership/mwjgg/20080820/11335218477.shtml,2008-08-20.

② 史达.网络营销(第2版)[M].大连:东北财经大学出版社,2010.

和生态圈初步形成。[①]

这场移动化和多屏化变革的核心事件，当属手机的崛起。手机将服务功能、新闻功能、经济功能集于一身，形成了一种新的大众化媒体。[②]据调查，2021年全球智能手机出货量达13.5亿部，同比增长7%；价格超过400美元（2548元人民币）的高端手机市场同比增长了24%。[③]庞大的手机用户规模，加上手机的便携性和个性化，使手机成为重要的营销载体。智能手机的普及，使移动设备成为人们随时随地浏览信息的必备品变为可能。通过手机，企业可以进行短信、微信、微博、短视频、手机游戏以及种类丰富的App营销。而5G技术的发展和推广应用，将进一步为智能手机的功能和效率带来更大的发展空间，提升手机用户的体验感，反过来也将继续维持用户对智能手机的高度依赖。2023年，全球5G手机出货量将超7亿部，占全球智能手机市场的50%；全球5G基站累计将超过500万个，平均增速超过50%。[④]5G技术和人工智能技术的快速发展，将进一步提升手机的营销价值与效率，推动传统产业的数字化转型，加快人们数字生活的移动化趋势。

通过二维码，企业可以在同一时间发布多种促销活动，也可以结合线下线上进行营销，还可以针对不同客户发布不同信息。扫二维码也十分方便，人们只要举起手机扫下二维码，就可以得到自己想要的信息。"扫一扫"不仅是广告语，更像是人们生活的一部分，自2020年新冠肺炎疫情暴发以来，微信的"扫一扫"和国家各级疫情防控小程序的入驻，令微信成为人们日常出行的重要"电子通行证"。从产品生态布局看，朋友圈、公众号、小程序、视频号、小游戏、微信支付等，微信打造的是一个社交、生活全能助手，对人们的生活已经形成深度渗透。作为继QQ之后的明星社交产品，微信坐拥超十亿活跃用户，其背后潜藏的巨大客户资源，使之成为企业营销的重要手段。

新媒体营销的方法、技术和工具还在不断发展当中。鉴于新媒体营销的重要性，已经有越来越多的企业设置专门的新媒体营销部门，专设首席数字官、首席数据官之位。戴尔为其新媒体运作创建了一个专业部门，配备有随时监控分析新媒体舆论动态的人员、专业做内容策划的团队，并设有随时与新媒体网友互动的机制，确保在最恰当的时

① 尼尔森网联.电视or互联or移动，新媒体时代广告的三权分立[R].尼尔森网联媒介数据有限公司.2015年6月.

② 匡文波.新媒体概论[M].北京：中国人民大学出版社，2012.

③ Canalys：2021年智能手机平均售价涨了10% 苹果在高端手机市场的份额再次达到60%［EB/OL］.199IT.http://www.199it.com/archives/1409766.html，2022-03-25.

④ 2023年全球5G手机出货量将超7亿部 5G基站累计超500万［EB/OL］CNMO.https://phone.cnmo.com/news/713172.html，2021-08-06.

候找到最恰当的人说出最恰当的话，以达到预期的目标和效果。专业的部门设置和人员配备为戴尔赢得了新媒体趋势下的营销先机。①

二、新媒体营销的常用通道

新媒体技术的快速发展和普及，构成当今世界新科技浪潮的重要内容，在人们的经济生活和社会生活中扮演着重要角色。新媒体营销作为一种新兴、快捷、经济、高效的营销方式，引起了企业的普遍关注，并且一直保持着快速发展、更新的势头。

（一）网络媒体：展示、搜索、联盟、赞助

网络媒体的超时空性和数字化，使其既可以覆盖全球，也可以只针对特定人群。网络营销的发展是以因特网信息技术的发展为基础的，随着数字技术的发展，网络营销的方式也不断地进行变革。在网络的早期阶段，企业通过展示广告来获取消费者的注意，搜索以其精准的优势后来居上，联盟、赞助、植入等方式粉墨登场，在相互竞合中成长。

1.展示型广告

展示型广告就是广告主在网络页面上直接进行品牌展示的广告，为了吸引消费者注意，展示型广告往往根据不同网站的不同特点，采取不同的展示方式。从1994年Wired.com网站上出现的第一条横幅广告到现在，展示型广告历经20多年的发展，内容由先前的枯燥、缺乏创意到现在的富媒体展示，至今仍是多数人所最为熟知的网络广告形式，并依然具有很重要的营销价值。其主要表现形式有：

（1）文字链接广告：是最简单直接的网络广告类型，只需将超链接加入相关文字，便形成一个文字链接广告，浏览者看到并点击则可进入企业想导引消费者进入的网站。

（2）横幅广告（Banner）：横幅广告又称旗帜广告，它是横跨于网页上的矩形公告牌，当用户点击这些横幅的时候，通常可以链接到广告主的网页。

（3）弹出广告：在用户打开或关闭一个窗口时弹出的一个广告窗口，该窗口没有浏览器常规的控制工具，唯一关闭广告的办法就是点击窗口右上角的关闭窗口控制，如图1-1所示。

① 新媒体营销现状及解决之道[EB/OL].中国电子商务研究中心.http://b2b.toocle.com/detail--6086136.html，2013-03-02.

图1-1　弹出广告示例(百度图片)

图1-2　视窗广告示例　(百度图片)

(4)视窗广告:以数字视频为主要表现形式的新媒体广告,这里主要指互联网视频广告,如图1-2所示。

(5)焦点图广告:以图文形式出现的、较容易吸引眼球的一种网络广告形式。

(6)跟随式广告:进度条走到哪就跟到哪,能吸引用户注意,可以关闭。

(7)全屏广告:打开浏览页面有全屏展示广告,逐渐回缩至消失,或回缩到一个固定的广告位(横幅广告或按钮广告),具有较强的表现力。

(8)按钮广告:从(横幅广告)演变过来的一种广告形式,表现为图标,通常是一个链接着公司的主页或站点的公司标志,并注明"Click me"字样,希望网络浏览者主动来点选。

展示型广告与其他的网络营销形式相比,虽然在直接促进销售上的优势并不明显,但有利于品牌传播和形象展示。尽管按照现行的按点击算成效、按点击付费的广告效果测评及收费模式,展示型广告处于很不利的位置,但它具有展示的隐性传播效果。

2.搜索引擎营销

展示型广告在互联网发展的早期拥有绝对优势,但展示型广告基本上是由营销者主导的,搜索则是由消费者主导的,更能体现新媒体营销的精准和用户主导的特性,因此,随着搜索引擎的广泛应用,搜索引擎营销自然也受到了营销者的青睐,其重要性与日俱增,一度成为网络营销中成长最快的部分。

搜索引擎营销就是利用技术算法的力量,根据用户的搜索记录,推送与用户搜索相关的营销信息,从而达到营销目的的营销方式。搜索引擎的用户在搜索时往往就已经有了比较明确的需求,所以搜索引擎营销针对的对象在营销上具有更高的精准性。

3.广告联盟

广告联盟通常指网络广告联盟，指集合中小网络媒体资源（又称联盟会员，如中小网站、个人网站、WAP站点等）组成联盟，通过联盟平台帮助广告主实现广告投放，并进行广告投放数据监测统计，广告主则按照网络广告的实际效果向联盟会员支付广告费用。广告联盟同时也能跨网站追踪用户，通过用户访问网站的历史记录来达到广告的精准化。

目前知名度比较高的广告联盟有Google AdSense、百度联盟和阿里妈妈（也叫淘宝联盟）这三个联盟。阿里妈妈作为一个广告交易平台，继续延续了淘宝的C2C路线，淘宝交易的是各种商品，而阿里妈妈交易的是广告。阿里妈妈允许用户进行广告位的买卖，任何网站和个人，只要拥有管理权限且合法，就可以把自己网站的某个位置拿出来作为广告位置，然后放到阿里妈妈这个平台上去卖。因此，可以将之定位为一个"C2C式"广告平台。

4.赞助与植入

赞助式广告（Sponsorships）也是网络广告的一种常见形式。赞助有三种方式：内容赞助、节目赞助和节日赞助。广告主可对自己感兴趣的网站内容或节目进行赞助，或在特别时期赞助网站的推广活动。Degree香体膏曾在MSN游戏频道里赞助一个免费的在线游戏《德州扑克》并因此得到屏幕广告，Degree for Men印的商标也明显地出现在游戏中的桌面及扑克牌上，①这无疑提供了品牌曝光的机会。

植入式广告是指将产品或品牌及其代表性的视觉符号甚至服务内容，策略性地融入影视剧、娱乐节目或网络游戏当中，通过符号或场景的再现，使观众对产品及品牌留下深刻印象，继而达到营销的目的。植入式广告的应用空间十分广阔，植入的形式也很多样。在影视剧和娱乐节目中可以找到诸多适合的植入物和植入方式，常见的广告植入物有：商品、标识、VI、CI、包装、品牌名称、品牌LOGO、广告语、广告牌以及企业吉祥物等。《超凡蜘蛛侠2》中，当电光人把蜘蛛侠击倒在警车上时，背景中硕大的中国白酒品牌剑南春广告牌赫然屹立；《变形金刚3》中，男主角穿着美特斯邦威T恤，大黄蜂看的TCL电视屏幕变成了激光鸟，联想电脑变形为机器人，亚裔演员没头没脑地对一个人说出

① (美)肯特·沃泰姆，伊恩·芬威克.奥美的数字营销观点：新媒体与数字营销指南[M].台湾奥美互动营销公司，译.北京：中信出版社，2009

“让我先喝完我的舒化奶”的场景更是让人印象深刻。[①]但是,植入式广告在植入的尺度和方式上需有很好的把握。如果过分追求商业效益,过分简单粗暴,容易招致受众反感,也容易破坏节目本身的艺术性和完整性,影响用户体验。

(二)社交媒体

法国哲学家皮埃尔·莱维(Pierre Lèvy)曾预言“我们正从基于我认为(cogito)的单一思想的笛卡尔思想模型发展到我们认为(cogitamus)的集体思想”[②]。现在,我们正处在这样的一个时代,与传统消费者不同,新媒体环境下的消费者品牌喜好及购买决定很容易受到社交媒体的影响。今天,在社会网络世界中,品牌不是被企业单独塑造出来的,而是被广大网友们联合塑造的。[③]

社交媒体,也称社会化媒体,是人们彼此之间用来分享意见、观点、经验,以及建立和维系社会关系的工具和平台。最开始以论坛等为代表的社交媒体,给用户带来了交互性的体验,极大地丰富了网民的生活。接着,博客、视频分享、SNS、微博、团购、LBS(基于位置的服务)、微信等新的社交媒体形式不断涌现,共同迎来社交媒体空前繁荣的时代。

社交媒体融合了参与性、开放性、对话性、社区性、关联性,它彻底改变了媒体的内容生产和传播方式,也在很大程度上改变了营销的作用机制。企业要摒弃以前的经验,以更开放的思维来研究网民如何做购买决策、如何进行价格比较、如何分享体验。因此,在社交媒体时代,企业需要花时间去了解由消费者创造内容的网站,并适时地在各类社交网站中发出自己的声音,尝试与消费者进行更深入的沟通。

为在中国推广洗碗机这一尚未被中国消费者普遍接受的产品类型,西门子瞄准“我不想洗碗”这一消费者痛点,以一个微博小号为导火索,进而引爆话题,激活每个人心底那股“我不想洗碗”的情结,同时借助社交平台扩大和延伸这种情绪,从而达到提升产品认知度、赢得消费者认同的目的。一句戳中心底的话,再配合低门槛的参与方式,成功地激发了受众的热情,造就了出乎意料的传播效果——不到两周时间,媒体总曝光量过亿,微博转发过10万次,评论过5万次,微信阅读量接近8万次。[④]

---

① 《变形金刚》这样的好莱坞大片如何植入广告?[EB/OL].腾讯科技.http://tech.qq.com/a/20140627/007787.htm,2014-06-27.

② (美)索利斯.互联网思维——传统商业的终结与重塑[M].周雷,廖文俊,译.北京:人民邮电出版社,2014.

③ 同上。

④ 2014年度十大社交营销案例赏析[EB/OL].广告门.http://www. 360doc. com/content/14/1216/23/20625606_433501603.shtml,2014-12-16.

（三）IPTV和OTT

根据国家新闻出版广电总局2020年全国广播电视行业统计公报，我国有线电视实际用户数2.07亿个，交互式网络电视（IPTV）用户超过3亿个，互联网电视（OTT）用户9.55亿个。[①]据国家统计局数据，2020年全国有线电视实际用户2.10亿个，其中有线数字电视实际用户2.01亿个，而2018年这两个数字分别是2.14亿和2.02亿。[②]从趋势看，有线电视用户规模呈缓慢下降趋势，而IPTV和OTT在迅速崛起。

交互式网络电视用户指通过电信专网获取广播电视服务的用户，互联网电视用户指通过互联网电视集成播控平台获取广播电视服务的用户。[③]IPTV和OTT是广播电视台和有线电视网络公司等广播电视机构开展的智慧广电和融合业务的重要组成部分。

IPTV基于电信宽带网，以机顶盒、电视机为终端设备，集互联网、多媒体、通信等多种技术于一体，通过互联网协议（IP）的崭新技术，向用户提供包括数字电视在内的多种交互式数字媒体服务。IPTV能根据用户的选择提供内容广泛的多媒体服务。用户在电视机前操作遥控器，就可以通过宽带网络进行影视节目点播、电视交互、信息查询等操作，甚至享受家庭购物、远程医疗、电视教育、旅游指南、订票预约、股票交易等各种增值服务。

OTT基于公共互联网传送视频、音频、图形、文字和数据等，通过互联网电视集成播控平台，向用户提供安全、可靠、可交互和可管理的多媒体视听业务。互联网电视可接入多种应用，为用户提供多样化的视听及娱乐服务。随着5G商用的展开，我国互联网电视行业目前正处于快速发展期，互联网电视用户数和终端激活规模逐年增长。[④]

据2021年4月19日国家新闻出版广电总局统计公报，2020年全国广播电视行业总收入9214.6亿元，同比增长13.66%。其中，广告总收入约1940亿元，同比下降6.52%。具体来看，传统广播电视广告收入同比下降20.95%左右，为789.58亿元，而智慧广电及融合业务收入同比增长38.14%，达893.78亿元。其中，广播电视机构新媒体广告收入204.96亿元，同比增长5.48%；有线电视网络宽带、集团客户等增值业务收入236.37亿元，同比增

① 2020年全国广播电视行业统计公报[EB/OL]. 国家广播电视总局 .http://www.nrta.gov.cn/art/2021/4/19/art_113_55837.html，2021-04-19.

② 国家统计局:2020年有线电视实际用户2.10亿户[EB/OL]. 搜狐网 .https://www.sohu.com/a/453560999_451230

③ 同上①。

④ 2021年中国OTT行业现状及趋势分析，仍具备广阔的想象空间[EB/OL]. 华经情报网 .https://www.huaon.com/channel/trend/750803.html，2021-09-24.

长12.67%;IPTV平台分成收入135.82亿元,同比增长12.03%;OTT集成服务业务收入71.10亿元,同比增长13.71%;广播电视机构网络视听收入245.53亿元,同比增长60.67%。①

IPTV和OTT兼具传统电视和互联网的核心优势,在体验上具有三大优势:第一,专业、精准的频道分类,直播、点播的双重结合,以及丰富的内容聚合;第二,高清、流畅的画质体现;第三,用户对收视的自主控制性变强,并且参与到收视过程中,用户与网络电视、用户与用户之间可以实时互动。

1992年,我国开始发展数字电视,2000年和2001年是我国数字电视广播试验年,2000年至2009年的十年间,机顶盒和IPTV开始走进家庭,2009年,国家新闻出版广电总局开始发放互联网电视牌照,2011年我国数字电视用户突破1亿户。2010—2015年,智能电视一体机开始出现,数字电视、IPTV和OTT大屏电视呈三足鼎立局面。自2016年起,中国OTT行业进入快速发展期,而有线电视缴费用户数量则持续逐年下降。2017年,OTT市场规模开始超过传统有线电视规模。2020年,我国OTT的激活规模增至2.95亿元,是有线电视缴费用户数量的两倍。②

IPTV和OTT是集合了电视和互联网两种技术特征的新型媒体形式,可以用互联网的形式提供电视的传播效果及各项增值服务。因此IPTV和OTT可以像互联网一样为合作伙伴量身打造丰富多样的营销形式,而不必拘泥于常规的电视贴片等广告形式。目前常见的IPTV广告形式有:

1.EPG广告

EPG即Electronic Program Guide的缩写,意为电子节目指南。EPG作为数字电视的一项基本业务,可提供丰富的节目预告信息,用户可方便地检索和查询节目简介、演员信息及精彩片段等相关信息。因此,EPG点击率很高,这为广播电视节目运营商和网络运营商提供了一个理想的广告搭载平台,例如,在EPG菜单用于基本服务和增值服务的界面中插入广告。

2.互动角标广告

互动角标广告是数字电视平台通过数据叠加视频技术实现的一种广告形式。用

---

① 2020年全国广播电视行业统计公报[EB/OL].国家广播电视总局.http://www.nrta.gov.cn/art/2021/4/19/art_113_55837.html,2021-04-19.

② 2021年中国OTT行业现状及趋势分析,仍具备广阔的想象空间[EB/OL].华经情报网.https://www.huaon.com/channel/trend/750803.html,2021-09-24.

户在正常收看电视节目的同时，在电视屏幕上出现一个广告角标。用户如对角标提示的信息感兴趣，可通过遥控器，激活更多的广告信息，此时在电视屏幕的视频上方会出现一个半透明的图片窗口，用户可继续通过遥控器，对窗口中的信息进行选择、退出等操作。

3.直达推送式广告

直达推送式广告是基于支持即时消息自动接收、播发并显示的消息系统所开展的一种广告形式。其具体表现是在受众收看电视节目的时候，广告信息以文字形式滚动出现在电视屏幕的上方或下方。

4.电视邮箱广告

电视邮箱广告是通过后台管理系统将广告信息直接发送到数字电视用户的电视邮箱的一种广告形式。电视邮箱广告能够支持附件的发送和接收，当广告发送到用户的电视邮箱后，屏幕上会出现收到新邮件的提示，用户打开邮件后，可选择打开附件。电视邮箱广告附件支持多层静态页面、图片、文字等形式的显示。

5.植入式广告

数字电视有大量的背景设置，为植入式广告提供了广阔的运作空间。比如，在其在线游戏中可以植入广告。

OTT广告依据运作模式，可分为“标准广告”和“非标广告”两大类。标准广告指各不同终端、资源拥有方对广告投放角度、投放版位和方式都有相对固定的广告形式，主要有：

1.开机广告

指播放设备开机后全屏显示的广告，有静态图片和动态视频两种形式，视频时长通常为5~15秒。

2.关机广告

与开机广告类似，也分静态图片和动态视频两种形式，视频时长通常为5~15秒。

3.屏保/待机广告

屏保/待机广告多以图片形式出现，可相互切换，或以视频形式播放。

4.贴片广告

贴片广告在OTT电视内容播放之前出现，通常以视频形式展现，时长一般为15~120秒。

5.视频中插广告

指在视频播放过程中插入的广告，有静态和动态多种形式。

6.App开屏广告

指打开播放的App时出现的广告。

7.暂停广告

指在OTT电视播放过程中，用户点击暂停时所弹出的广告，通常是静态图片或切换的多张图片。

8.退出广告

指退出OTT播放程序时弹出的广告。

OTT非标广告指在版位、创意和广告展现形式上没有统一的标准，由各资源拥有方或代理方根据自己的策略和能力运作的一类广告，主要形式有：桌面频道入口、剧场冠名、购物商场入口、桌面换肤广告、品牌专区、标版广告、推荐引导广告、角贴/创可贴等浮层广告。[①]

（四）移动平台

移动平台，指以智能手机、平板电脑和智能可穿戴设备为代表的移动终端。自4G以来，移动电话已经不再是一种单纯的通信设备，而是成为一种集通信、娱乐、多媒体和移动互联网等多种功能于一体的互动性传播媒介。手机被誉为“第五媒体”，移动设备被认为将超越计算机，在数据存取方面获得领导地位。截至2021年12月，我国手机网民规模达10.29亿人，网民中使用手机上网的人群高达99.7%。[②]

突破键盘的限制可以让消费者真正体验移动设备的各种功能，而这也让移动设备逐渐成为不可取代的数字设备。5G时代的到来，网络速度的提升，将进一步推动移动互

① OTT广告的表现形式有哪些?[EB/OL].彼诚传媒.https://www.bcnewmedia.com/movement-ad/83.html

② 中国互联网络信息中心(CNNIC).第49次中国互联网络发展状况统计报告[EB/OL].CNNIC.http://www.cnnic.cn/hlwfzyj/hlwxzbg/hlwtjbg/202202/P020220318335949959545.pdf,2022-3-25.

联网的快速发展。借助移动平台开展营销成为前景最被看好的营销方式。

移动营销是指以智能手机等移动终端为主要传播平台，在强大的数据库支持下，直接向目标受众定向和精确地传递信息，通过与消费者的互动等方式来实现企业营销目标的营销方式。移动营销具有个性化、交互性、参与性强的特点，根据不同标准可以划分为：

1. 根据操作形式，可分为MMS（多媒体彩信）营销、WAP（手机网页）营销及App（应用程序）营销。

MMS因为发展周期久，技术最成熟，用户规模最大，也是用户移动通信行为中唯一的大规模广告形式，所以，优势明显，但是技术有待改进，展现形式较为单一。

WAP分为自建品牌WAP网站和投放WAP广告两种。主要广告形式还是文字链和Banner，点击后呈现Minisite。WAP的技术成熟，用户基数庞大，但视点展现形式单一，所以下滑趋势明显。

App也分为自建品牌App和投放App两种。App广告可以实现全屏、半屏、延伸和悬浮等各种广告形式，也可以实现深度植入的形式。App的互动能力强，形式极为丰富，不过流量费用稍高。

2. 根据广播形态，可以分为PUSH类和PULL类。

PUSH类的移动营销包括两大类。第一是互动营销，其中主要以短信、彩信为载体，可以与消费者进行互动；第二是手机报刊，主要以手机报或会员刊为载体，发布广告信息。PULL类的移动营销也可以分为两大类。第一是客户端，主要以移动客户端（App）为载体，消费者可以下载所喜欢的品牌的App，并可以同App进行交互，从而完成购买、发现新的信息，以及同朋友分享等行为；第二是移动网页，主要以WAP或H5网页为载体，扩展了传统的PC互联网。

3. 根据表现形式，可以分为文字链、图片、视频、动画、二维码和其他富媒体。麦当劳曾在马来西亚开展过一次有趣的解暑活动——麦当劳"拯救冰激凌"活动。选一个开阔的场景，比如人来人往的市中心十字路口，找一个巨大的多媒体广告牌。在这里，只要用户操作手机，快速滑动屏幕，就可以联动广告牌上的风扇，为甜筒君解暑。虽然此中物理原理完全错误，却依然吸引了大量用户参加，因为参与的人可以获得免费甜筒一份。不过，即使抛开赢甜筒这种蝇头小利，单是用小手机控制大屏幕的这一"壮举"，就足以勾起消费者的参与兴趣。①

移动平台充分利用数据库的力量，建立与消费者互动机制，真正做到与消费者保持联系，并且能够友好地沟通，理解消费者的偏好，才能提升品牌带来的正面影响。构建互动机制可以获取顾客信任，可以直接与独特的、受到认可而值得个别沟通的顾客联络，达到营销目的。

2012年，阿迪达斯发布了全新Clima Cool清风系列跑鞋，以开发的手机游戏App“夺宝奇冰”进行推广。上线仅两周，“夺宝奇冰”下载量就迅速超过10万次，在微博上已有超过10万次的转发，传播效果达近千万人。阿迪达斯不仅在游戏中内置了数百双单价近千元的Clima Cool清风系列跑鞋供玩家抢夺，还在其掌握的所有推广渠道中都围绕该App展开宣传：商场广告牌、地铁站LED液晶显示屏都植入了二维码，让消费者便捷地下载该App；电视节目《开心挖宝》深度介绍“夺宝奇冰”App及相关活动；产品POSM上也印有二维码，甚至连破冰道具中最有破坏力的“能量斧”，也需要玩家到线下100多个阿迪达斯实体店中获取。在活动设计上，“夺宝奇冰”运用了全球最热门的SOLOMO（Social/Local/Mobile）概念，利用社交媒体和移动平台，结合线上与线下，把用户体验活动延展到线下实体店面。②

（五）其他新媒体营销通道

除了上述方法，企业还可以通过其他新媒体营销通道来实现企业的营销目标，比如电子邮件、电子游戏。

电子邮件是比较传统的直效营销方法，它既保留了推销工具的优点，又增加了自动回复及通过数字媒体可追踪的优点，所以不失为一种可供选择的营销方式。

电子邮件可用于营销过程中的许多阶段。很多公司在获得新顾客或贩卖商品过程中使用电子邮件，例如寄送活动的电子邀请函，介绍新产品和提供优惠信息。有的企业将电子邮件用于挽留客户及增加客户忠诚度的方案。举例来说，会员电子报已经成为营销组合的标准构成要素。

电子邮件营销最大的优势就是拥有庞大的、无时间和空间限制的互联网络；用户可以根据自己的需求，在任何时间以任何方式进行阅读，不具有强制性；同时，电子邮件营

① 红极一时的移动经典营销案例分析[EB/OL]. 人人都是产品经理 .http://www.woshipm.com/operate/102396.html，2014-08-25.
② 阿迪达斯跨界合作 线上线下互动营销[EB/OL]. 中国鞋网 .http://www.cnxz.cn/news/201205/08/271022.html，2012-05-08.

销的交互反馈系统拉近了生产者与消费者的距离,消解了彼此间的隔阂,形成了电子邮件营销所特有的沟通模式。不过,在实际运用中,由于许可营销意识薄弱、电子邮件地址信息不准确、更新不及时、产品宣传的市场定位不准确等原因,致使许多消费者收到太多的无价值商业性邮件,往往给消费者一种滥寄垃圾邮件的印象,从而损坏了电子邮件营销的形象。

电子游戏以逼真的立体动画影像效果、环绕音效及动作感应运控器、持续性的互动和实时更新、虚拟有趣的世界,使人感同身受,对玩家有很大吸引力。虚拟实境不仅是提供广告及建立品牌的场所,也可以销售商品,创造虚拟世界中的消费行为。

企业可以依照营销需求搭配适当的游戏类型和游戏体验,进行品牌营销。游戏让营销人能够同时展现产品的优势,这有时候在电视广告中是无法做到的。消费者可以体验“驾驶”车子高速行驶的感觉,实际感受这部车的性能,这可能是广告中无法表现的。随着汽车市场的不断扩大,各类营销方式也层出不穷,而随着90后、00后群体的成长,受到年轻人喜爱的各类游戏也成为品牌营销的“阵地”。

三、新媒体营销的常用方法与策略

随着数字技术、人工智能、云计算的发展,新媒体营销的工具载体和表现形式也日趋多样化,短视频、微电影、H5、交互设计、动态海报、装置陈列发布等各种形式形态的营销传播出现在人们的生活中。从方法上,有硬广告和软广告之分;从策略上,有内容营销、参与式营销、个性化营销等。

(一)硬广告与软广告

从营销的显性和隐性程度来看,新媒体与传统媒体一样,也有硬广告与软广告两大类型。

硬广告就是明确地以广告形式出现的广告。它们采取了广告的规范形态,有明确的广告身份,如展示型广告、视频贴片广告,有的甚至直接标注了“广告”字样。新媒体对硬广告的使用,沿袭了传统媒体的盈利思路:观众可以免费观看视频或免费获取信息,但前提是,必须同时也观看一段广告,以广告收入补贴媒介运营成本。另一方面,如前文所述，新媒体营销时代是一个由企业和消费者共创品牌的时代，但硬广告却是由企业方(包含广告代理公司)独力完成，由企业方控制其刊播情况，消费者并不涉及其内容的创制，只需被动地观看即可。因此，硬广告可以说是一种典型的传统媒体营销思维的产物。不过，恰恰因为硬广告的闭合性——其内容生产不对消费者开放，所以，在完整传达品牌理念与形象方面，硬广告有其不可替代的作用，而且也是营销者可以控制的一种广告方式。

软广告是指企业将产品、品牌的营销信息融入诸如新闻宣传、公关活动、娱乐栏目、网络游戏、消费者自创内容等形式的传播活动中，使受众在接触这些信息的同时，不自觉地也接收到商业信息。软广告具有目的的多样性、内容的植入性、传播的巧妙性、接受的不自觉性等特点。

无论是在传统媒体还是在新媒体上，医疗保健产品都喜欢以类似新闻或专题报道的形式发布软广告，比如某些医疗机构在大众媒体上以人物传记、访谈、科普讲座等形式所进行的宣传。企业的公关活动也常以新闻报道方式进行。与普通广告相比，这类广告在形式上更具隐蔽性，但在内容上却多是赤裸裸的推销和宣传，而且，往往充斥着未经证实的数据和案例。由于经常打法律的“擦边球”，甚至直接违反相关法律法规，这类广告实际上并没有好的口碑，而且经常是市场清理整顿的对象。

在新媒体上，也大量存在着这种打法律“擦边球”的软广告。比如很多美容护肤品、药品在网页右侧或下方所做的文字链接广告或图文链接广告，这些链接模仿新闻的方式制作标题，诱导用户点击观看。从形式和内容上看，就是传统媒体上的“软文”(软性文章)的移植。

除了以软文形式出现的软广告，新媒体上还存在着其他软广告的形态，比如植入式广告，以及在博客、论坛、微博上常见的用户体验报告。用户体验报告由使用过产品的消费者根据自己的亲身经历和体验撰写，企业会对撰写者给以一定的利益回报。由于撰写者是同样身为消费者的其他网友，而且有具体的情节，所以对于消费者来说，他们比其他信息来源有着更高的可信度。加上有些用户的文笔相当不错，所以这种软广告有时也能以很少的投入产生不俗的口碑营销效果。

植入式广告当属新媒体上最引人注目的软广告了。具体形式可分为视频植入广告、游戏植入广告等，其中又以视频植入广告的手段运用最为纯熟。在视频中最常见的广告植入物有：产品植入（包括产品名称、标志、包装）、品牌植入（包括品牌名称、品牌标志、品牌包装、专卖店或者品牌广告语、品牌理念等）、企业符号植入（包括企业场所、企业家、企业文化、企业理念、企业精神、企业员工、企业行为识别等），如图1-3、图1-4、图1-5所示。

图1-3 产品植入 （百度图片）

图1-4 品牌植入 （百度图片）

图1-5 企业符号植入 （百度图片）

游戏植入广告（In-Game Advertising，简称IGA），是在游戏中出现的商业广告。它以游戏的用户群为目标对象，依照固定的条件，在游戏中某个适当的时间和某个适当的位置出现的广告形态，如图1-6所示。

图1-6 游戏植入广告 （百度图片）

（二）新媒体营销策略

新媒体营销方法层出不穷，按营销策略的侧重点，可分为内容营销、参与式营销和个性化营销。

1.内容营销

在新媒体领域，内容是达成与消费者互动的最重要因素之一，又因为新媒体内容的生产相对较为方便，所以新媒体内容的创新生产和传播正在成为一块新的热土，依托内容所进行的营销有其独特的魅力。自制剧、微电影正在成为品牌偏爱的新传播形式。例如传立公司早在2010年为雀巢公司拍摄网络系列剧《咖啡间疯云》，第一季和第二季的节目都有过千万的收视。从品牌效果上看，目标消费者对产品的喜好度和预购度都有近10%的增长。品牌拥有内容的一个优势是可以进行全方位的推广，例如为新剧进行的选角、首映礼、影视剧官微等，都可以作为连带的营销机会。

在新媒体渠道里，赞助可以围绕内容展开，将品牌内涵及形象植入到相关内容中去。作为金立重点打造的年轻化子品牌ELIFE，近年来一直在品牌的内容营销方面进行积极探索，包括：冠名各大时尚综艺节目与年轻人零距离接触；植入网络火爆搜狐视频自制剧《屌丝男士》《极品女士》；与腾讯视频联合打造全球首部互动功能剧《快乐ELIFE》；邀请金马奖导演关锦鹏拍摄、代言人阮经天出演微电影《幸福ELIFE之给爸爸的照片》；以及再度牵手搜狐视频赞助首部互联网4K“大网剧”《匆匆那年》。ELIFE品牌在内容营销方面的“嗅觉”越来越敏锐，品牌时尚年轻的形象日益深入人心。这种赞助方式不仅为广告主和被赞助方创造了更多的关联，而且通过新媒体渠道，消费者可以轻松地从赞助内容转到对赞助品牌的偏好，进而跳转到广告主的网站，这也是传统的赞助方式无法实现的。

2.参与式营销

新媒体，特别是其中的社交媒体，可以说是最具有参与精神的媒体。不管是博客、微博、微信等表达性社会媒体，还是维基百科、知乎等合作性社会媒体，都是以参与、互动或分享为根基。新媒体促进营销加快进入了一个营销的参与化时代，营销最终引发了多少次互动，多少人参与，成为衡量新媒体营销效果的重要指标。参与能给消费者留下独一无二的深刻体验，还能借助消费者在虚拟世界和现实世界的社交关系，以网状、链式传播迅速放大营销效力。

英特尔曾和东芝电脑强强联手，共同打造了一部微电影社交互动剧“*The Beauty Inside*”（内在之美）。这部互动剧故事情节奇幻神秘，引人入胜，突破传统电影体验中银幕至观众的被动单向的传播方式，采用社交互动的全新方式，让观众能够参演剧中角色，并通过社交媒体与主角互动，极大地增加了电影与观众的互动性。该剧通过剧中主角与东芝电脑超级本的互动体验，也将最新的技术与最出色的产品展现在观众眼前，让观众体会到科技每时每刻都在改变着我们的生活。[①]而“内在之美”也与英

① 东芝互动剧获2012年微电影金瞳奖大奖[EB/OL].中关村在线.http://nb.zol.com.cn/351/3516446.html，2013-01-28.

特尔的产品定位完美贴合。这部微电影一举夺得戛纳广告节直销类铜奖，成为社交互动剧的典范。

美国的墨西哥快餐品牌塔可贝尔(Taco Bell)为其人气产品Nacho Fries辣玉米片薯条，与190万推特粉丝一起共创了一支挑战赛的预告片“*Fry Again*”。剧情完全以粉丝的想法为基础，由获得奥斯卡提名的著名导演执导制作。短片以时间循环为主题，有着电影大片级别的制作水准和视觉效果。人们进入一个虚拟作家的房间，回答他们在下一Nacho Fries章节中看到的内容，将这些内容创作成了一个无限循环的一天，使得人们每一个循环中都可以看到自己的影子。粉丝们还帮助选择了主角名字“Vanessa”，选择她将驾驶的跑车类型，确定主角的服装、搭档，将她的狗命名为“Baja”，等等。①

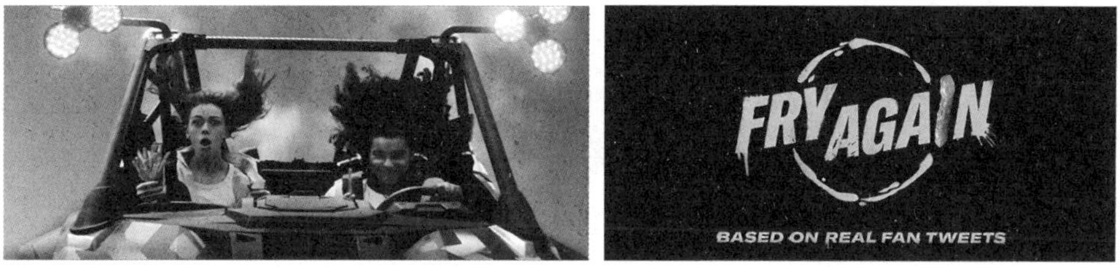

图1-7 塔可贝尔辣玉米片薯条“*Fry Again*”广告截图

体育品牌也极为重视网上的社区营销，以强化消费者的参与和互动。安踏就率先推出了安委会社区，成为国内运动品牌首个综合体育互动社区。随后，特步、361°等也都着手搭建品牌网络论坛。安踏安委会、特步互动娱乐板块就是一个品牌俱乐部，为了更好地与消费者互动，安踏开展了KG中国行风暴、“为年轻宣言，为90后加油”等活动；贵人鸟则开展了“玩运动”活动，百余名优酷网友通过“玩泡泡”游戏，获得了贵人鸟提供的夏季最新款运动T恤和大礼包。耐克公司还专门设计了一款电脑游戏，让参与者在游戏中与球王乔丹一起打篮球，从而使耐克的品牌形象在潜移默化中深深植入年轻消费者的心中。

联合利华曾为旗下“立顿”品牌在QQ上发起一次春节主题的互动营销活动。用户可以在立顿的活动页面定制一个属于自己的动感拜年视频，别有新意、动感十足的视频，给人们的新年祝福提供了更具创意和趣味性的表达方式，因而调动了众多消费者的

① 与粉丝共创时间循环的科幻大片，有被卷到！[EB/OL]. 广告门.https://creative.adquan.com/show/314106，2022-03-30.

参与积极性,立刻受到了广泛欢迎。[1]此次活动得到了数千万次的转载、上亿次的浏览量,互动带来了出人意料的效果。

3.个性化营销

所谓个性化营销(Personalization Marketing),最简单的理解就是量体裁衣。具体来说,就是企业面向消费者,直接服务于顾客,并按照顾客的特殊要求制作个性化产品的新型营销方式。

个性化营销是根据消费者的个性化需求进行设计,最大限度满足消费者的个性化需求,企业经济效益自然凸现。对于准备实施"个性化营销"的企业来讲,关键的第一步就是建立自己的"顾客数据库",并与"顾客数据库"中的每一位顾客建立良好关系,为单个顾客定制一件实体产品或提供定制服务,满足顾客的需要。

"黑人透心爽牙膏融合冰激珠子与漱口水成分,深入口腔每个部位,带来3D激醒体验",围绕"平面变3D,唯有黑人透心爽"的产品利益诉求,腾讯为黑人透心爽牙膏设置了一系列有趣的活动环节,针对目标消费者,鼓励网友特别是18~24岁的网友,"抛开平淡2D生活,走向3D立体人生",尝试全新的体验。网友上传自己的照片形成2D画面(平面纸片人),如果要变成3D立体生活场景,就必须找到隐藏在房间里的"激醒法宝",而寻找法宝的过关秘笈就是黑人牙膏产品视频,要通关,网友必须按"画"索骥,激活自己的3D立体生活场景,整个活动充满了寻宝趣味,让产品、品牌教育在网友欢乐的游戏体验中完成。可爱的卡通人物形象、寻宝秘籍、过关小游戏,这些都是年轻用户喜闻乐见的形式,本来呆板的视频广告华丽转身为"寻宝图",极大地调动了网友的观看兴趣。本次活动最终引发了超过140多万独立用户参与,注册人数达到了40万人,注册转化率高达28%,使品牌形象深入人心。

四、新媒体营销的发展趋势

新媒体技术的快速发展和普及,构成当今世界新科技浪潮的重要内容,在人们的经济生活和社会生活中扮演着重要角色。新媒体营销作为一种新兴、快捷、经济、高效的营销方式,引起了企业的普遍关注,并且一直保持着快速发展、更新的势头,不仅极大地改变了消费者的媒体接触习惯与消费观念,也改变了企业营销理念与营销模式。随着

① 闰芬,周再宇.腾讯多触整合视频互动营销[J].新营销,2011(05).

数字技术与通信技术的发展，新媒体营销发展主要呈现出以下趋势：

（一）移动营销发力

据媒体分析公司的报告，2020年全球移动广告支出达2400亿美元，预计到2021年底将上升到2900亿美元，增长率高达21%。而与此形成鲜明对照的是传统广告产业的收入下降，MAGNA的报告显示，2020年，全球的电视、广播、印刷、户外广告等传统广告产业的收入下降了18%。①

当前，我国手机网民规模已突破10亿个，99.7%的网民都使用手机上网。网民对互联网应用的使用广度和深度进一步提升，推动人均上网时长的持续增长。截至2021年12月，我国网民的人均每周上网时长为28.5小时。②智能手机以其便携性、个性化以及对用户碎片化时间良好的利用效率，得到了广大消费者的钟爱。在全网覆盖下，网络流量价格越来越便宜，进一步降低其使用门槛。随着手机应用营销生态和商业模式的进一步发展，人工智能技术和5G技术的发展与推广应用，手机将与人们的生活产生更高程度的融合。依靠着广泛的受众群体、丰富的营销场景和商业模式，手机为企业营销提供了一个更广阔的平台。未来，以手机为代表的移动媒体将在数字营销中占据重要地位。

（二）社交营销成为主场

社交媒体，又称社会化媒体，是人们彼此之间用来分享意见、见解、经验和观点的工具和平台。彭兰将之定义为"基于用户社会关系的内容生产与交换平台"，认为其主要特征在于：第一，它是内容生产与社交的结合；第二，社交媒体平台上的主角是用户，而不是网站的运营者。研究机构CIC将下列媒体划归社交媒体的范畴：微博、社交网站（SNS）、即时通信、电子商务、视频&音乐、论坛、消费评论、分类信息、签到与位置服务（LBS）、社会化电子商务、社交游戏、社会化内容聚合、档案分享、博客、在线百科、在线问答、在线旅游、移动/弹性社交、婚恋交友网络、轻博客、商务社交、企业社交、私密社交等。③

① 2020年全球移动广告支出达2400亿美元[EB/OL].白鲸出海.http://www.baijingapp.com/article/id-33369，2021-04-13.

②中国互联网络信息中心（CNNIC）.第49次中国互联网络发展状况统计报告[EB/OL].CNNIC.http://www.cnnic.cn/hlwfzyj/hlwxzbg/hlwtjbg/202202/P020220318335949959545.pdf，2022-3-25.

③ 彭兰.社会化媒体：网络时代的关键转折.载于尹韵公主编.新媒体蓝皮书：中国新媒体发展报告（2012）[M].北京：社会科学文献出版社，2012.

社交媒体充分利用了用户间的社会关系，同时使媒体平台上的用户群体从内容的消费者转变成内容的生产者，利用社交媒体所开展的营销因而具有全新的信息传播方式和影响模式，企业必须转变营销思路和策略，借助社会化媒体优势，根据不同人群在不同社群的行为特点，进行创意策划，实现品牌营销和客户服务维护的目标。

社交媒体的具体形态还会继续发生演变，但社交媒体的根本特征不变。如何更好地利用用户社会关系，更好地调动消费者的参与热情，是未来的新媒体营销所需考虑的重点问题。当购物成为社交话题时，企业的营销就会事半功倍。因此，在社交媒体时代，企业要真正与消费者互动，就需了解用户感兴趣的内容，将营销信息更多地融入目标受众感兴趣的内容之中，进行内容营销。电影《失恋33天》的营销主阵地便集中在微博、人人网、豆瓣网、视频网站等社交媒体上，在内容方面，则非常注重互动和原创，通过《失恋物语》微电影和微博上的"失恋博物馆"特设板块，成功营造社会话题，与网友产生强大共鸣。

（三）视频营销势头强劲

在网络时代，人们的注意力很容易分散，而视频可以更形象、深入、有趣地与消费者进行沟通，比较容易得到消费者的免费传播和参与。通过弹幕这一专属于视频网站的评论方式，用户更易于，也更愿意对他们喜欢的视频进行评论和互动。从现有的视频网站模式看，最受欢迎的往往是由用户创作、发布内容的视频网站，即UGC视频网站，如国外的YouTube，国内的Bilibili、抖音。随着视频制作技术的成熟，视频生产的成本和技术门槛大大降低，这为视频网站和手机短视频应用的全民参与提供了重要条件。而人们对娱乐的需求和时间及注意力的碎片化趋势，则进一步助推短视频的兴起。

近年来，以抖音、快手、微视为代表的短视频应用在国内掀起了短视频的发展热潮。在满足视频上传者创作自由的同时，UGC视频平台以其高沉浸感、原创价值和社交属性，赢得了广大用户的青睐和参与。而短视频平台还因视频时长短，更利于运用用户的碎片化时间和移动化场景，因而得到快速发展。此外，短视频比长视频还更利于转发分享。2014年腾讯推出的"微视"8秒短视频，用户通过QQ号、腾讯微博以及腾讯邮箱账号登录，可以将拍摄的短视频同步分享到微信好友、朋友圈、腾讯微博，从而轻松实现社交分享和平台切换。由此可见,短视频平台从最初的设计架构上就已经带有很强的社交属性和平台融合特征。

视频传播本身集视听、可移动、可参与于一体,集流量和社交属性于一身,不仅能为用户提供更好的体验,而且也具有重要的营销价值,被企业视为重要,甚至首要的营销载体。

知识回顾

新媒体相对于传统媒体而言,指建立在数字技术和互联网基础之上的媒体形式,具有全新的传受关系性质和全新的技术手段,具有互动性、即时性、共享性、个性化、超文本等特征。新媒体营销就是通过新媒体渠道所开展的营销活动,具有成本低廉、精准定位、更易形成病毒传播等特点。新媒体营销的内容体系包括:建立以消费者为核心的数据体系,构建信息传播生态系统,打造全平台内容营销生态闭环,以及利用大数据进行效果评估。

新媒体营销是通过新媒体渠道所开展的营销,其发展演进与新媒体本身的发展密切相连。从电子邮件到网络广告,从门户网站到搜索引擎,从论坛到微博微信,从PC到移动,从以电视终端为核心的大屏产业链到以手机、PAD、智能手表为代表的小屏系列,新媒体的形态、结构和技术手段一直都处在变革当中,依托其上的新媒体营销也随之历经变化。最近几年,新媒体领域最引人瞩目的变化,除了社交媒体的兴盛之外,便是移动化和多屏化的趋势,尤其是手机媒体的崛起。此外,5G技术、人工智能、云计算的发展,也在持续推动媒体的更新迭代和营销方式的变化。

新媒体营销的常用通道包括网络媒体、社交媒体、IPTV和OTT、移动平台等。常用的新媒体营销方法有硬广告与软广告之分。内容营销、参与式营销、个性化营销是新媒体营销的几种重要策略。从发展趋势上看,移动化、社交化以及视频,特别是短视频的崛起是值得关注的现象,移动营销、社交营销、视频营销将成为趋向性的新媒体营销形式,代表了未来发展的方向。

复习思考题

1. 新媒体有哪些特点?

2. 新媒体营销的优势是什么?

3. 企业如何构建新媒体营销体系?

4. 我国新媒体营销的运用现状如何? 主要存在哪些问题?

5. 新媒体营销的发展方向是什么?

第二章　新媒体营销的理论基础

知识目标

1. 合作营销的含义与意义。
2. 新媒体时代关系营销的新内涵。
3. 数字营销概念及其与新媒体营销的联系与区别。
4. 营销观念变革的时代背景及其主要内容。

能力目标

1. 理解新媒体时代营销环境的变化。
2. 掌握新媒体时代营销思维和营销规则的变化。

思维导图

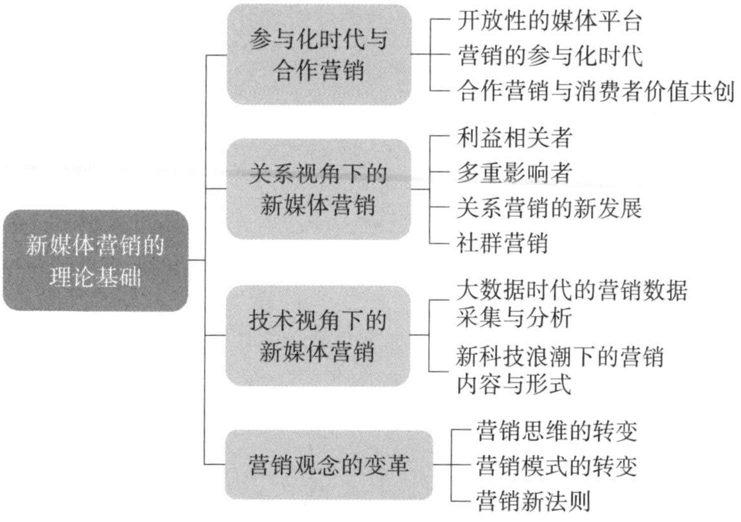

案例导入

20世纪80年代初，埃克森石油公司组织了一次员工会议，会议上宣读了公司几条新的“核心价值”，其中排在第一位的是“顾客是第一位的”。当天晚上在聚餐时，几位部门经理讨论起了会议上的话题。这时，一个名叫蒙蒂的刚出道的影星走过来敬酒，他大大咧咧地说：“我想说的是，顾客并不是第一位的。”蒙蒂把手指向部门总裁说：“他才是第一位的。”然后他指着欧洲区总裁说：“他是第二位的。”他又指着北美区总裁说：“他是第三位的。”随后他又连说了四位部门总裁，最后才总结道：“消费者是第八位的。”这番话让大家目瞪口呆，过了好一阵儿有位总裁突然笑了起来，随后众人大笑不止，因为终于有人讲出了这一整天中的第一句实话。①

虽然这个故事发生在几十年前，但故事中的场景并没有在当今社会中消失。实际上，尽管很多营销者不愿承认，但他们心底的确没有把消费者放到第一位。其实，营销可以说是最接近消费者的一种管理手段。我们认为，现在必须破除营销者和消费者相互对立的两分法概念了。实际上，营销者应当认识到，他们在营销任何产品或服务的同时也是其他产品或服务的消费者。同时，消费者也必须意识到，当他们每天向其他人分享消费体验时，自己所扮演的也是营销者角色。因此，每个人既是营销者也是消费者。如今，营销已经不再完全是一种营销者向消费者施加的行为，消费者也可以向其他消费者展开营销。②

信息技术和新科技浪潮给营销所带来的变革绝不仅仅只是体现在营销工具和营销手段的变化上，其更深层、更具意义的变革乃是它对整体营销环境的改变，以及由此所导致的营销思维与营销理念的变化。

① (美)菲利普·科特勒，(印尼)何麻温·卡塔加雅，伊万·塞蒂亚万．营销革命3.0：从产品到顾客，再到人文精神[M].毕崇毅，译.北京：机械工业出版社，2011.
② 同上。

第一节 参与化时代与合作营销

以互联网为核心的新媒体，其信息传播具有去中心化的特质，单向的、自上而下的传播模式不再是主流，互动、共享、参与成为新媒体时代被提得最多的概念，从这个意义上讲，新媒体具有给消费者、给传统意义上的“受众”增权的作用。

一、开放性的媒体平台

截至2021年1月，全世界有46.6亿互联网用户，超过世界总人口的60%；有52.2亿手机用户，将近世界总人口的70%。除了消费者和企业使用的各类设备之外，交互的平台也呈爆发性增长，全球社交网络活跃用户数量约高达42亿，约占世界人口的55%。[①]世界各地的人们正通过无数的网站平台和工具分享越来越多的个人信息和私人信息。

就其实质而言，所谓的平台就是市场。传统意义上，市场起源于古时人类对于固定时段或地点进行交易的场所的称呼，由于空间局限、交易手段原始，市场的参与人数和辐射半径都非常有限。而随着互联网时代的到来，时间、空间限制被打破，信息变得不再封闭，商业信息流动的速度、深度和广度都得到前所未有的提升。尤其是在互联网大潮创新者们的带动下，出现了一些杀手级的应用程序和互联网服务产品，聚集了包括供应商与消费者的海量用户，使得平台的现实价值和潜在价值达到前所未有的厚度。

平台经济借助互联网的力量，突破时空、交易人数的限制，将大量分散的供需信息汇集起来，形成了史无前例的海量用户和海量交易的聚集。[②]互联网的发展是一个从封闭走向开放的过程。由于用户的需求变化，经历了接入为王、内容为王、应用为王到服务为王的阶段；用户的核心需求从最初的能够接入互联网到希望能够从互联网中获取

① We Are Social & Hootsuite：全球网民数量达46.6亿 中国人每天上网5小时22分[EB/OL].新浪网.https://finance.sina.com.cn/tech/2021-01-27/doc-ikftpnny2359682.shtml，2021-01-27.

② 平台竞争是互联网时代的制高点[J/OL].中国企业报.http://news.cnfol.com/121017/101，1587，13442909，00.shtml，2012-10-17.

想要的内容,再到希望厂商能够提供丰富而有趣的应用,渐渐地,由于用户需求的多变性和多样性,厂商没有足够的资源,也没有能力满足用户的不同类型、不同层次和不同方位的需求[①],一个开放式的平台方式逐渐发展起来并渐渐成为流行,为广大平台网站所采用。

2007年5月24日,Facebook首届F8开发者大会上,23岁的马克·扎克伯格(Mark Zuckerberg)发表言论:"如今的社交网络都是封闭平台,Facebook将终结这一现状。演进后的Facebook平台将面向全世界的开发者开放,任何开发者都可以在Facebook的框架内开发完整的面向顶级社交图谱的应用程序。"于是当时已经拥有1.32亿名活跃用户的社交网站Facebook开放了自己的平台,将Facebook拥有的海量社交用户档案和关系数据,通过开放自己的API(Application Programming Interface,应用程序编程接口),将网站用户和关系数据开放给第三方开发者。利用这个框架,第三方软件开发者可以开发与Facebook核心功能集成的应用程序。

这种开放的平台模式令Facebook上的应用程序数量暴增,大大增强了Facebook的功能与价值,另一方面,第三方应用程序开发者可以直接分享Facebook的用户,依托这一最具影响力的社交平台迅速提升产品和品牌的知名度,通过加载相关广告,实现商业价值和盈利目标。有统计显示,Facebook仅用一年多的时间就聚集了20多万位开发者的45899个应用。这些开发者和应用极大地增加了Facebook的吸引力。而Facebook屏蔽了谷歌的搜索,所以用户在谷歌中无法搜索到Facebook的数据,Facebook因此成为独立于搜索世界之外的社交网络。[②]

国内互联网公司也纷纷开始建设自己的应用平台。2008年7月8日,人人网正式对外发布了开放平台战略,成为国内首家开放平台的SNS互联网企业。自2010年起,新浪微博、百度、盛大、开心网、人人网、腾讯等相继尝试开放部分互联网领域的API,国内开放平台进入爆发期,2011年被称作"互联网开放元年"。

开放性平台成为新媒体,特别是互联网领域的主导趋势和潮流,成为创新者和创业者的乐土。各种开发团体、个人、开发公司的进驻,为平台用户带来了各种五花八门的应用产品,极大地满足了用户的需求。在收获优秀应用产品的同时,开放平台也帮助众

① 易观国际.中国互联网开放平台专题研究报告[R].2011.

② Facebook开放平台之殇:空头许诺与信任危机[EB/OL].美国科技博客PandoDaily.http://tech.sina.com.cn/i/2013-07-25/18188575363.shtml,2013-07-25.

多开发者迅速创业成功。[①]

开放平台本身具有多元化、高自由度、需求匹配精确、用户数量巨大等特性。庞大的用户群,开放、便捷的应用搭载,高速、高效的传播,都让开放性的媒体平台顺理成章地成为最热门的营销平台。从实际运用情况来看,平台俨然已经成为一种共享的基础设施,平台化也成了一种企业共识,而开放就是新平台革命的利器。

作为一种媒体平台,新媒体的开放性不仅体现在对应用程序的搭载上,而且也体现在它对用户的搭载上——用户可以自由地申请、加入博客、微博、微信等媒体平台,将自己的自媒体搭载在这些新媒体平台上。正是对应用程序、对用户的开放态度,让新媒体成为当之无愧的开放性媒体平台。

二、营销的参与化时代

在新媒体时代,消费者的营销参与和传播参与都变得更加方便。随着开放性平台的不断发展完善,以及互联网普及率、接入网络的终端设备和各社交网络月活跃成员的不断增加,消费者能够用来表达自己意见和看法的途径越来越多,越来越便利。作为企业,过去那种"登高一呼"式的传统媒体营销方式已越来越难以打动消费者,而真正能让消费者动心的,反而是同样身为消费者的其他人的说法。口碑营销的影响力在新媒体时代得到前所未有的彰显。消费者不再被当作被动接收信息的一方,他们会主动搜寻、会分享、会发表意见,会响应,也会恶搞、修改文本。在市场上流通的关于企业和产品的信息不再是由商家一方单独决定和控制,而是由商家和消费者一起提供、一起制造。

"参与化时代"和"合作营销"的概念在菲利普·科特勒等人的《营销革命3.0》中得到了很大强调。参与化时代更被当作营销3.0时代的首要特征,合作营销被视为"营销3.0的第一个组成部分"。[②]"参与化时代"的表现就是,"人们在消费新闻、观点和娱乐的同时也主动创造它们。新浪潮科技使得人们从被动的消费者变成了产消者(生产型消费者)。"[③]伴随信息技术的渗透而发展起来的新科技浪潮为这种参与提供了最重要的基础

① 李志才,李福松. 人人网开放平台浅谈[J]. 程序员,2011(3).

② (美)菲利普·科特勒,(印尼)何麻温·卡塔加雅,伊万·塞蒂亚万. 营销革命3.0:从产品到顾客,再到人文精神[M]. 毕崇毅,译. 北京:机械工业出版社,2011.

③ 同上。

条件:“允许个人表达自己以及与他人合作”。[①]

推动这种新浪潮科技发展的一大力量就是社会化媒体的兴起。社会化媒体又可分为表达性社会媒体和合作性社会媒体两大类。[②]

表达性社会媒体主要包括博客、微博、微信、人人网、视频分享网站、照片分享网站以及其他各种社交网站。社会化媒体的个人表达性越来越强,消费者的意见和体验对其他消费者的影响与日俱增,消费者越来越热衷于视频、游戏并处于使用各种终端设备联网“一直在线”的日常状态,他们观看传统广告的时间大大缩短,企业广告对消费者购买力形成的作用正在逐渐下滑。社会化媒体成本低廉且影响力广泛而深刻,它必将成为企业营销沟通的未来选择。

合作性社会媒体主要包括维基百科、百度百科、知乎、Craigslist等网站。合作性社会媒体主要以开源为特征。像维基百科、百度百科网站的内容就是由众多网友共同完成,他们自愿付出时间,为这个共同作品创建了无数主题和条目。[③]截至2022年3月,百度百科拥有超过753万名用户,产生20794万次协作编辑,参与共创超过2582万个词条。[④]

另外,知乎网站也是一个很好的例子,其标语为“与世界分享你的知识、经验和见解”,在最主要的知乎问题页面,用户可以对相关问题进行修改、评论、举报和管理投票。知乎的内容主要是靠一些领域专家或者兴趣达人针对网友提出来的相关问题共同合作、探究所产生的。

社交媒体、信息技术为消费者的合作和参与提供了技术和“场所”的支撑。消费者不再是一个个孤立的、不相关联的个体,而是“开始汇聚成一股股不可忽视的力量;在做出购买决策时,他们不再盲目地被商家引导,而是主动积极地搜集各种有关信息;他们不再被动地接受广告,而是主动向企业提出实用的反馈。”[⑤]

消费者之间的相互影响和合作正在逐渐影响到企业的营销思路。企业变得比以往更加重视消费者的意见和想法,纷纷开始强调互动和参与,将消费者参与纳入营销的常规过程体系。

---

① (美)菲利普·科特勒,(印尼)何麻温·卡塔加雅,伊万·塞蒂亚万. 营销革命3.0:从产品到顾客,再到人文精神[M].毕崇毅,译.北京:机械工业出版社,2011.

② 同上。

③ 同上。

④ 数据来源:百度百科.

⑤ (美)菲利普·科特勒,(印尼)何麻温·卡塔加雅,伊万·塞蒂亚万. 营销革命3.0:从传统到顾客,再到人文精神[M].毕崇毅,译.毕崇毅,译.北京:机械工业出版社,2011.

三、合作营销与消费者价值共创

营销的参与化重塑了消费者与企业之间的关系。也就是说，企业如果依旧保持传统的营销方式，靠投入大量资金对消费者的注意力“围追堵截”，靠“混个脸熟”赢得消费者，这种做法即便能在一定程度上促进销售，也只能算是一种效率低下的广种薄收。菲利普·科特勒等人认为，在营销1.0时代，营销是工业化时代以产品为中心，强调如何实现销售；在营销2.0时代，营销活动是以消费者关系为中心，不仅产品要有功能差异，而且更需要企业向消费者进行情感诉求和形象营销；在营销3.0时代，营销以价值观驱动，把消费者还原为“丰富的人”，是以人为本的营销；而在营销4.0时代，营销以大数据、社群、价值观营销为基础，强调企业与消费者的互动、重视和尊重消费者的价值感，帮助消费者实现自身价值。①

参与式营销是近年来被提得比较多的营销理念新术语，它强调营销不能再像过去那样做成单向的、一厢情愿式的，而是要倾听、要沉潜到客户中，调整自己的沟通策略，将重心从“干预”转移到吸引他们“参与”中来，开展“客户参与型营销”，即“合作营销”。②合作营销并不单纯地是一种营销推广的手段，而是统合在“价值观驱动的营销”观念下的全新理念。对于企业来说，在经济高度互联化的背景下，合作营销包括了与其他企业、股东、渠道合作伙伴、员工以及消费者的合作。

以大数据、连接、社区、新一代分析技术以及价值观营销为基础的营销4.0，主张企业将营销的中心“转移到如何与消费者进行互动、尊重消费者作为‘主体’的价值观，让消费者更多参与到营销价值的创造中来”，同时，数字化的连接也为消费者与企业的合作营销、为消费者价值共创提供了条件。③

消费者积极参与到企业的生产和营销活动的创意中，与企业互动交流，而企业通过与消费者合作，进一步加强消费者与品牌的联系，实现消费者价值最大化。消费者与企业的合作过程就是消费者价值共创的过程，也是营销过程。由于新媒体在互动性和参与性方面有着明显优势，因而利用新媒体发起互动和参与活动就成了很多商家的营销方式。

---

①（美）菲利普·科特勒，（印尼）何麻温·卡塔加雅，伊万·塞蒂亚万．营销革命4.0：从产品到顾客，再到人文数字[M].毕崇毅，译.北京：机械工业出版社，2020.

② 客户参与式营销[J/OL].21世纪商业评论.http://finance.sina.com.cn/leadership/myxcl/20071120/13024195294.shtml，2007-11-20.

③ 同上①。

2006年夏，百事发起了“百事我创——百事巨星广告你做主”活动，用户通过登录活动网站并撰写一则以百事巨星周杰伦为主角的电视广告，就有机会赢取10万元现金大奖，总冠军及15位入围作品的创作人将最终获邀出席规模盛大的广告首播会。在百事我创活动刚开始的头两天，网易用户在活动网站上提交的广告剧本就已多达1000多份，此外更有大量网友踊跃投票、发表评论。百事公司突破性地把电视广告剧本的创作权交到了消费者手中，开创了广告制作的先河，并提出了一个新的营销理念——“消费者参与品牌建设”。一方面，消费者可以自己创作广告剧本参加比赛，胜出的剧本就会被拍摄并且播出，成为百事品牌建设的一部分；另一方面，消费者也可以参与这个比赛的评分、投票，参与决定哪个剧本最优秀，甚至参与决定这个广告片可以播出多长时间。相比以往的线下推广和网络活动，“百事我创”活动的创新手法更能激发消费者与品牌的主动沟通。①

利用新媒体，尤其是互动性强的社交媒体充分发动消费者进行合作营销，尤其适合于公益活动的推广。因为出于公益目的的推广宣传和资金募集，更容易与消费者达成价值观层面的沟通和认同。例如在微博上备受瞩目的“ALS冰桶挑战赛（ALS Ice Bucket Challenge）”，要求参与者在网络上发布自己被冰水浇遍全身的视频内容，然后该参与者便可以要求其他人来参与这一活动。活动规定，被邀请者要么在24小时内接受挑战，要么就选择为对抗“肌肉萎缩性侧索硬化症”捐出100美元。该活动旨在让更多人知道被称为渐冻人的罕见疾病，同时也达到募款帮助治疗的目的。

冰桶挑战赛由前Boston College棒球运动员Pete Frates在2012年发起，旨在唤起公众对于肌萎缩侧索硬化症（ALS）的关注。比尔·盖茨率先应战，将冰桶挑战带入科技界，许多名人纷纷加入，他们被冰水浇遍全身的视频和图片在网上被网友们疯传。2014年8月17日，冰桶挑战进入中国，雷军等人被点名。随着更多名人、明星的加入和他们在社交媒体上的点名、互动和转发，冰桶挑战在国内成为一项具有很高知名度的游戏式、互动式慈善活动。8月20日，国家卫健委以捐款的方式“应战”，成为第一个加入冰桶挑战的国家部委。截至8月30日，“冰桶挑战专项”捐款金额总计为人民币8，146，258.19元，其中新浪微公益筹款金额人民币7，284，981.00元。这些钱都将用于罕

① 参与式品牌营销的最佳范例：网易助力“百事我创”，实现营销突破[J/OL].http://www.foodszs.com/200601/20_132_24609.shtml,2006-11-01.

见病人的治疗。①

不光是在线上可以实现消费者与企业的合作,在线下也可以。有些企业通过选择顾客明星代言人或者由用户投票决定促销方式或主题活动的方式,充分给予顾客以主动权,使顾客积极参与到营销的创意及实施过程中,都取得了不同于传统营销的积极效果。

英国创意人艾伦·莫尔认为,今天的消费者善于在网上搜寻数字真相(Digital Truth),企业的过去完全展示在网络上,企业营销的难度在于消费者掌握了话语权,他们在网上主动传播企业的口碑,企业很难控制其程度和广度。于是,以娱乐来启发消费者的想象力,创造消费者愿意主动参与的事件,让他们成为事件的主角,留下亲身参与活动所带来的难忘体验,以帮助消费者对品牌产生情感,进而提升对品牌的认同,再借由网络将这些难忘的体验一再传播,使企业能够更加有效地达到营销目的。②

第二节 关系视角下的新媒体营销

当前,社交化、移动化是新媒体发展的两大趋势。新媒体营销之所以能成为一种显著有别于以往的营销形态,一是因为它所带来的技术变革,二是因为它所带来的关系变革。

一、利益相关者

在营销环节中所说的利益相关者主要指的是顾客、企业内部成员(如股东、员工)、渠道合作伙伴(如供应商、分销商)、企业竞争者等,他们是企业经营活动中的有关各方。

① “冰桶挑战”公益项目媒体见面会在京召开 瓷娃娃公布善款使用计划[EB/OL].http://www.chinadolls.org.cn/page/4555,2014-09-01.

② 粉丝方程式——C世代下的“参与式营销”典范[EB/OL].http://blog.sina.com.cn/s/blog_4a2fb85001000arx.html,2007-09-29.

任何一个企业都不可能独立地提供营运过程中所有必要的资源，而必须通过银行获得资金、从社会招聘人员、与科研机构进行交易或合作、通过经销商分销商品、与广告公司联合进行促销和媒体沟通；不仅如此，企业还必须被更广义的相关成员所接受，包括同行企业、社区公众、媒体、政府、消费者组织、环境保护团体，等等，企业无法以一己之力应付所有的环境压力。因此，企业与这些环境因素息息相关。上述所有因素构成了保障企业生存和发展的事业共同体，共同体中的伙伴建立起适当的关系，形成一张巨型的网络。对于大多数企业来说，企业的成功正是充分利用这种网络资源的结果。于是，对于企业资源的认识，就从企业边界以内，扩展到企业边界以外，即包括所有与企业的生存和发展具有关联的组织、群体和个人，以及由这些"节点"及其相互间的互动关系所构成的整个网络。而这些关系是否稳定并能够给网络的成员带来利益的增长，则有赖于有效的关系管理。①

在互联网诞生之前，企业有充裕的时间来密切观察各利益相关者的动向并做出反应，但随着新媒体和新技术的兴起，这种充裕已经成为一种奢望。企业亟须建立新的关系管理理念，掌握全新的关系管理方法，以应对形势的变化。

(一)顾客

顾客是企业生存和发展的基础，市场竞争的实质是竞争顾客资源。只有为顾客提供了满意的产品和服务，才能使顾客对产品进而对企业产生信赖感，成为企业的忠诚顾客。与寻求新顾客相比，保留住老顾客更加便宜、更加经济。统计表明，争取一位新顾客所花的成本往往是保留住一位老顾客所花费的6倍。在企业关系营销中，顾客是营销活动的中心和出发点。

新技术的出现为此准备了有力的武器，企业可以通过建立顾客数据库的方式保留顾客资料，记录用户的基本信息及喜好、偏好等资料，以便为用户提供"一对一"的个性化贴心服务；另外，新技术的出现也让企业和顾客能够通过及时交互的社交方式保持经常沟通和联系，例如企业可以通过自己的微博、微信和官网等平台推送产品的最新消息和优惠，顾客也能通过相关线上平台进行及时反馈。这样，才能更好地满足顾客需求，增强顾客信任，密切双方关系。

① 董雅丽，杨魁.关系文化与关系营销[M].北京：中国社会科学出版社，2006.

(二)渠道合作伙伴:企业供销商

渠道合作伙伴主要指的是企业的供应商和分销商。电子商务的兴起,给传统商业带来巨大冲击和挑战,首当其冲的,便是对传统渠道的挑战。苏宁云商集团股份有限公司副董事长孙为民认为,“电子商务是对传统思维模式、管理模式、业态模式的彻底颠覆,是流通业数千年未有之变革,只有货币的出现才能与电子商务带来的革命性影响相提并论。”①

电子商务对传统渠道的冲击比较集中地体现在竞争性渠道冲突方面,这包括因网上跨地域销售以及特殊商品(如试用装、赠品等)通过网络进入零售市场所引发的渠道中的水平冲突,也包括因网上团购引发的渠道中的垂直冲突——垂直冲突包括批发商与零售商之间的冲突、制造商与经销商之间的冲突,还包括因网络营销引发的多渠道冲突。②

多渠道冲突是指渠道管理者建立了两条或两条以上的渠道向同一市场出售产品时,发生于这些渠道之间的冲突。网络营销具有成本低廉、互动性强的特点,越来越多的企业把网络营销作为企业营销活动的重要组成部分。企业运用诸如网络直复营销、数据库营销等策略能以较低的成本获得良好的营销效果,在充分体会到网络营销的优势后,部分企业试图通过互联网建立一条新的销售渠道,甚至是自己的直销渠道。然而,许多厂商在建立网络营销这条新的渠道时,缺乏对传统渠道与网络渠道的目标客户进行差异性设定,渠道之间的产品趋同,新老渠道提供的服务缺乏各自的特色,客户面对新老渠道感到困惑,无法做出符合自己需求的选择,导致新老渠道之间产生客户争夺战,采取敌对性行为,进而产生渠道恶性冲突。比如隐形眼镜业就曾发生过这样的冲突,由于在网上订购的价格仅为眼镜行销售的一半,越来越多的用户转向网上订购,从而导致了传统经销商的抵制。③

除了顺应新的商业形态给传统渠道所带来的冲击和变化,对新旧渠道进行合理的规划和整合管理,还应该对渠道的营销意义和价值做出新的理解和诠释。菲利普·科特勒等人认为,渠道对于企业来说,分销的不仅是商品,同时也在分销企业的理念,因此,企业在营销价值观时需高度依赖经销商,渠道是企业的文化变革动力。在营销3.0中,

① 电子商务对传统商业冲击日益凸显[J/OL].经济参考报. http://www.chinairn.com/news/20130911/103447994.html,2013-09-11.
② 电子商务对渠道管理的冲击与挑战[J/OL].中国电子商务研究中心.http://b2b.toocle.com/detail--4922428.html,2009-12-18.
③ 同上.

渠道管理应当从寻找合适的渠道合作伙伴开始,即寻找那些和企业具有相似目的、特征和价值体系的实体。为了让合作关系更上一层楼,企业应当和合作伙伴进行整合,让自己的品牌更加深入人心。①

当前,购物网络、微信商城都正在成为新的销售平台,因此,淘宝、京东、微信既是分销渠道,又是营销推广的媒体渠道,它们对于企业来说具有双重渠道意义,因此在开展新媒体营销时,需要重新理解这些新媒体的价值和意义,将其发展成为自己的“价值驱动型渠道合作伙伴”。在适当的时机,可以选择合适的渠道合作伙伴进行合作营销,例如,与淘宝、京东等电商或网络游戏产品进行联合营销。

(三)企业内部成员:员工和股东

企业内部成员主要包括企业员工和企业股东。员工关系是最重要的内部关系,员工与企业有着共同的利益,一荣俱荣,一损俱损;另外,员工也是企业形象的重要体现,代表企业进行着各种经营活动,最直接地反映了企业的形象和声誉;没有良好的员工关系,企业就无法展开工作。②而企业股东是企业的主要投资人,与企业的生存和发展休戚相关。任何企业的财力都是有限的,为了给企业的发展奠定雄厚的经济实力基础以维护企业的稳定,就需要广泛争取相对稳定的投资;此外,股东作为企业最强大的顾客群,广泛分布在社会的各个阶层、各个行业,不仅能够成为企业重要的信息来源,并且能够凭借这种广泛的社会关系来扩大产品销售。③

作为企业内部成员,企业员工和股东对企业价值观的理解、认同和共享,是价值观营销得以实现的重要途径。对员工营销企业价值观、对股东营销企业愿景,是企业吸引和留住人才、重建自身形象、提高生产效率、提高品牌价值、确立长期竞争优势的远见之举。

(四)竞争者

对于营销者来说,竞争者是一个多层次、多类型的概念。从竞争层次上讲,分为品牌竞争者、行业竞争者、形式竞争者和通常竞争者。从类型上讲,分为强竞争者与弱竞

① (美)菲利普·科特勒,(印尼)何麻温·卡塔加雅,伊万·塞蒂亚万.营销革命3.0:从产品到顾客,再到人文精神[M].毕崇毅,译.北京:机械工业出版社,2011.

② 董雅丽,杨魁.关系文化与关系营销[M].北京:中国社会科学出版社,2006.

③ 卢爽.关系营销[M].北京:中国纺织出版社,2003.

争者、近竞争者与远竞争者、“良性”竞争者与“恶性”竞争者。因此，企业对竞争者不可一概而论。

在当今市场竞争日趋激烈的形势下，视竞争对手为仇敌，彼此势不两立的竞争原则已经过时，企业之间不仅存在着竞争，还存在着合作的可能，以合作代替竞争，实行“强强联合”，依靠各自的资源优势实现双方的利益扩张才是大势所趋。[①]因此，企业可以寻找那些拥有与自己具有互补性资源竞争者的协作，实现知识、资源的共享和更有效地利用，通过合作增强自身实力。例如，在一些技术密集型行业，企业通过与竞争者进行合作研究和合作开发，分摊巨额的产品开发和市场开发费用，分担市场风险。新媒体营销时代同样需要这种“协作竞争”思路，通过与竞争者的合作来增强竞争力和抗风险能力。

当然，无论是否采取“协作竞争”的思路，企业都需要及时收集竞争者的情报资料，需要监控和分析竞争对手，快速做出反应。新媒体为企业提供了比以往更多的情报收集方式，但对企业的反应速度和信息处理能力提出了更高的要求。

二、多重影响者

这里的影响者是指对消费者的消费意愿和观念、态度会发生影响的个人、群体、组织或社区。影响者的构成通常最为复杂和多元化。半个多世纪以前，拉扎斯菲尔德、卡茨、贝雷尔森等人的研究，使两极传播成为市场营销和创新扩散研究的主导观念，带有精英意味的意见领袖的作用受到极大重视。在实际操作层面，传统的营销方式也更为强调和关注意见领袖型的影响者。比如通过在电视、报纸等传统媒体上刊登广告和新闻，明星、名人、专家的生活方式和消费偏好得到更多曝光和报道，他们的推荐意见得到大范围的关注和推广。

新媒体的发展和兴盛在很大程度上消解了这种单一化的影响者模式，普通消费者的产品评价意见的重要性大大增强。作为对意见领袖研究导向的一种替代性观念，影响力营销理念兴起。除了知名专家、媒体精英、文化精英、娱乐明星等传统意见领袖角色外，草根大号、普通网民、虚拟社区、人脉枢纽等非名人类型的影响者被赋予更多关注。台湾学者邱淑华等人使用“多重影响者”的概念，将“名流与成功典范”“达人与权威

① 董雅丽，杨魁．关系文化与关系营销[M]．北京：中国社会科学出版社，2006.

大师""贤达与公信机构""版主与网络红人""爱用者与业内人士"一起作为多重影响者的概念构成进行了实证检验。①

对影响者的类型有多种不同的划分方法,不过总的来说,既有社会经济地位比较高的意见领袖,也有如朋友般的社群同侪,而且他们所能发挥的影响作用也各有差异。国外有学者提出,除了像奥普拉·温弗瑞(Oprah Winfrey)这类知名媒体人能善用媒体平台大范围地影响社会公众外,从人际关系角度,普通人无法同时与太多人互动,所以非名人类型的影响者,是"直接影响他们的朋友和同侪,进而带动社会流行潮的人。不过,要发生一项社会流行潮,每个受到影响的人都必须再去影响他们认识的人"。可见人们对影响者的信任来源相当不同,既可能来自专业身份、也可能出于人际社交联系。所以美国口碑营销协会(Word of Mouth Marketing Association,WOMMA)提出了"官方权威"(formal position of authority)、"机制认可的专家与提倡者"(institutional/recognized subject matter experts and advocates)、"媒体精英""文化精英""社交联结"(socially connected)五种影响者。②

新媒体营销所带来的关系变革,既与新媒体时代信息传播的去中心化和交互特质有关,也与它所带来的人际传播方式和关系性质的变化密切相关。以社交化、移动化为两大发展趋势的新媒体,在改变人们信息获取方式的同时,也在迅速改变人们的人际交往模式。新媒体,尤其是社交媒体的蓬勃发展,不仅让世界变得更小,而且进一步加深了人们人际关系的真实与虚拟相互交错的特性。产品口碑信息的扩散就处于人际传播的复杂网络当中,因此,人际关系的交融与变化,势必会改变口碑信息的传播路径和影响机制。

新媒体的发展也直接催生出了一些新型的社会关系,比如,处于微信、QQ群等个人社交网络里的陌生人,同属一个论坛、贴吧的版主与留言者;或改变了原有的一些社会关系,比如微信、QQ群里的熟人亲友等强关系,也许会在社交媒体的作用下悄然发生一些变化。

在现实生活中,口碑的来源和传播实际上是一个非常复杂的系统。信息渠道的多元化带来口碑传播形态的多样化。这种多元和复杂同样适用于网络社会里的关系和影响。多样化的口碑传播平台,如搜索引擎、第三方点评网、电子商务网站、微博、微信等,

① 邱淑华,黄昭谋,黄裕峰.多重影响者:一种公关的操作模式与实践[J].现代广告,2014(12).

② 同上.

在口碑传播过程中亦可能发生交互作用。消费者重要购买决策的做出，可能需要收到多重影响者的确认和肯定。换言之，多重影响者对消费者的态度和行为很可能具有强化作用。

2013年，沃尔沃卡车的“极限挑战”广告系列片一经推出就在YouTube上引起极大反响，该系列视频在YouTube播放量超过1亿次，分享近800万次。其中，由好莱坞动作巨星尚格云顿参与拍摄的“尚格云顿一字马”视频，更凭借惊人的视觉冲击在YouTube上获得了超过7300万次的点击量，成为YouTube有史以来观看次数最多的汽车广告，而且获得网民的疯狂模仿，沃尔沃卡车广告最终获得2014年戛纳国际创意节最高大奖。[①]鉴于该则视频所获得的傲人播放量及其所引发的模仿热潮，该支视频被视为一则成功的病毒视频。

图2-1　沃尔沃卡车“尚格云顿一字马”视频截图

图2-2　沃尔沃卡车“尚格云顿一字马”模仿视频截图(1)

① 沃尔沃卡车斩获戛纳国际创意街最高大奖[EB/OL].http://www.chinatruck.org/news/201406/13_48555.html，2014-06-26.

图2-3 沃尔沃卡车“尚格云顿一字马”模仿视频截图

那么，作为一种并非以广大普通消费者为主要消费对象的B2B产品，沃尔沃重型卡车为什么要通过制作病毒视频的方式进行传播呢？对于这样的B2B产品来说，普通消费者的网络狂欢是否有营销上的意义？其创意提供者瑞典知名交互公司Forsman Bodenfors指出，卡车司机并非生活在真空里，他们的朋友、家人一样会对他们的消费选择有影响，因此，沃尔沃卡车的视频广告使用了明星元素，而且画面幽默、夸张，最终所引起的各种模仿和讨论活跃于各大社交媒体、视频网站当中，关注和参与其中的网民，虽然大部分都不是沃尔沃卡车的使用者、消费者，但却是沃尔沃卡车消费者的影响者。

最后需要说明的是，本节对影响者的讨论是使用的影响力营销里所谈论的影响者概念，属于影响者的狭义概念。若从关系营销的广义概念而言，影响者指一切虽不与企业产生直接的经济、业务联系，但却是企业外部经营环境的重要组成部分、对企业的生存和发展具有重要影响的各类主体，包括金融机构、政府、新闻媒体、社区公众，以及诸如消费者权益保护组织、环保组织等各种各样的社会压力团体。

三、关系营销的新发展

“关系营销”并不是一个新近才出现的概念，这一术语是1986年由伦纳德·L.贝瑞博士在服务营销的文献中提出的，他将关系营销定义为吸引、保持、增强客户关系。在关系营销文献中反复出现的多个主题包括：客户满意度、互信、承诺或许诺。其中许多观点将关系营销与婚姻相类比，认为两者的共同特征是双方持续的共同承诺和共同利益。

另有观点认为，关系营销的重点是全面提高客户的忠诚度，其工作核心在于如何让潜在客户了解企业的产品和服务，并把企业放在其心目中的首选位置，让客户成为企业的终身客户。关系营销要求对客户的需求和特征有深入的、个性化的理解。①

近年来，社交化成为新媒体发展的主导趋势。大量社交媒体的出现和发展，不仅改变了人们的上网习惯，也对企业的营销观念和营销方式产生持续影响，企业纷纷转向消费者的新聚集地——社交媒体。社交媒体的流行改变了企业与消费者、股东以及其他潜在合作伙伴的联系方式，企业的关系营销面临新的挑战和机遇。随着营销实践和理论的不断发展，关系营销进入2.0时代。

玛丽·史密斯在《关系营销2.0：社交网络时代的营销之道》一书中对关系营销2.0作了如下阐释："关系营销2.0"意味着真正关心所有人，建立稳定的、双赢的关系。这些关系包括与潜在客户、现有客户、战略联盟、媒体联系人、关键影响人士的关系，甚至还有与竞争对手的关系。最后，有效的关系营销会创造可持续的、成功的、有头脑的企业。②

在新媒体时代，企业需要重新思考利益相关者，需要对影响者做出新的定义和理解。新媒体的发展让利益相关者具有了新的特征，让权威与平民、线上与线下的影响者类型更多，而且各自发挥影响的方式和作用力大小各有不同。

"关系营销"能起作用的原因在于，人们总是愿意与他们认识、喜欢、信任的人做生意，关系成为"新的货币"。社交网络的迅猛发展促使全球沟通方式以及经营方式发生转变，要求企业能够通过微博、微信、电子邮件等社交媒体来培育关系。通过学习使用这些新的社交媒体技术和在关系营销中取得卓越成果所需要的新的软技能，企业才能取得新竞争环境下的优势。玛丽·史密斯指出，要想成为关系营销专家，就需要在两大领域磨炼自己的技能：(1)正确地利用各类社交工具的技能。(2)通过这些社交工具有效地建立坚实关系的软技能。须知，与新媒体相伴而来的是一个全新的世界，而且发展得非常迅速，一次失误就会让企业声誉付出代价，因此，需要可靠的方式和路径实现企业的关系营销目标。③

不过，尽管新媒体的确是当今环境下开展关系营销的重要环境和一些新型关系的孵化器，但是，玛丽·史密斯援引Big Mark创始人本·格罗斯曼的话——"新关系营销的核

① (美)玛丽·史密斯(Smith. M). 关系营销2.0：社交网络时代的营销之道[M]. 张猛，于宏，赵俐，译. 北京：人民邮电出版社，2013.

② 同上。

③ 同上。

心是关系，而不是媒体”，以此强调在新的形势下，关系营销的根本特征和落脚点仍然在于“关系”二字。[①]

在社交联结、人脉枢纽成为重要影响者类型的网络时代，企业营销需要准确把握营销的关键节点，以更高的真诚度，“关注整个世界和世界中的所有人”，为他们量身打造营销活动，让贴心的感动化为购买的冲动，并且向朋友宣传这样难忘的体验。因为，在新的媒体环境和营销环境下，“平凡人就是新的大人物。”[②]那些善用关系营销的企业正是深谙此道，充分利用各类社交工具，以各种建立关系的“软技能”，做好对平凡人的营销。

关系营销在小米的崛起和发展中起到了重要作用。小米通过论坛等社会化媒体在广大网友中培育、发展粉丝，并大胆吸纳“米粉”（小米的粉丝）全程参与企业的产品开发、营销及服务的全过程，从而与米粉建立起忠诚、密切的联系。

小米在做手机之前靠做MIUI起家，当时的小米一穷二白，为了节省成本，小米科技创始人之一黎万强带领团队泡论坛、灌水、发广告、寻找资深用户。从最初的1000个人中选出100个作为“超级用户”，参与MIUI的设计、研发、反馈。这100人成为MIUI操作系统的“星星之火”，也是最初的“米粉”。后来2010年做小米手机的时候，同样按照这个路子，黎万强建立起小米手机的论坛，这也成为“米粉”的大本营。当时，MIUI论坛的注册用户已超过100万个，遍布于全球数十个国家，他们成了小米手机的第一批粉丝。另外，随着2010年微博的流行，粉丝的阵地也从论坛向微博覆盖。

MIUI开发版每周五下午5点更新升级，小米的品牌基调色是橙色，于是小米公司把这一天定义为“橙色星期五”。在小米论坛上，众多“米粉”参与讨论产品功能，以便公司在下一个版本中做改进，用户可以决定产品的创新方向或是功能的增减，小米公司为此设立了“爆米花奖”：下一周的周二，小米会根据用户对新功能的投票产生上周做得最好的项目，然后给员工奖励，颁发“爆米花奖”。这种将员工奖惩直接与用户体验与反馈挂钩的完整体系，来确保员工的所有驱动不是基于大项目组或者老板的个人爱好，而是从用户的反馈驱动。这种模式对小米的产品设计和完善起到了深远影响。

除了线上活动外，还有更为强大的线下活动平台“同城会”。“米粉”“同城会”覆盖全国各大主要省市，活动以自发方式进行。此外，小米还设立了“米粉节”，是与用户一起

① (美)玛丽·史密斯(Smith. M). 关系营销2.0:社交网络时代的营销之道[M].张猛，于宏，赵俐，译.北京:人民邮电出版社，2013.

② 同上。

狂欢的party。在每年的“米粉节”活动上，雷军会与米粉分享新品，沟通感情。“米粉”是小米手机最忠实的用户，“米粉”重复购买2至4台手机的用户占42%。小米公司、“米粉”、小米供应商、小米电商(www.mi.com)、小米售后全程参与所有环节，最终围绕“小米手机”的各个环节的各个参与者高频度互动，高度参与，推动小米手机的快速发展。①

星巴克也非常重视社会化媒体的关系营销。星巴克专门设立了六人社会化媒体营销小组，到2014年，其社区已壮大到5000万个会员，这就相当于有5000万人在Facebook、Twitter、Instagram或YouTube上举手赞同星巴克，并写下“星巴克，我喜欢这个品牌，我允许你进入我的生活与我交流”。另外，星巴克获得消费者好感度的另一种方式是他们的手机应用，这款应用可以使顾客不排队便可以点单并为自己的拿铁结账，是在美国使用最多的移动钱包应用，这款应用成为星巴克品牌与顾客交流的一种新方式。②

星巴克和小米的关系营销正好体现了玛丽·史密斯在书中所提出的两种关系营销方式：一是直接的营销、广告，如星巴克的做法；二是利用在粉丝中的影响力成为名人，获得出书、上电视等其他盈利机会，如小米手机。小米凭借其出色的营销获得了不少推广、介绍其成功经验的机会，而雷军也因其成功地总结出了一套富有特色的营销模式并频频出席各种场合进行“布道”而获得了“雷布斯”的雅称。

四、社群营销

随着社交媒体的兴盛，人们的生活方式，包括购买决策习惯都发生了很大变化。

(一)社交媒体及社群营销的兴起

社交媒体是Web2.0时代的标志物，在互联网发展进程中具有里程碑式的意义。它的崛起与繁荣，影响了人们的生活，改变着人们的表达方式乃至社会关系，将人们全面带入了一个网络的社交化时代。

社交媒体是依托Web2.0技术的互动虚拟社区，基于社会交往的信息自我生产、自由分享和传播的在线媒体。作为Web2.0的标志物，社交媒体的特性体现在：

第一、共享性，社交媒体的内容向所有用户开放，所有用户可以共享内容；

① 参与式营销：互联网时代的人民战争[EB/OL].http://blog.sina.com.cn/s/blog_477afab30101edx1.html? tj=2,2013-11-26.

② 加强参与感才能病毒式营销[EB/OL].http://www.kanshangjie.com/29530.html,2014-11-20.

第二、自主性，用户可以自己创造内容，并将其共享于社交网络中；

第三、交互性，用户之间可以进行无间隔的交流，讨论甚至形成舆论；

第四、聚合性，主要表现为内容、概念上的聚集融合，于是根据不同内容或概念形成不同的小众。如豆瓣网是一个评论（书评、影评、乐评）网站，其中的豆瓣阅读、豆瓣电影、豆瓣音乐分别聚合着有共同兴趣的群体。

社交媒体的上述特性，对人类社交关系产生重要影响，这表现在两方面：一是超时空性。社交网络服务，能够在大范围内解决众多个人社交的空间和时间限制问题，使得影响力和传播范围大大拓宽，理论上人们随时随地可以沟通。二是强互动性。网民可以自由进行信息的共享、交流和沟通，能实现更高效的社交。

社交媒体在很大程度上释放了个体的影响力，人们的购买决策参考来源不再单一地受限于自己的个人经验和品牌商，参考群体的范围也大大扩展，从过去有限的线下社交圈向无限的线上社交网络查询和参考。随着社交媒体对人们日常生活的融入度的加深，人们可以很方便地在购买前向陌生的网友咨询、求助，也可以在使用后通过朋友圈、各种点评网站、电商平台、知识分享平台等途径以文字、图片、视频等各种形式分享自己的体验，或点赞，或吐槽，或提意见。

因此，在大数据、链接、社交化的背景下，大部分用户更愿意相信“F因素”，即朋友、家人、脸书粉丝、推特关注者。很多人宁愿相信陌生网友的评价和意见，而不愿相信品牌商的广告宣传或专家意见。用户的购买决策过程变得更加关注其社交圈子所提供的意见，不管这个社交圈子是线上的还是线下的，是来自陌生人社群还是来自熟人社群。①

（二）社群营销的特点

1.连通性和互动性

随着社交媒体的兴盛，用户活跃在一个相互交织的关系网中。用户可以根据关系强度来划分和管理自己的社交关系，也可以根据兴趣、爱好或共同目标来划分群体、协同行动，以及进行社群内外的互动。

过去，企业对社群营销的理解往往是指根据自己的市场定位，针对特定目标群体进

① （美）菲利普·科特勒，（印尼）何麻温·卡塔加雅，（印尼）伊万·塞蒂亚万．营销革命4.0：从传统到数字[M]．王赛，译．北京：机械工业出版社，2020.

行社群营销，往往是让被同样事物联系在一起的人聚起来交流，利用群体关系引爆某个传播点。例如小米在发展之初对自己粉丝群的建设和针对性营销。红米手机发布时，小米携手QQ空间联合发布活动，让大家猜测发布产品是什么，有650万人参与此活动，750万用户预约，首批10万台红米手机在90秒内卖完。①

小米的例子是一种典型的社群营销，不过，在社交化和连通趋势更为鲜明的今天，社群营销却意味着企业不能再像过去那样仅以自己的品牌消费者为目标对象，因为消费者会受到社群的影响，而在互联网和社交媒体高度发达的背景下，"社群"的类型和范围都早已与过去不可同日而语。朋友圈、家人、未曾谋面的各种社群里的陌生人，犹如消费者的"手头知识库"，在其对产品和品牌进行判断时可以提供丰富的意见。消费者的决定变得非常依赖于群体的意见。

2.消费者参与

社群的意见和体验对消费者的影响与日俱增，而企业广告宣传对消费者的影响正在逐渐下滑，营销者已经无法全面控制自己的品牌，他们必须向日益强大的消费者社群妥协。威普弗斯(Wipperfurth)其作品《品牌绑架》(*Brand Hijack*)中曾大胆预测，企业必须和消费者合作，企业必须学会倾听消费者呼声，了解他们的想法，获取市场信息。当消费者开始主动参与产品和服务共建时，企业和他们的合作就会进入一个更深的层次。②2010~2011年，百事首席市场官更名为"首席消费者参与官"；戴尔任命"首席倾听官"，在中国荣膺"最佳消费者参与奖"。拒绝干扰式营销、实施参与式营销策略的现象越来越普遍，全球营销界正在步入一个参与式营销的新时代。

消费者参与的核心，就是企业以消费者为中心，与消费者进行有效沟通，建立良好的关系，主动邀请消费者参与到企业产品创新和营销的过程，进而参与企业的成长过程，共同完成品牌使命。

3.口碑的作用

口碑无疑是社群营销的一个核心要素。比起企业宣传，消费者更愿意相信朋友圈或有经验的其他消费者所提供的信息。口碑在消费者信息搜集、评价及购买决策中发挥着重要作用。互联网的广泛应用为口碑创造了绝佳的塑造和传播平台，推动了口碑

① 小米营销战：卖的不是手机是"参与感"[EB/OL].21世纪经济报道.http://news.xiancn.com/content/2013-11/18/content_2823542.htm，2013-11-18.

② (美)菲利普·科特勒，(印尼)何麻温·卡塔加雅，(印尼)伊万·塞蒂亚万.营销革命3.0[M].毕崇毅，译.北京：机械工业出版社，2013.

营销的进一步发展，开创了口碑营销的新时代——网络口碑营销。

口碑（word of mouth）是指没有商业目的的人际间口头交流的关于品牌、产品、服务的信息或看法，[①]网络口碑就是消费者之间通过互联网进行的产品信息交流。[②]与传统口碑相比，网络口碑的传播范围大为扩展，传播频率大为增加，具有成本低廉、超时空、形式多样等特点。

新媒体的连通性给品牌带来了赢得好口碑和正面拥护的巨大机遇，但也使得坏口碑、负面评价同样容易迅速扩散并且不易控制。不过，菲利普·科特勒等人认为，从连通性的角度看，负面的口碑也不见得是坏事。因为品牌往往需要有负面口碑的存在，才能激发起粉丝群体的正面拥护。没有人评论可能比负面口碑更糟糕。当大家都不说话的时候，品牌的粉丝可能会一直沉默下去。[③]

第三节　技术视角下的新媒体营销

技术对于新媒体营销的意义是不言而喻的，如果没有区别于传统营销的科技手段，新媒体营销也不可能具有精准、互动等典型特征。可以说，技术是新媒体营销得以实现的基础条件和保障，技术在很大程度上决定了新媒体营销的能力、效果和未来发展方向。

一、大数据

近年来，新的计算和通信技术和手段不断涌现，收集数据、分析萃取信息的能力不断提高，信息的来源、种类变得越来越复杂，数字信息也呈指数型增长。因此，在互联网、移动互联网、云计算、物联网、三网融合、4G等成为人们广泛追逐的概念之后，大

① Ardnt，J. Role of product-related conversations in the diffusion of a new product，Journal of Marketing Research，1967，4(3).

② Sun，T.，Young，S.，Wu，G. H. Online word-of-mouth (or mouse)：a exploration of its antecedents and consequences. Journal of Internet Mediated Communication，2006，11(4).

③（美）菲利普·科特勒，（印尼）何麻温·卡塔加雅，（印尼）伊万·塞蒂亚万. 营销革命4.0：从传统到数字[M]. 王赛，译. 北京：机械工业出版社，2020.

数据开始吸引大众眼球。从政治层面看，大数据受到政府的广泛关注，2012年3月，奥巴马政府投资2亿美元启动“大数据研究和发展计划”，意味着美国已将大数据技术上升到国家科技战略。大数据将给思维、商业、公共卫生、时代转型带来巨大的变革，它的挖掘和应用将会给现今的社会带来无尽的价值，未来我们的生活都要围绕大数据时代进行。

对于大数据的定义，从字面上看，是指“数量庞大”，但数量大小只是区分大数据的一个方面，并不能看出大数据与“海量数据”“大规模数据”“数据流”等概念之间的区别。

麦肯锡定义的大数据是指，无法在一定时间内用传统数据库软件工具对其内容进行抓取管理和处理的数据集合。①IBM将大数据总结出以下特点：大量化（Volume）、多样化（Variety）和快速化（Velocity）。所谓大量化，是指网络数据集的体量不断扩大，数据规模从GB、TB级别上升到PB、EB、ZB级别。②多样化是指数据种类繁多，包括结构化数据、半结构化数据和非结构化数据。结构化数据一般指存储在数据库中，具有一定逻辑结构和物理结构的数据，最为常见的是存储在关系数据库中的数据；非结构化数据一般指结构化数据以外的数据，这些数据不存储在数据库中，而是以各种类型的文本形式存放，其中Web上的一些数据（内嵌于HTML或XML标记中）又具有一定的逻辑结构和物理结构，被称为半结构数据。③快速化是指数据处理速度快，以云计算为基础的信息存储、分享和挖掘手段，可以非常迅速、高效地分析和计算海量多变的终端数据，具有实时性的特点。此外，国际数据公司认为大数据还应当具有价值性（Value），即价值密度低的特性，这是指有用的信息并没有伴随着大数据的急剧膨胀而呈现相应比例的增长。

数据是沟通企业和用户的信息，具有重要的营销价值。一直以来，通过各种调查手段收集客户资料、了解客户需求、建立顾客数据库，是企业营销的一大重要内容，而大数据的数据采集方式迥异于传统方法，其量化能力和数据处理能力远超传统方法。大数据能够实时反馈和预测社会行为，可通过对目标群体网络痕迹的分析获取其生活方式及消费习惯等方面的数据，获取大量的消费者信息，从而帮助企业了解消费者，做出决策，调整营销策略。

在互联网普及的当下，社会化应用以及云计算，使得网民的网络痕迹能够被追踪、

① 计算机行业－大数据（BigData）专题报告[R].上海：光大证券股份有限公司研究所，2011.

② （英）维克托·迈尔-舍恩伯格，肯尼思·库克耶.大数据时代[M].盛杨燕，周涛，译.杭州：浙江人民出版社，2013.

③ 张枝令.结构化数据及非结构化数据的分类方法[J].宁德师专学报，2007，19（4）.

分析等,而这个数据是海量的以及可变化的,企业或第三方服务机构借助这些数据为企业的营销提供咨询、策略、投放等营销服务的行为,就被称为大数据营销。①

大数据产生的商业价值正不断吸引企业改变营销范式。譬如沃尔玛,通过分析消费者购买行为的数据,得出"男性在购买婴儿尿片时常常会搭配几瓶啤酒犒劳自己"的结论,于是将婴儿尿片和啤酒捆绑销售;亚马孙根据顾客的浏览痕迹,为其推荐"可能想购买的书";淘宝通过记录用户的搜索行为,从而给不同的顾客推荐商品。

大数据营销主要通过以下几个方面吸引企业:

(一)基于大数据洞察内容的推广活动

第一,目标人群锁定。企业通过大数据的分析定位出有特定潜在需求的受众人群,并对该群体进行定向推广,来达到刺激消费、传播品牌的目的。淘宝的"千人千面"计划就是利用数据挖掘实现精准化的营销和产品推送,通过"个性化搜索"服务(即根据消费者自身属性,如性别、年龄、购买力等,消费者行为,如浏览、加入购物车、成交记录等),锁定具有某些特征的消费者,向其推荐产品。

第二,目标人群区分。针对已有消费者,根据其网页浏览痕迹以及网络搜索行为,分析消费者的购买偏好和购买特点,从而进行产品和活动推广。百度在对宝洁旗下品牌玉兰油进行大数据分析时,发现消费者在搜索"玉兰油"这个关键词后一般会接着搜索"适合几岁",从而得出玉兰油的年龄定位比较模糊的结论,为此,宝洁推出了玉兰油25岁妆,进而解决这一问题。

第三,目标人群画像。通过消费者的个人特征,将其细分为不同的类型,比如"时尚达人""办公室女性",再将不同的消费者类型的特点进行整理和总结,最后对其进行针对性的营销推广。麦当劳携手百度发起"让我们好在一起"的主题营销,就是一次基于大数据洞察的推广活动,通过对百度平台的海量数据分析,百度清晰描绘出"憧憬未来的毕业生""在外打工的年轻人""寻找幸福的青年们""准备结婚的情侣们""供养家庭的爸爸""关爱孩子的妈妈"等六类人群,结合他们的搜索行为标签,以专题数据发布的形式,激发大家寻找同类,引发共鸣,并由此实现品牌和消费者最直接高效的沟通。

---

① 黄琍.大数据的营销价值[J].武汉商业服务学院学报,2013,27(5).

(二)基于用户需求制作和改善产品

对一个注重与消费者的沟通的企业来说,消费者遗留下来的数据信息会成为它下一轮开发和制作的根据。《纸牌屋》是由视频网站Netflix投资、制作,并只在网络上播放的自制网络剧。Netflix在美国有接近2700万的订阅用户,这些人每天在Netflix上产生3000多万个网络点击行为,例如暂停、回放或者快进,并且用户每天还会给出400万个评分,以及300万次搜索请求……最终,观众决定了此剧的题材、导演、演员、播放平台。从受众洞察、受众定位、受众接触到受众转化,每一步都由精准细致高效的数据引导,从而实现大众创造的C2B,即由用户需求决定生产。在该剧的播出过程中,专业的技术人员还对用户的收视行为进行实时监测和数据挖掘,帮助制作团队根据受众反馈进行相应调整和修改。正是这种基于用户需求实时改善产品、进行制作的方式,令《纸牌屋》大获成功,Netflix一季度的营收达到6.38亿美元,并新增203万订阅用户。①

(三)提供对未来的预测和决策的依据

大数据技术能够通过对数据进行统计和分析,再结合一定的模型,预测未来某个事件的走势,为企业决策提供依据。2009年H1N1流感暴发前,谷歌通过分析用户的搜索记录和最频繁检索的词条,与美国疾控中心在2003年至2008年间流感传播时期的数据进行比较,成功预测了流感在美国境内的传播,而且比官方数据提前了两周。②微软在2014年世界杯淘汰赛中,基于微软Bing大数据,结合数据模型,综合考虑过往比赛结果、比赛时间、天气状况和主场优势等因素以及一些其他数据,来判断每场比赛的结果,准确率达100%。

二、新科技浪潮与数字营销

"新科技浪潮"是一个发展中的概念。在营销3.0时代,新科技浪潮指的是能够帮助个体和群体保持互动的科技,包括三个主要组成部分:廉价的电脑和手机、低成本的互

① 《纸牌屋》收视红火视频网站营收6.38亿美元[EB/OL].中国新闻网.https://www.chinanews.com.cn/yl/2013/04-24/4760856.shtml,2013-04-24.

② (英)维克托·迈尔-舍恩伯格,肯尼思·库克耶.大数据时代[M].盛杨燕,周涛,译.杭州:浙江人民出版社,2013.

联网接入以及开源性软件。[①]而到了营销4.0时代,新科技浪潮指的主要就是大数据、人工智能、云计算等以数字技术为核心的科技了。

新科技浪潮正在改变生产者和消费者的行为,并带来显著的经济变革。以移动互联技术为例,从最早的智能手机的诞生到如今的移动终端的大规模普及,移动互联技术改变了人们即时通信的习惯,手机不再作为简单的通信工具存在,而成为屏幕小的“掌上电脑”,这直接推动了这一产业的飞速发展。除此之外,伴随着移动互联技术而来的,还有各种移动支付、手机App、手机导航、在线教育、可穿戴设备,等等,新兴行业借势而起。近几年来围绕互联网平台、跨界技术渗透的行业重组并购活动频繁,科技型企业的规模不断壮大,科技研发的投入力度不断增加。

在技术上,物联网的逐步探索,虚拟化技术的成熟以及云计算的兴起,再到移动互联网的蓬勃发展,在应用模式上,从电子商务的成熟到社会化媒体的兴起,无不体现着新科技浪潮下的技术创新。[②]

伴随新科技浪潮而不断发展的社会化媒体,如微博、微信、博客、QQ空间等,其所产生的文字、照片、声音、摄像催生了海量信息的增长,蓬勃发展的电子商务、网上搜索、论坛,记录了海量用户的使用记录和痕迹,由此产生海量具有重要营销价值的数据和信息。营销4.0强调连接、社交,强调消费者决策从个体性到社会性的转变,因此,在营销4.0时代,不仅有大数据和人工智能分析技术将营销带入一个崭新阶段,而且,社交媒体所带来的连接也成为营销的重要考量。

每一次技术革新都预示着下一个市场爆发的临界点,而技术带来的经济意义远远超越于简单的财富增加。新科技浪潮推动了数字营销的发展壮大。所谓数字营销,就是利用互联网技术、通信技术和数字媒体交互技术,以精准、有效、及时、节省成本的方式来挖掘新的消费者、维系消费者关系、达到营销目标的营销活动。数字营销和新媒体营销这两个概念通常所指代的其实是同一种类型的营销,因为数字营销大多都是基于网络技术的使用,离不开网络新媒体这一重要介质,不过二者对概念的侧重点有所差异,前者着眼于数字化技术以及由此带来的信息处理能力和计算能力的飞跃,后者强调营销开展的新场域——新媒体的作用和价值。

---

① (美)菲利普·科特勒,(印尼)何麻温·卡塔加雅,(印尼)伊万·塞蒂亚万.营销革命3.0[M].毕崇毅,译.北京:机械工业出版社,2013.

② 刘学.新技术浪潮下的IT变革:第五届中国CIO年会开幕[J/OL].比特网.http://info.chinabyte.com/285/12475785.shtml,2012-11-27.

可口可乐昵称瓶活动堪称数字营销方面的一个经典案例，无论是在线上还是线下都得到了消费者的大量参与和广泛传播，同时也直接促进了销售。而这一活动的成功开展正是借助于数字化手段才得以实现。为保证瓶子上的昵称词汇能引起消费者的兴趣，AdMaster作为这个活动的大数据服务商，捕捉全网社交媒体数据，提取最高频率被使用的词，然后从传播深度、广度、声量、互动性等多个维度将它们进行比较，最后AdMaster和可口可乐从100个热门词汇中选出了具有积极性并能引发互动的词汇，将它们印在了可口可乐瓶子上。可口可乐歌词瓶同样利用这种方式筛选出最受欢迎的歌词，印在可口可乐的瓶子上。

由于数字营销具有集成性、个性化服务、更丰富的产品信息、更大的选择空间、更低廉的成本优势、更灵活的市场等特点，越来越多的企业开始尝试运用数字营销方法。各大企业如日化品巨头宝洁公司、汽车巨头通用汽车公司、全球饮料巨头百事可乐等都缩减了在传统媒体上的广告投放比例，转而增加互动数字营销活动的预算；各大互联网公司如百度、阿里巴巴、京东更是实现大宗并购。数字营销已成为大势所趋。

第四节　营销观念的变革

当前，参与化、社群化、创造性成为社会趋势，大数据、人工智能、云计算、新一代市场分析技术成为营销活动的技术基础。在这种背景下，营销大师菲利普·科特勒教授及其合作者先后提出营销3.0和营销4.0，也许是最适合于指导新媒体营销和数字营销的营销理念。

一、营销思维的转变

科特勒等人将营销分为四个时代，分别是营销1.0、营销2.0、营销3.0和营销4.0时代。

营销1.0时代，即以产品为中心的时代，这个时代认为营销就是一种纯粹的销售，是一种关于说服的艺术。产品中心时代下的生产者并不关注消费者的意愿，而是理所当然地认为消费者追求的是质量最好、价格最低的产品，此时的营销思维策略是企业不断通过标准化和规模化的生产，来降低成本，形成价格优势，获得市场竞争的成功。这一时期的典型代表是福特汽车，它盛行一时的广告语是：不管你要什么车，我们只有黑色的！

营销2.0时代，以消费者为导向的时代，这个时代出现在信息时代，信息科技是核心技术。对于营销2.0时代而言，企业获得成功的黄金法则是“顾客即上帝”，消费者由于需求得到满足而在买卖中享受到了一些优势。此时企业的营销思维策略就是尽可能地满足消费者的各种需求，分析消费者的行为和购买偏好，提供贴合他们需要的产品和服务，注重消费者的体验。生产商在生产产品时也会更加注重产品的差异化，营销者在注重突出产品的功能性特征的同时也注重其情感化特征。目前的大多数企业在营销思维上都还处于这一时代。家用电器巨头海尔集团的著名理念“顾客永远是对的”，就非常极致地体现了这一营销思维下企业将顾客看作一切活动的出发点和落脚点的特征。从营销理念上看，营销2.0的最大不足是，即便以消费者为中心，但消费者仍然被当作被动的营销对象，他们在营销活动中并不是主动方。

营销3.0时代，人文中心主义的时代，即价值观驱动营销的时代。这个时代的颠覆性主张在于，营销者不再把顾客仅仅视为消费的人，而是把他们看作具有独立思想、心灵和精神的完整的人类个体；营销者向消费者提供价值，突出产品的功能化、情感化和精神化的特征；消费者不再是被动地接受企业的营销，而是主动参与到营销的过程中来。营销3.0时代的企业与消费者有着共同的对于自身、人类未来和世界和谐的期待，这些企业帮助消费者寻找让世界变得更美好的方式，因而他们与消费者能够产生高度的情感共鸣。

营销4.0时代，大数据时代，以大数据、社群和价值观营销为基础。数字化连接是这一时代的基本特征，数据是重要的生产要素，社群和与消费者的价值观沟通是新的营销中心。在这一时代，“市场的包容性越来越强，社交媒体打破了地理和人群的界限，使人们互联互通，使企业合作创新。”[①]企业与消费者的关系从垂直走向水平，消费者更看重朋友、家人、社群粉丝等“F因素”，而较少依赖企业宣传和专家意见。用户决策从个体性走向社会性，决策很多时候取决于集体意见。

① (美)菲利普·科特勒，(印尼)何麻温·卡塔加雅，(印尼)伊万·塞蒂亚万. 营销革命4.0[M]. 王赛，译. 北京：机械工业出版社，2020.

二、营销模式的转变

随着互联网的广泛应用和快速发展，科特勒等人指出企业必须把消费者视为一个完整的人来看待，而不仅仅是营销的对象。史蒂芬·柯维认为，一个完整的人包括四个方面：健全的身体、可独立思考和分析的思想、可感知情绪的心理，以及可传达灵魂或世界观的精神。与之相应，营销模式将向人文精神营销转变，在此基础上，科特勒等人创造性地提出了营销的3i模型。在此模型中，营销被重新定义为由品牌、定位、差异化构成的等边三角形，而品牌标志、品牌道德和品牌形象（3i概念）的引入则完善了这个三角形。①

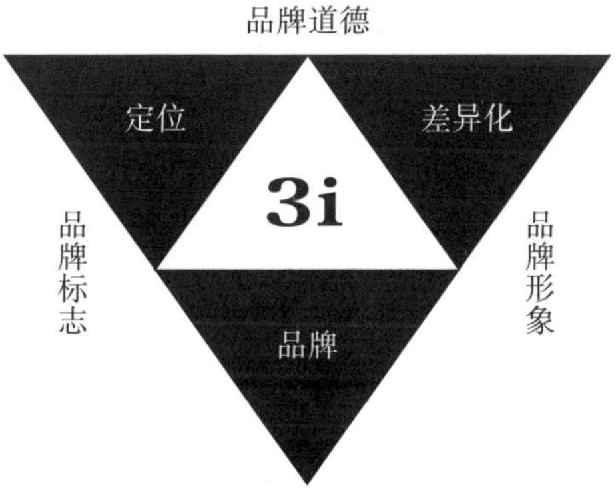

图2-4 营销的3i模型 （《营销革命3.0》第39页）

菲利普·科特勒认为，未来的营销将呈现水平化而非垂直化趋势。其中，产品管理将由简单的产品打造向协同创新转变。互联网链接的不仅仅是信息，还有无数终端前的人，因此，营销的顾客管理将向社区化转变。而随着信息流通渠道的增加，信息鸿沟将呈缩小的趋势，互联网就像是消费者的另一双眼睛，敏锐地观察着产品的质量和企业的诚信度，只有真正高质量、差异化的产品才能赢得消费者的青睐。企业的品牌管理将向品牌特征塑造突围。

因此，在消费者水平化时代，简单的品牌定位是徒劳无益的，品牌不仅要寻求在消费者头脑中占据一定的印象，还需要确保这一印象是正面的、积极的、具有品牌差异的。只有这三者同时满足，该营销模式才是完整的。

① (美)菲利普·科特勒，(印尼)何麻温·卡塔加雅，(印尼)伊万·塞蒂亚万．营销革命3.0[M]．毕崇毅，译．北京：机械工业出版社，2013.

品牌标志是根据品牌的定位所确立出的标识，是消费者对品牌形成印象的依托，往往以具象的事物来呈现。品牌标志的目的是将品牌定位在消费者心目中。因此品牌标志需要具有强力吸引消费者眼球、扎根消费者心理的特点。品牌道德是一个企业社会责任感的体现，是企业在品牌定位和差异化的过程中必须始终遵循的主张。品牌道德是赢取消费者信任、获得消费者心理认同的根本，也是企业得以长远发展的精神根基。品牌形象是品牌与消费者形成的强烈的精神共鸣，是品牌标志和品牌道德获得消费者认可后所形成的消费者印象。

营销观念的演变趋势是日益重视消费者的价值观和作为完整的人的存在、而并非只是某个产品的消费者这一单向度身份。企业的品牌价值不能仅仅停留在产品功能描述层面，而应关注品牌在消费者心里所占据的地位，以及品牌与消费者产生的情感共鸣。企业应将消费者从"捕捉的猎物"还原成"丰富的人"，尊重和重视消费者作为独立主体的价值观，将营销的中心转移到如何与消费者积极互动，帮助消费者实现自我价值。①

3i模型是对品牌标志、品牌道德、品牌形象的完整融合。通过研究3i模型，我们不难发现，品牌、定位、差异化是突破点。品牌标志、品牌道德是对品牌形象由外在到内在的全方位阐释。其实，营销在将消费者作为完整个体看待的同时，也在对品牌价值做深度挖掘，力图从人文精神的层面给以阐释。通过独特的品牌标志，加之可靠的品牌道德，实现建立强大品牌形象的目标。

三、营销新法则

法则一：从被动的"接收者"到主动的"体验者"。

在过去，消费者被视为被动的营销对象，虽然其需求和购买偏好受到营销者的关注，但却并没有主动地参与到营销之中。而现在，消费者购买产品的目的不是为了占有，而是为了体验，是实现自身价值的需要，所以对营销者而言，构建相同的价值观的顾客体验，并满足消费者的多样化需求，是营销成功的关键。

随着互联网和移动互联网的发展，这个时代同样是一个分享和体验的时代，人们利

① (美)菲利普·科特勒，(印尼)何麻温·卡塔加雅，(印尼)伊万·塞蒂亚万．营销革命4.0：从传统到数字[M]．王赛，译．北京：机械工业出版社，2020.

用网络平台，将自己的消费体验和感受分享到自己的人际圈，进而引发更多人的关注。所以，营销者必须把顾客当成体验者，而不是单纯获取信息的、互不沟通的接收者。同时，营销者必须正确对待体验者对其产品和服务的体验结果，接受体验者对其产品和服务的直观感受的传播，并利用这样一种体验模式——提供更加独特的体验，重视消费者之间的传播。

法则二：推广认同的价值观、愿景和企业使命。

在价值观驱动的时代，营销关注的应该是消费者的需求、情感和精神，尤其是精神层面。营销3.0时代是伴随着信息技术发展起来的，营销4.0时代则是伴随着数字技术而发展起来的。借助于各种信息技术和数字技术，消费者能够通过各种途径了解关于企业的信息和其他人的态度，而社交媒体的发展则为消费者的意见发表和传播扩散提供了丰富的渠道。人们在选择购买某一企业的产品和服务的时候，会查看别人对它的意见和评论，并且尤其关注其中的反对内容，因此，选择受到广大消费者认同的价值观、愿景和企业使命至关重要。

法则三：从消费者到企业传播者。

大数据、连接、社区化，极大地促进了社群营销的发展。社交化令消费者日益依赖其他人的意见，同时，丰富的社交平台、各种意见和知识的获取渠道，令消费者变成耳聪目明、见多识广的消费者。依赖其他人意见的社交化决策方式，反过来促进消费者将自己的消费体验和意见通过评论、知识共享、社交分享等各种方式散播出去，从而进一步加深社会的连通性。当消费者习惯于将他们的消费体验和意见进行分享和传播时，他们就变成了企业的传播者。很多时候，由消费者扮演的企业传播者的意见远比个人喜好和企业市场营销来得重要。①

法则四：关注人们生存的环境。

这也是将消费者由营销"猎物"还原成"丰富的人"的一种表现。消费者关注的不仅仅是一个产品的消费，甚至也不仅仅是自身的发展，还有人类未来和世界的发展，企业要与消费者产生共鸣，同样要关注这些内容。在这个时代，要实现让世界变得更美好的目标的前提就是，关注人们的生存环境，包括政治环境、经济环境、文化环境和社会环境。企业应为解决贫困问题、环境污染问题、疾病问题等目标而努力，在这一过程中，由于企业的营销

---

① (美)菲利普·科特勒，(印尼)何麻温·卡塔加雅，(印尼)伊万·塞蒂亚万．营销革命4.0[M]．王赛，译．北京：机械工业出版社，2020.

轨线不再只围绕自己的品牌建设而进行，因而能够获得更多消费者的认同。

法则五：重视传播，善于传播，努力寻找和维护、增加潜在顾客。

在当今全球化知识经济时代，企业对信息技术和互联网的掌握和运用已经成为必不可少的内容。别让消费者四处寻觅你的产品，企业应当跨越数字鸿沟，主动发现未来的顾客。如果有可能，企业还应当帮助缩小消费者之间的数字化差距，即数字技术下互联网用户与非用户之间的社会文化差异。因为企业与消费者之间的传播，以及消费者与消费者之间的传播，对于企业营销来说具有重要价值。同时，在企业与消费者关系日益水平化的今天，口碑营销的重要性正变得越来越明显。企业应当重视并善用传播，对每个顾客做到如亲友般熟悉，这样才能全面了解他们各自不同的需求、期望、爱好和行为模式，才能真正维系客户，并增加潜在客户。[①]

知识回顾

信息技术和新科技浪潮给营销所带来的变革绝不仅仅只是体现在营销工具和营销手段的变化上，其更深层、更具意义的变革乃是它对整体营销环境的改变，以及由此所导致的营销思维与营销理念的变化。

以互联网为核心的新媒体，其去中心化的传播结构和开放性的平台特质，迎来一个营销的参与化时代，营销开始演变为邀请消费者参与产品开发和信息沟通等活动。在此背景下，"合作营销"的概念被提出。合作营销并不单纯地是一种营销推广的手段，而是统合在"价值观驱动的营销"观念下的全新理念。以大数据、连接、社区、新一代分析技术以及价值观营销为基础的营销4.0，主张企业将营销的中心"转移到如何与消费者进行互动、尊重消费者作为'主体'的价值观，让消费者更多参与到营销价值的创造中来"，同时，数字化的连接也为消费者与企业的合作营销、为消费者价值共创提供了条件。

新媒体营销之所以能成为一种显著有别于以往的营销形态，一是因为它所带来的技术变革，二是因为它所带来的关系变革。从关系的视角来看，在新媒体时代，企业需要重新思考利益相关者，需要对影响者做出新的定义和理解。新媒体的发展让利益相关者具有了新的特征，让权威与平民、线上与线下的影响者类型更多，而且各自发挥影响的方式和作用力大小各有不同。从技术的视角来看，大数据和新科技浪潮奠定了新

① (美)菲利普·科特勒，(印尼)何麻温·卡塔加雅，(印尼)伊万·塞蒂亚万．营销革命3.0[M]．毕崇毅，译．北京：机械工业出版社，2013.

媒体营销和数字营销的技术基础，技术在很大程度上决定了新媒体营销的能力、效果和未来发展方向。

营销观念的变革大致经历了四个阶段：在营销1.0时代，工业化时代的营销以产品为中心，强调如何实现销售；在营销2.0时代，营销活动是以消费者关系为中心，不仅产品要有功能差异，而且更需要企业向消费者进行情感诉求和形象营销；在营销3.0时代，营销以价值观驱动，把消费者还原为“丰富的人”，是以人为本的营销；在营销4.0时代，营销以大数据、社群、价值观营销为基础，强调企业与消费者的互动、重视和尊重消费者的价值感，帮助消费者实现自身价值。

复习思考题

1. 简述营销3.0和营销4.0的提出背景和主要内容。

2. 谈谈你对合作营销和消费者价值共创的理解。

3. 对于企业来说，利益相关者包括哪些主体？在新媒体时代，提“多重影响者”的概念有何意义？关系营销2.0的核心是什么？请试着从关系的视角剖析两则新媒体营销案例。

4. 如何理解“以人为本”的营销？

5. 新媒体时代的营销思维和营销规则发生了哪些变化？

第三章　新媒体营销策划

知识目标

1.新媒体营销策划的主要内容。

2.新媒体营销策划的步骤与方法。

能力目标

1.理解进行新媒体营销策划的要点与难点。

2.了解、掌握界定营销参与者的方法。

3.掌握搭建数字营销平台的要点和意义。

4.理解数据管理和整合营销对于新媒体营销的重要性。

思维导图

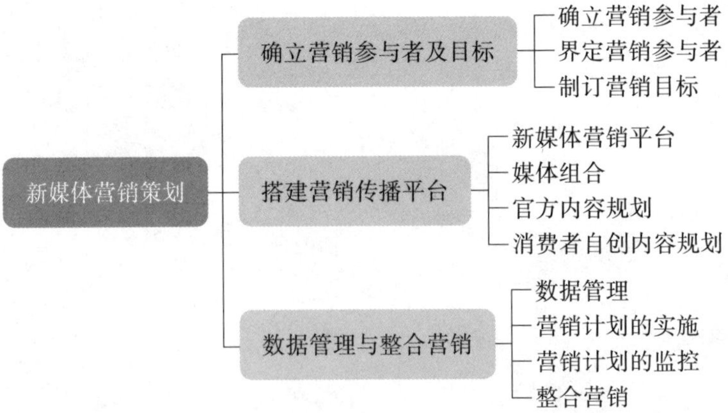

@ 案例导入

2019年,中国银联第一次发起了“诗歌POS机”的公益项目,把山里孩子的诗装进了POS机里,让山里孩子的才华被看见,也让大山之外的人感受到诗歌的魅力。之后,中国银联继续延续这个公益IP,展开了一系列以“诗歌POS机”为主题的创意活动,携手大山里的孩子们,穿过山水之间,谱写诗歌长河。

2020年,中国银联与农夫山泉合作推出公益微电影《三千尺》。微电影推出前,中国银联进行了一番预热,让张家界的峭壁上,流下了一条“三千尺”的诗歌长河。这条诗歌长河写满了古今诗句,从诗经楚辞到唐风汉语,最后是大山里的孩子们写下的质朴但真实动人的诗歌。为了让更多人看见,让诗歌走出大山,中国银联还联合央视新闻,在张家界推出了公益直播。短短一个多小时的直播,在线观看人数接近三千万。

2022年,中国银联推出新的影片《诗的童话》,并拉开一场名为“诗歌长城——让山里孩子的才华被看见”的公益行动。福建省宁德市柘荣县的鸳鸯草场上,一座“诗歌长城”吸引了游人 的目光。近观像是放大了许多倍的银联诗歌POS单,远眺又如同雄伟壮阔的“长城”。孩子们的诗歌随着“长城”的走向蜿蜒起伏。

“银联诗歌POS机”公益行动四年,旨在守护每一颗诗心,累计帮助近5000人次走进艺术素养课堂,让诗意在这片土地上长久地生长。四年来,“银联诗歌POS机”公益行动融合线上线下活动,集合了微电影、微博、微信、小程序、直播以及线下展、跨界联合营销等多种形式,成为一个新的公益营销经典案例。

第一节　确立营销参与者及目标

在新的营销形势和传播环境下，企业应该将自己视作消费者集体体验的汇总。肯德基推新的成功在于对营销参与者的准确界定和合理规划，重视和激发用户的积极性与参与性。因此，活动不仅受到消费者的欢迎，而且也有力地进行了品牌传播。

一、确立营销参与者

企业应该认识到消费者不是被动的旁观者或目标对象，而是品牌积极的参与者。企业必须以消费者为中心来组织协调用户需求，因为公司的声誉，不是指这个公司有多时尚和多酷消费者才会购买他们的产品，而是这个公司是否关心他们的消费者，是否了解消费者，是否积极和消费者互动，是否能充分发挥消费者的参与感。小米的成功在很大程度上就得益于把用户的参与感看成整个小米最核心的理念，通过参与感来完成产品研发、产品营销和推广，来完成用户服务，把小米打造成一个消费者认为很酷的品牌。

进行新媒体营销策划，营销者首先需要确立谁是营销的参与者。从“消费者”到“参与者”，这一概念的转变体现了营销理念的重要转变：第一，消费者同时也是营销者，也是企业生产的参与者，是营销信息的传播者和内容的制造者。第二，营销的参与者包含，但不限于目标消费者，因为在新媒体时代，尤其是伴随着社交媒体的兴起，消费者的消费决策受到更多来源因素的影响，比如，某些匿名网友并非产品的目标顾客，但他们对产品的评论却实实在在地对潜在消费者发生影响。在新媒体时代，企业营销需要比以往更多地考虑到消费者之间的人脉枢纽、社交联结以及网络口碑的作用，合理地制定营销参与者的范畴。

二、界定营销参与者

新媒体环境下,企业需要用互联网思维代替传统思维来思考消费者行为,必须站在消费者的立场来理解他们,于是,界定参与者就显得非常重要。好的营销规划总是从消费者或顾客的角度出发,这也是数字营销的起点。

肯特·沃泰姆将这一环节称为“参与者写真”,认为参与者写真的要素主要有三种:一般档案、数字档案和个别档案。[①]一般档案指顾客的基本资料,包括人口统计、交易行为信息、顾客的生活形态数据、参与者的特有语言,以及对先前促销和营销活动的回复率等,做好一般档案,对数字营销的主题、内容、信息传递及启动策略都十分有帮助。数字档案指身为数字媒体用户的现有和潜在顾客的资料,包括他们的数字媒体使用习惯、内容使用偏好及消费者自创内容档案。个别档案是以数据库为基础所建立的关于顾客的个人资料,这要求营销者竭尽所能地了解个别顾客,分辨出拥有高终身价值的顾客,实现一对一营销。企业应该利用大数据,追踪顾客现有的网络活动,从中找到有价值的信息,通过掌握客户占有率、客户忠诚度和客户终身价值达到获利性增长。[②]

开展新媒体营销,要求企业学会从消费者的角度出发,了解目标参与者的新媒体使用习惯,了解他们如何回复、评论和传播信息,捕捉其需求和特点,以找出如何与他们对话、如何与他们产生持久互动的方法。

(一)参与者新媒体接触习惯

新媒体已经成为现代社会人们生活不可或缺的一部分,因此,制定市场策略时,参与者数字媒体使用习惯是品牌无法回避的一个问题。企业应当了解:

1. 参与者平均每天在新媒体停留多长时间?

2. 参与者喜欢浏览哪些网站?

3. 参与者什么时候最喜欢逗留在网上?

4. 参与者中男性与女性新媒体接触习惯是否有差异?

---

① (美)肯特·沃泰姆,伊恩·芬威克.奥美的数字营销观点:新媒体与数字营销指南[M].台湾奥美互动营销公司,译.北京:中信出版社,2009.

② 同上。

(二)参与者内容偏好

新媒体的超文本和多媒体特性，决定了其内容不但海量，而且丰富精彩；新媒体成了获取高质量、可靠可信及创新内容的主流来源。当传播无处不在，当信息应接不暇时，那么参与者喜好什么样的内容，就是企业必须思考和掌握的。参与者内容偏好是营销成功的关键之一，企业应考虑：

1.参与者偏好的信息来源是什么？

2.参与者对竞争对手内容的态度如何？

3.参与者如何评论、回复、传播品牌相关的信息？

4.参与者如何分享自己的消费体验？

5.参与者偏好的内容是什么？

6.参与者创作什么样的微博或微信？

当然，企业要深层次地了解消费者，回答这些问题的过程，就是收集和分析处理消费者数据的过程。这将有助于企业正确选择媒体类型和赞助的节目，通过分辨出拥有高终身价值的顾客，更好地实施会员制营销和一对一营销。

三、制订营销目标

在确立营销的参与者、完成对参与者的描画、写真之后，企业应深入市场，结合实际制订一个清楚的营销目标。目标可以是获得新顾客、提高销售量、建立顾客忠诚度；也可以包括改变现有顾客的观念、习惯或者解决未满足的客户需求；还可以是建立详细的参与者数据库、提升客户服务、加强消费者内在认知及响应，等等。

第二节　搭建营销传播平台

在2008年Facebook F8开发者揭幕大会上，马克·扎克伯格提出一个网络分享公式，后来被称为扎克伯格定律：网络社交就是联系我们所认识的人，网站会朝着协助人们分享和合作的方向发展；相应地，网友们的行为也随之演进。①这一定律强调，网络改变了人类的传播和行为方式，企业必须构建自己的新媒体营销传播平台。新媒体营销平台通过整合性高、互动性强的营销活动，吸引特定人群造访数字目的地。可口可乐在数字营销方面屡出经典作品，与其新媒体营销平台的搭建密不可分。2013年，可口可乐与新浪微博联手，在其官方微博上开始试用微钱包进行其昵称瓶（定制版）的营销推广，300瓶可口可乐在1分钟内被迅速抢光。新媒体营销时代，用户在社交网络中的动作、反应、关系网的扩展与收缩都体现于这些个体的社交资本状态；这类资本同样也是社交网络用户的社交图谱的大小、质量、范围的体现，同时也能通过其在社交网络中言论的情感倾向及生活带来的影响来衡量。②因此，当消费者分享内容时，他们也在以社交资本进行投资；有意义的联系是源自共同的价值取向。为此，新媒体营销平台的搭建不是凭空设想的，而是一系列的生态系统的构建。

一、新媒体营销平台

新媒体时代，媒体的数量和类型大大增加，为此，企业应整体布局，构建良好的新媒体营销平台框架，合理利用每一种媒体平台的力量，充分发挥整合的作用。在搭建平台的基础上，提出企业明确的营销主张，贯穿所有新媒体营销平台。平台主张应根据消费者利益来界定，消费者通过互动在平台上看到什么、拥有什么样的体验以及做些什么，企业清楚回答这些问题，就能吸引消费者，使线上的关系得以线下发展。另外，新媒体营销平台也可以视为品牌定位的延伸，所以平台主张应该提供明确的平台定位，用文字清楚地表述，说明企业新媒体营销平台的长期发展方向。

（一）为新媒体营销平台确定总体营销主张

新媒体营销平台包含了多个新媒体单元，所有的新媒体单元都应该服从新媒体营销平台的总体营销主张。企业正是从这一总体主张出发，安排、布局平台内的所有媒体，使平台成为一个有机的整体。企业在拟定平台主张时，必须考虑以下几个关键因素：

① （美）索利斯．互联网思维——传统商业的终结与重塑[M]．周雷，廖文俊，译．北京：人民邮电出版社，2014.
② 同上。

1.形成市场区隔

今天,市场竞争十分激烈,企业处于相互竞争中,要在竞争中胜出就需要个性化,与竞争对手形成市场区隔,提供与竞争对手不一样的服务,树立与竞争对手不一样的品牌形象。因此,企业必须清楚了解这个平台何以独特,以及消费者为何予以关注。

如NIKE在微信公众号上有一个Run Club社区,不仅提供运动,而且还提供友情陪伴。NIKE洞察到,消费者在跑步的时候实际上很寂寞,需要有同伴,所以在附近利用LBS定向找到同样爱好跑步的一些朋友,或者是能够真的组建一个实体的群去跑步,或者你就在线上,用聊天的方式进行分享交流,持续发散对运动的热情。NIKE的Run Club推出十天,就有16000多个用户参与。①当用户讲到运动,就想到NIKE,NIKE已经是需求中的一分子,因为NIKE品牌懂用户。

2.考虑相关使用情境

没有消费者的参与,就没有数字营销。企业如果将产品或服务和消费者紧密结合,就会激起消费者的积极性。当企业希望持续和消费者互动时,更不能忽视消费者和产品及服务之间的关联。比如强生虽然卖的是婴幼儿产品,但其广告口号却是“因爱而生”,强调成就生命的意义,这正是因为观察到产品的使用情境,妈妈们关注的是如何育婴、如何呵护好宝宝,所以,强生用这句有着浓厚人文情怀的主张,赢得用户的好感。再比如X运动品牌,考虑到90后追求独立自由、张扬个性的特性,X运动品牌的营销着重点应是生命个体,而非着眼于运动本身,所以相应地,其数字平台主张应沿着这种思路制定。

3.提供个性化服务

企业应该在大数据的基础上,将企业平台的服务个性化、私人化,从而增强企业对消费者的凝聚力,使企业和消费者保持更为紧密的联系,以实现对消费者的有效控制。

(二)展开新媒体营销平台主张

平台主张一旦确定,就能进一步界定创意途径、制订内容计划。尽管新媒体营销平台主张可以被视为企业需长期依循的蓝图,但在发展过程中,营销者如果发现该主张不切实际时,就必须回头修正平台主张,使之更切合现实,以更好地发挥作用。

---

① 腾讯翁诗雅:品牌商应尽快建立营销数据衡量体系[EB/OL].腾讯科技.http://tech.qq.com/a/20140829/064249.htm,2014-08-29.

二、媒体组合

媒体组合策划阶段，营销者必须根据平台主张选择媒体组合。换言之，营销者需要以更宏观的角度考虑营销渠道，包括网站、手机App、微博、个性化的音乐网站等，接着再考虑如何通过精彩的创意概念，为各种媒体注入灵魂，为每件传播作品设计正确的基调、外观，以实现平台主张。

(一)媒体组合计划

什么样的媒体组合才最可能接触足够多的参与者，最大限度地实现品牌传播，这是企业必须思考的问题。媒体组合计划实际上就是实现媒体组合最优化、实现新媒体平台传播的最优化。由于沟通渠道繁多，企业在设计媒体组合计划时必须设定媒体优先等级，这意味着要致力于规划最佳的媒体组合，包括渠道种类、渠道比例以及渠道之间的关联性等。下面是媒体组合计划应该考虑的两个方面：

1.参与者数字行为

洞察参与者数字行为，不仅能确定参与者喜欢哪种媒体渠道，了解其数字媒体使用习惯，而且能协助营销者排定沟通渠道的优先级，使媒体组合达到最优化。最优化媒体组合有助于企业与关联消费者进行沟通；企业可以全方位地引领消费者互动，使之在互动过程中自然形成对企业的印象及相应的体验。

企业应进一步了解，相关新媒体渠道在参与者决策过程中的不同阶段中将以何种方式扮演何种角色；因为产品属性不同、参与者特质不同，参与者旅程也大相径庭。[①]以手机购买为例，买主的参与者路径一般是：查询网络消费者评价——浏览相关评论——与销售人员互动——分享消费者体验；而买车则不同，其参与者路径一般是：查询网络消费者评价——浏览汽车微博客——造访汽车经销商——和销售代表互动——试驾汽车。[②]同样，买房子和买衣服的参与者旅程必定不同，买衣服的参与者旅程较短。

---

① (美)肯特·沃泰姆，伊恩·芬威克.奥美的数字营销观点：新媒体与数字营销指南[M].台湾奥美互动营销公司，译.北京：中信出版社，2009.

② 同上。

2. 媒体衡量机制

没有媒体数据的分析，就没有参与者数字行为的洞察。即使是同一媒体，不同的参与者旅程所运用的机制也可能有异。举例来说，如果营销的产品是房子，则使用手机媒体的目的就可能是为了和买房的业主进行后续联系。但同样是手机媒体，如果是要营销零食，则很可能采取的做法是，通过电子优惠券的促销活动促使消费者购买产品。

企业的媒体组合计划要真正实现优化，还必须根据营销目标判断哪些渠道更有可能发挥效益。这就涉及界定各媒体渠道的衡量机制。企业必须清楚知道每个媒体所希望达成的目的是什么，是吸引潜在消费者还是提升消费者忠诚度等。为了更清楚地说明欲达成的目标，营销者一定要先设置衡量活动成效的标准，即媒体衡量机制。①以汽车营销为例，营销者通过手机和已购车的车主进行后续联系，手机媒体所肩负的任务便是提供客户服务以提升客户忠诚度，营销者所设定的衡量机制则可能是客户服务满意度分数，或通过手机回复购买售后服务的人数。②

3. 进行媒体的选择与组合

即通过对各种类型的新媒体进行选择和组合，搭建一个理想的新媒体平台推广渠道。新媒体渠道丰富多彩，企业要了解哪些是参与者偏好的渠道。为此，企业需要收集大量数据，并随时保持与消费者的联系，定期追踪参与者对企业信息的反应，有效地评估参与者的兴趣，最终根据他们的新媒体渠道偏好决定究竟选择哪些媒体作为自己的营销推广渠道，根据他们对信息的需求来决定信息传播频次。

如今，新媒体的发展为企业提供了诸如视频网站、门户网站、搜索引擎、微博、微信、论坛、贴吧、网游、App等多种媒体形式，它们都各有优长和特色。企业应根据自身情况、各媒体的特点以及目标用户的新媒体使用习惯，选择合适的新媒体渠道。

（二）创意概念

同其他营销方式一样，新媒体营销也需要好的想法，需要能触动消费者的新鲜点子以获取消费者的注意和兴趣。当企业选择媒体渠道后，首先要做的就是决定平台呈现

---

① (美)肯特·沃泰姆，伊恩·芬威克．奥美的数字营销观点：新媒体与数字营销指南[M]．台湾奥美互动营销公司，译．北京：中信出版社，2009.

② 同上。

的基本内容,即营销的主题和主要创意概念。出色的创意,是实现新媒体营销平台主张的关键所在。创意,始终是品牌传播的灵魂。营销者提出的创意概念应该做到:

1.彰显品牌形象

不管采取如何酷炫的新媒体形态、多么新奇的互动方式,新媒体传播的本质仍是品牌传播,其目的仍是提升品牌的影响力与价值。企业不管是开设网站、微博、微信、手机App,还是举办其他活动,新媒体营销仍只是整体营销的一环,必须服务于企业的整体营销。

2.表现形态多样

事实上,连新媒体自身的发展都可说是创意、创新的结果,与创意密切相关。企业在运用新媒体进行营销时,同样也需把创意摆在足够重要的位置。企业必须不断思考自己的创意是否会持续吸引参与者。新媒体创意概念可以是幽默的、感人的,或权威的、平易近人的,等等,可以采取多种风格和取向。由于新媒体种类繁多,特色、优势各不相同,所以相应地,企业的新媒体营销创意概念的表现形态也应当是多样化的,应针对不同类型的新媒体施以不同的创意风格和概念。譬如,微博营销的创意需要出其不意,需要幽默大胆以引起消费者的好奇心,而微信营销的创意则是需要抛出一些“干货”,强调内容的价值,或设计好玩的互动,以使之能引起消费者的自动转发和参与;如果是搜索引擎营销,则其创意的核心在于关键词的设计,需要根据用户行为特征合理规划关键词。

三、官方内容规划

各媒体渠道都需要相关内容,因此内容规划相当重要。企业应该从一开始便实事求是,谨慎评估自己提供内容的能力和参与者可配合创作的内容。企业进行内容规划的目的就是为了详细分析内容资源,包括有什么可用内容、从何处获取内容以及如何持续更新、如何规划真正吸引参与者的内容。

(一)规划官方内容

即规划应支撑平台主张的内容类型。在策划阶段仅需勾勒出内容的大致轮廓,但到了执行阶段,企业就需要进一步针对特定内容规划进度及更具体的内容。下面是企业在规划官方内容时需要考虑的方面：

1.内容安排彰显平台主张

在数字技术发展的今天，网站可以承载更多信息，但用大量的信息填满网站，只会使平台既庞杂又毫无章法，不会帮助实现平台主张。因此，内容一定要安排合理，有助于新媒体平台营销主张的传播。不管是以文字形式，还是视频方式，在内容规划时，务必使内容能够新鲜、有趣地呈现营销主张。比如，苹果官方网站就很好地体现了苹果品牌的精髓所在：时尚、有创新感。消费者一旦登录此网站，就会沉浸到设计合理的美妙体验中去，就会感受到最新的数字生活方式。

2.内容优化提升用户体验

当信息成为生活环境的一部分时，如何抓住并留住消费者就成为营销者关心并思考的问题。新媒体营销平台内容可以形式多样，但要使参与者满意而且愿意持续回访，就应该根据消费者的内在需求，优化内容，使其能够轻松地在平台上找到自己所需所爱。百度音乐是中国第一音乐门户，为用户提供海量正版高品质音乐，最权威的音乐榜单，最快的新歌速递，最契合用户的主题电台，最人性化的歌曲搜索，让用户更快地找到喜爱的音乐。仅百度音乐分类就有：情歌、红歌、劲爆、天籁、经典老歌、欧美、网络歌曲、80后、民歌、儿歌、伤感、怀旧、励志、激情、古典音乐、广场舞、钢琴曲、对唱、纯音乐及轻音乐。通过用户的搜索痕迹，可以看出哪些内容成功引起了用户的兴趣，这样便可以进一步优化内容。

3.内容形态动静结合

内容形态宜根据不同情况采取不同方式，或动态，或静态，或动静结合。对于产品的介绍，多以静态内容呈现。对于新闻传播，则应以动态呈现。而有些内容则兼具动态和静态的特性，例如，基本医药信息不需每日变更，但一旦有新的医学研究问世便需更新，因此可以视为动态信息。不少网站根据用户个人需求或身份的不同动态呈现不同内容，以避免参与者因平台信息了无新意而流失。

新媒体营销环境下，消费者对内容相当挑剔，保证有效内容的来源很重要。内容来源有企业自身的，也有政府单位、学术机构、私人基金会、活跃于某个领域的专家、没有竞争关系的公司等。若平台内容需要第三方提供，那么应该保证内容来源相对来说是固定的，内容来源值得信赖并且内容本身可信。在引用内容时，必须确定企业具备必要的免责声明及法律保障，同时，必须随时监控是否有人在未经允许的情况下"借用"内容。内容管理得有效，常见的解决办法是有效连接媒体和数据库。[①]换言之，所有新媒体和传统媒体都通过同一来源获取最新信息，只要更新一个数据库的数据，就能够轻松管理大量内容。

（二）展开内容规划

内容规划好比蓝图，当企业将数字营销计划付诸执行时，就该参考内容规划。设计企业的网站、开发广告游戏、开展微博客和微信公众号等工作，企业应在大的内容框架之下，对新媒体营销平台内的每一个具体媒体，进行详细、深入的内容规划。

四、消费者自创内容规划

对消费者自创内容进行规划，是新媒体营销最具特色的部分。毕竟，消费者自创内容是到了新媒体营销时代才会出现的新课题。新媒体营销时代是一个由企业和消费者共创品牌的时代。

当购物成为社交话题，消费者客观上就会触发、引导更多参与者和营销者之间展开互动。在新媒体营销时代，消费者分享购物体验和产品评论，都将影响到品牌口碑。[②]换言之，企业的未来，取决于消费者在社交网络所分享的内容。因此，营销者的角色在于如何嘉奖、鼓励消费者创造和品牌相关的内容，尊重消费者，发挥消费者的活力。

（一）规划消费者自创内容

消费者可以通过各种开放式数字媒体创造他们希望创造的各种事物，不过，营销者能够运用各种工具和推销手法来刺激消费者参与，根据平台主张设定主题，让消费者成为创造者和参与者。以下是规划消费者自创内容时应考虑的重点。

1.体现平台营销主张

参与者能够创造的内容种类繁多，企业策划的所有环节应该都紧扣平台主张，引导消费者创造和品牌相关的内容。企业参与社交网络倾听消费者的心声，跟踪并辨识出

① （美）肯特·沃泰姆，伊恩·芬威克．奥美的数字营销观点：新媒体与数字营销指南[M]．台湾奥美互动营销公司，译．北京：中信出版社，2009.
② （美）索利斯．互联网思维——传统商业的终结与重塑[M]．周雷，廖文俊，译．北京：人民邮电出版社，2014.

不同的接触点，可以有意图地将企业价值推荐给消费者，保证新媒体营销的前后一致。

2.创造分享环境

企业充分利用数字媒体渠道接触消费者，发展自己相关的网络，形成良好的社交生态环境。在这一目标下，企业不仅应该提供一个简单的视频上传系统，鼓励参与者轻松分享视频，还可以提供更复杂的工具与消费者深度互动。例如，李维斯的“活出趣”的活动，鼓励参与者创作，并在完成作品后和朋友分享。

人并不会满足于独自创作，他们渴望分享。企业应该创造环境，让人与人之间的分享更简单，使参与者创造的内容更容易被分享。为消费者提供一个能够彼此分享的空间，让病毒传播大行其道，实现营销价值最大化。

3.建立激励机制

要想最大化地激发消费者的积极性，企业还需要适当地激励及推销之类的活动。因为即使在网站上提供实用工具，也难以保证消费者一定会参与其中，人的热情是要靠激发的。如美国多力多滋和雅虎视频频道合作的营销活动，消费者创造的广告片赢得比赛后，就可以在全球最昂贵的30秒广告时段“2007超级碗”时段播出。

企业可以从消费者自创内容中有效获悉消费者洞察，当企业即将推出新产品时，不妨运用数字营销平台搜集消费者对产品特征的想法，与消费者交流；鼓励他们分享图片、表达他们的看法。这些意见对企业而言可能深具洞察且相当有用。小米的成功就在于激发消费者的参与感和创造性，让用户拥有更多的社交资本。

（二）展开消费者自创内容规划

在很大程度上，企业所进行的消费者自创内容规划是一种有策略的引导和未雨绸缪。企业需要事先设计对自己最有利，同时又最能被消费者所接受的传播内容，综合利用各种线上线下的媒体平台、设计互动的环节和桥段，为消费者提供参与的渠道、创造分享的氛围和环境，同时，企业还需设计必要的激励措施。所有这些都是为了促进、引导消费者对营销形成积极参与，以消费者自创内容的形式，传递更大价值，让消费者产生非凡体验。

在确定基本思路后，营销者需详细分析消费者可能会出现的各种情况，针对每类人群、每种情况，进行详细的内容设计，并给出应对突发状况的措施和方案。

第三节 数据管理与整合营销

在消费者增权的营销时代，消费者会前所未有地参与整个营销过程；企业较之前更容易掌握大量的消费者数据的同时，也面临着庞大数据的困惑。数据管理、分析及优化是数字营销的基石，对于一个成功企业来说，数据管理、分析及优化不可或缺，否则迟早面临被淘汰的风险。在经营环境发生巨变的情况下，只有在大数据规划上做好准备，企业才能抢先竞争对手发现市场新的趋势。因此，当创造出数字平台时，要在千千万万的网站中发出自己独特的声音；营销人需要做好数据管理与整合营销。

一、数据管理

数据不仅是数字时代的货币，也是数字营销的命脉。数据管理需要好的数据规划，从而做到内外部的整合，完善数据管理基础架构。

（一）数据规划

数据规划是数字营销策划的核心，企业将利用这些数据来更详细地描绘出消费者的心理及行为特征，形成自己的市场力。①

1.规划目标

结合自己的市场定位，设下相对应的KPI，企业在海量信息中分辨出所需数据进行管理。如果某企业招募新客户是预设目标，新客户率就是关键绩效指标。若目标是让更多既有客户参加所办的活动，则活动的参与率就是主要表现指标。从近几年饮料行业的发展情况来看，整个含糖的软饮料行业销售额增速均有所放缓；随着健康意识日益强烈，消费者开始倾向于选择更为健康的产品，过去五年，果汁饮料、茶饮料、运动功能

① (美)肯特·沃泰姆，伊恩·芬威克.奥美的数字营销观点：新媒体与数字营销指南[M].台湾奥美互动营销公司，译.北京：中信出版社，2009.

性饮料、凉茶等品类的销量则在逐年上升。[①]在这种环境下,可口可乐要想继续赢得市场,它的数据规划目标应该包含新产品的客户率。

2.数据准确

数字营销年代,无数字不营销,无不强调了数据的重要性。但是如果数据不准确,不仅浪费资源,不能有的放矢,而且还会对品牌形象造成伤害。因此,企业要保证数据的准确性,定期更新数据是必不可少的。企业可保持与消费者的互动,以期掌握最新的资料。

3.数据保密

2013年末,“支付宝信息泄密”引起了用户对于信息安全问题的关注,在“大数据”时代,要保护消费者的信息安全,相关法律监管的完善是必不可少的。但企业不能以此为理由,无视消费者的隐私安全。为了让参与者放心企业对于个人数据的使用,企业应该尊重消费者,做好数据保密工作。否则,愤怒的消费者会使企业的形象毁于一旦。

(二)数据分析

对收集来的大量第一手资料和第二手资料进行分析,以求最大化地开发运用数据资料的功能,发挥数据的作用。企业必须根据消费者创造内容信息和对他们行为的分析,随时准备更改先前的计划。利用实时的资料分析来做出迅速判断,不断地根据实际情况来修正数字营销策划活动。

耐克通过Nike+平台,掌握大量有价值的数据,包括用户的运动习惯、运动频率、运动时间以及位置信息等。借助这些数据,耐克可实现更加精准的广告投放。首先,Nike+Running的产品具备预测用户购买新鞋功能,即用户可以在每次跑步完成后标注自己穿着的鞋子,当一双跑鞋已跑过300~500公里的时候,功能性就会大打折扣,也就是到了该购置新鞋的时候了。其次,Nike+借助可寻址的渠道,能够发现运动人群相对集中区域。耐克可以将这些信息开放给自己的代理商,优化代理商的门店位置,并且指导他们在运动人群集中的区域定期举办促销活动。再次,用户的运动数据可以帮助耐克设计出更加贴合消费者需求的产品。当Nike+的用户规模进一步增加的时候,它甚至可以帮助耐克了解用户运动情况的变化,预测市场的走势。[②]

---

① 可口可乐将全球大裁员?[EB/OL].北京青年报.http://news.ifeng.com/a/20141225/42791100_0.shtml,2014-12-25.

② 耐克:数据和社交引导消费[EB/OL].亿欧网.http://articles.e-works.net.cn/eb/Article122050_1.htm,2015-02-28.

二、营销计划的实施

提高网站的知名度与影响力，是营销计划顺利实施的必要条件。在消费者自创内容的时代，建立知名度的起点就是通过传播信息直接接触参与者，鼓励每个参与者访问品牌网站以获取更多信息，并且激励他们转发和评论，与更多的人分享。在信息传递过程中应注意以下几点：

1.遵从参与者自主意愿

在这个消费者逐渐掌控的世界里，专制是没有前途的。企业要了解他们的渴望与需求，运用数字科技制作个人化信息，不仅与竞争对手形成市场区隔，而且深受消费者喜欢；也有利于吸引更多的自愿参与者，参与各种创意活动。

2.传播反应迅速

新媒体让信息的传播范围和传播速度都大大提升。有些信息一经发布，便产生病毒般迅速、疯狂地传播效果，所以，营销者必须快速反应。在人人都是自媒体的时代，沿用传统渠道的管理方式来管理网络上的谈论是绝对行不通的。企业如果想要影响一个新闻事件，就得在大众开始讨论时迅速追上去。

3.沟通语气活泼

现在企业都注重与消费者的沟通，当直接面对消费者沟通时，语气是非常重要的。消费者不仅注意企业说了什么，更注意企业怎么表达。在虚拟世界里，网络流行什么词，就有与之相应的语气。如时下流行叠词加尾词“哒”，语气很萌很迷人。如果企业打官腔，消费者会更反感，以致迁怒到品牌。因此，保持坦诚且接地气的语气至关重要。

4.信息公开透明

新媒体特征决定其信息公开透明，企业选择新媒体作为信息传播平台，说明企业愿意与消费者分享信息，是一个值得信赖的企业。当企业遇到公关危机时，消费者希望看到企业开诚布公，而不是一味地掩饰。

三、营销计划的监控

营销计划的监控能帮助企业随时掌握情况、发现问题，以便及时调整策略。新媒体为营销计划的监控提供了更多手段和条件。

(一)营销计划的引导

在新媒体时代，企业应该做的不仅是利用数字媒介与大众对话，而且要以最快的速度跟上话题，试着去影响话题；用大众易于接受的方式和语气，自然地将品牌融入网络讨论中，在与消费者互动中不断增强品牌威望，才有助于提升自己的信誉，强化品牌的正面形象。

(二)营销计划的监控

奥美亚太公关总裁柯锐思认为，博客上的气氛可以视为品牌的预警系统。①实际上，消费者的抱怨和问题会第一时间出现在网络上。因此，企业需要网络监督计划，否则有可能错过公众的讨论。企业可使用数字工具来监督数字论坛，第一时间了解消费者的所想、所感，掌握消费者关心问题所在。通过数据挖掘找出被消费者提起次数较多的关键词，分析消费者讨论核心所在，在与消费者沟通时就能做到有的放矢。戴尔公司的社交媒体倾听指挥中心每天监测超过2.2万条论坛帖子、Twitter上所有提及戴尔的言论，以及美国最主要的12家报纸的信息。②

当企业执行数字营销计划时，必须监控消费者所创造的内容，引导和回应消费者的言论。毕竟，消费者自创内容虽然可以由企业先期进行规划、为之创造和提供条件、实施一定程度的引导，但是，消费者自创内容毕竟始终是由消费者所自创，期间可能会发生很多意想不到的状况和结果，所以企业的监控和应对就显得格外重要了。比如，企业必须监控消费者所创造的内容是否粗俗不雅、违法或泛政治化。

企业监控的方面包括：消费者的参与度、实际参与状况与预期是否有落差、最好及最差的活动成效、何种促销或激励的手段造成最好或者最差的参与状况，通过分析参与者分享信息，进一步修正、优化原先的内容规划。③

① (美)肯特·沃泰姆，伊恩·芬威克．奥美的数字营销观点：新媒体与数字营销指南[M].台湾奥美互动营销公司，译．北京：中信出版社，2009.

② (美)索利斯．互联网思维——传统商业的终结与重塑[M].周雷，廖文俊，译．北京：人民邮电出版社，2014.

③ 同上①.

(三)危机处理计划

任何公司在其运营过程中都可能遇到许多突发事件，如果处理不当，不仅损害公司的形象和声誉，甚至会影响公司的生存和发展。因而通过危机处理计划的制订与实施对损害组织形象的危机进行预防和处理，并化危机为机会，是现代组织管理工作的重要内容。①

危机处理计划制订时要分析企业面临的潜在危机，检查所有可能对本企业和品牌有影响的问题或事件，分析这些问题或事件与本组织生存、发展和利益的相关性以及对社会的潜在影响。如交通事故对交通运输部门来说可能性总是存在的；食品安全问题对饮食行业来说是潜在的。另外，企业应设立应付危机的常设机构，由专业队伍负责，并保持通畅的联系渠道。一旦危机出现，企业可以第一时间进行沟通，赢得消费者的理解。如2012年麦当劳在央视“3·15”晚会上被曝光北京三里屯餐厅违规操作问题后，第一时间通过微博作出回应，表明态度，与消费者积极沟通，化危机为契机，使消费者更加信任它。②

四、整合营销

在面对许多数字渠道与非数字媒体渠道时，企业应该将它们整合在一起，将实体接触点和数字接触点相结合，提升整合营销传播力。除了渠道的整合，还包括内容的整合。

(一)渠道整合

在信息芜杂、消费者时间碎片化的时代，唯有以多渠道覆盖目标消费者，才有可能形成传播的声势，捕捉到消费者稍纵即逝的注意力。从渠道本身的特点来讲，新媒体虽然在精准、互动和参与性方面有其绝对优势，但如果缺乏线下的亲身体验，恐怕消费者参与的程度和类型会大打折扣；如果缺乏传统媒体或人际传播的印证和呼应，网上的口碑也难以一力支撑起整个品牌的形象。何况，线下及传统渠道毕竟也还是拉动销售、令人产生难忘体验的重要途径。有鉴于此，现在的新媒体营销一般都会与线下的实体渠道相整合和呼应。为了最大化营销的冲击力，充分发挥每种营销渠道的优势，企业一般

---

① (美)肯特·沃泰姆，伊恩·芬威克.奥美的数字营销观点：新媒体与数字营销指南[M].台湾奥美互动营销公司，译.北京：中信出版社，2009.

② 中国社交媒体“救”了麦当劳[EB/OL].南方都市报.http://www.takungpao.com/tech/content/2012-03/22/content_2454.htm，2012-03-22.

都会考虑看看是否可以在传统媒体与新媒体、线上与线下的渠道间进行整合，以尽可能强化传播和沟通，给消费者更深刻的印象和更全面的体验。

伊利金领冠通过线上与线下有机结合，成功进行了品牌传播。线上通过与湖南卫视的合作，获得了目标受众最喜爱、最关注的《爸爸去哪儿2》节目的独家花絮版权。以妈妈的视角，在电视节目之外挖掘更多新时代妈妈所关心和好奇的明星花絮、有趣的编外话题、专业的育儿指导，取得很好的传播效果。《爸爸去哪儿2》独家花絮共348支，这就为传播提供了充足的素材，在PC端优酷平台和手机端搜狐新闻客户端播放量超过1.7亿次。线下，则注重门店陈列形象，通过路演、展售、定制赠品等方式促进销售，同时开展亲子活动，通过邀请知名专家进行育儿讲座，增加家长对产品的信任、对品牌的好感。爱儿俱乐部以"爸爸去哪儿"为主题，开展亲子户外装备礼品积分兑换活动，共有21983个会员参与兑换，兑换产品数量达30962个；兑换数量占同期积分兑换总量的9%。通过线下与线上渠道的整合，强化营销力度，提升消费者体验。①

再以星巴克为例。2011年，星巴克App整合了移动支付功能，用户通过会员卡号登录账户后，不仅可以查询所有个人账户信息，还能直接完成对会员卡的充值服务。在星巴克门店消费时，收银台直接扫描手机应用中的会员账号二维码，就能完成支付。星巴克"第四空间"，实现实体的零售与数字渠道融合，成功获得消费者，在Facebook上收获超过3400万个"赞"，在Twitter上拥有超过360万个粉丝。在中国，星巴克在微博、微信上已拥有200万个粉丝。②

(二)内容整合

近两年内容营销如火如荼，内容整合越来越受到企业的关注。企业可以整合传统营销与数字营销的内容，增强与消费者的互动，提升品牌传播力。央视春晚与新浪微博"让红包飞"的台网联动新尝试，贯穿整个播出周期的新媒体创新，马年春晚与微博进行的台网联动新尝试，吸引了更多年轻用户的参与，给马年春晚带来了可观的全媒体收视率。

再如伊利金领冠，在获得《爸爸去哪儿2》节目的独家花絮版权后，为激起消费者的参与兴趣，伊利金领冠进行了多平台的内容整合，活动主题为"爸爸去哪儿，科学母爱就

① 资料来源：伊利集团内部资料，2014年。

② 星巴克数字营销的秘密：实体零售与数字渠道结合[EB/OL].成功营销.http://m.winshang.com/news399755.html，2014-10-17.

保护到哪”。活动主阵地为“伊利爱儿俱乐部”会员平台(PC官方网站和手机微信服务号),以及网上论坛和贴吧。论坛主题有:(1)看过《爸爸去哪儿2》半成品奶爸的三大疑问;(2)想要陪你长大:爸爸2萌娃成长记;(3)趁着《爸爸去哪儿2》的风,818明星爸妈的育儿经。每周官方贴吧配合明星贴吧进行优质素材直播、《爸爸去哪儿2》大电影猜想有奖征集活动。所有的营销平台都采取了更为柔性的营销方式,不易引起参与者反感,而且,所有营销平台的内容都紧紧围绕统一的活动主题展开,从而实现内容的聚合。①

知识回顾

新媒体营销策划架构包括确立和界定营销参与者、制定营销目标、搭建新媒体营销传播平台、做好官方内容和消费者自创内容的规划、做好数据规划和管理,以及实施、监控营销计划等部分。

企业应根据自身的营销目标、营销参与者的新媒体渠道偏好以及各个新媒体的特点,合理选择和组合新媒体,在此基础上,搭建最佳的新媒体营销传播平台,并为该平台确定总体营销主张,根据平台总体营销主张,安排、布局平台内的所有新媒体,使平台成为一个有机的整体。

消费者自创内容规划是新媒体营销最具特色的部分。新媒体营销时代是一个由企业和消费者共创品牌的时代。企业所进行的消费者自创内容规划是一种有策略的引导和未雨绸缪。企业需要事先设计对自己最有利,同时又最能被消费者所接受的传播内容,综合利用各种线上线下的媒体平台、设计互动的环节和桥段,为消费者提供参与的渠道、创造分享的氛围和环境,同时,企业还需设计必要的激励措施。所有这些都是为了促进、引导消费者对营销形成积极参与,以消费者自创内容的形式,传递更大价值,让消费者产生非凡体验。

复习思考题

1. 如何确立和界定营销参与者?
2. 在新媒体营销传播中,企业应如何规划官方内容和消费者自创内容?
3. 简述新媒体营销策划的要点。
4. 选取两则实际案例,从营销策划的角度,评述其新媒体营销实践的得与失。

① 资料来源:伊利集团内部资料,2014年。

第四章　搜索营销

知识目标

1. 搜索营销的概念及特征。
2. 搜索营销的基本方法。
3. 搜索的多元化及其营销前景。

能力目标

1. 了解搜索营销的基本方法。
2. 探索分析搜索的多元化及其营销趋势。

思维导图

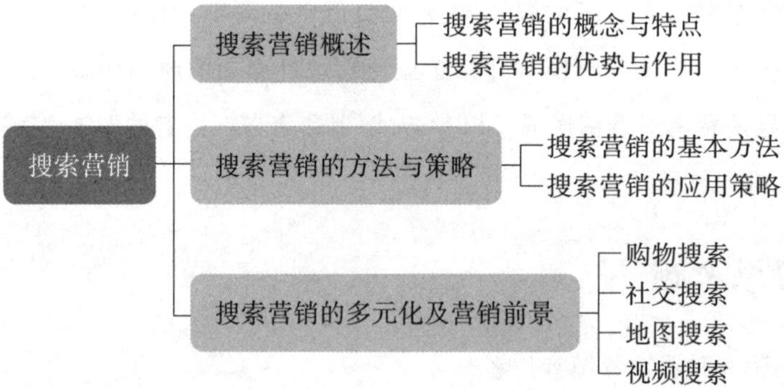

@案例导入

自2010年启动品牌升级计划之后，伊利集团进一步强化消费者体验，倡导全民健康的生活方式，而“健康”正是伊利和奥运的紧密连接点。2012年，伊利提出“一起奥林匹克”口号，将“全民奥运”的理念贯穿始终。伦敦奥运会期间，伊利集团携4组草根明星登陆伦敦400辆红色双层大巴，使其倡导的“一起奥林匹克”理念得以诠释。伊利与搜狗发起“伊利-搜狗大巴桌面营销”，定制搜狗输入法皮肤，再现伊利伦敦巴士，借势奥运元素的强势曝光，将健康的生活方式和健康理念传递给每一个人。

1. 以输入法为入口，覆盖80%以上桌面

在这一活动中，伊利搭建了虚拟的伦敦街景专题，消费者通过上传照片即可将自己的照片刊载在行驶中的伦敦大巴上。伊利以输入法为入口，联手搜狗输入法，定制了伦敦大巴元素的搜狗输入法皮肤，覆盖80%以上桌面，形成持续口碑，抢注网民关注的奥运焦点时刻。通过桌面弹出工具，结合奥运实时热点，实现全网千万级的海量信息曝光；而开发Flash皮肤与交互接口，将资讯、微博、视频、SNS、短消息打通，实现大平台互动。

2.《奥运早新闻》掀起舆论话题

配合线上“伊利搜狗大巴”互动活动，搜狐奥运原创视频《奥运早新闻》主持人带队走上伦敦街头，直击伦敦街头的伊利红色大巴，呼应线上互动火热人气。采撷伦敦街头的中国元素，掀起伊利“中国式奥运”舆论话题。活动期间，伊利奥运大巴皮肤的总体下载量达到2,496,803次，线上互动参与量399,0163次，线上Minisite总流量2,164,562次，奥运原创节目《奥运早新闻》播放次数4,500,000次。

在2012年的奥运战略中，伊利主打情感牌，大胆而独具创意地采取“最亲民的奥运营销”策略，将“全民奥运”的理念贯穿始终。而此次新媒体营销环节，伊利依靠覆盖80%以上电脑的搜狗输入法互动设计，吸引网友主动参与输入法皮肤中伦敦大巴设计，让伊利的伦敦大巴“开”上了网友桌面，形成持续口碑，这样“接地气”的营销方式有效地提升了伊利的品牌亲和力，拉近了伊利与消费者之间的距离。①

① 资料来源：伊利集团内部资料，2012年。

第一节 搜索营销概述

伊利与搜狗的成功合作,足见搜索营销的力量所在。随着企业对搜索营销的青睐,搜索引擎广告占据将近一半的互联网广告市场份额,其中垂直搜索的发展速度已经超过传统的综合搜索。

一、搜索营销的概念与特点

搜索营销是指企业可以通过购买关键词广告和网站优化等方式开展搜索营销,并通过使用搜索引擎数据改善企业和产品策略。

(一)搜索引擎的概念和分类

搜索引擎是指应用一定的策略在互联网中搜集、发现信息,对信息进行理解、提取、组织和处理,并为用户提供检索的服务,起到信息导航的作用。①搜索引擎按其工作方式主要可分为三种,分别是全文搜索引擎(Full Text Search Engine)、垂直搜索引擎(Vertical Search Engine)和元搜索引擎(Mate Engine)。②

全文搜索引擎是名副其实的搜索引擎,它们借助程序自动抓取各个网站的信息,建立起索引数据库,根据用户的查询条件,检索数据库中相匹配的记录,按一定的排列规律返回查询结果。国外有著名的Google(谷歌),国内知名的是百度搜索。

垂直搜索引擎是针对某一个行业的专业搜索引擎,是搜索引擎的细分和延伸,是针对网页库中的某类专门的信息进行一次集成,定向分字段抽取出需要的数据进行处理后再以某种形式返回给用户。具体的垂直搜索领域有图片搜索、微博搜索、购物搜索、旅游搜索等。

元搜索引擎与一般搜索引擎最大的区别是,元搜索没有自己的数据库,它是将用户

① 印鉴,陈忆群,张钢.搜索引擎技术研究与发展[J].计算机工程,2005(14).

② 史达.网络营销[M].上海:上海交通大学出版社.2010.

查询请求同时向多个搜索引擎递交，将返回的结果进行重复排除、重新排序等处理后，作为自己的搜索结果返回给用户。

在这三种搜索引擎中，全文搜索引擎是网民最熟悉，使用最广泛的搜索引擎，而“微博搜索”“购物搜索”则在人们需要做特定领域的搜索时十分有效。

（二）搜索营销的概念与特点

搜索营销就是利用技术算法的力量，根据用户的搜索记录，推送与用户搜索相关的营销信息从而达到营销目的的营销方式。搜索营销同时满足了网络搜索者对信息获取与内容提供商对其网站定向流量的需求。有学者认为搜索营销必备的要素有供应商、供应内容、供应商投标、搜索引擎、搜索引擎审核流程、搜索引擎关键字和内容索引、搜索引擎用户界面、搜索引擎跟踪及搜索者。①

企业开展搜索营销，常见的有两种途径：一是购买收费的搜索引擎广告（商业排序），如百度的竞价排名广告、Google的AdWords广告等；二是搜索引擎优化（Search Engine Optimization，简称为SEO），就是利用技术手段，对企业网站进行优化，使网站的内容更容易被搜索引擎搜索到，并且让各网页在搜索引擎中获得较高的评分，从而在自然搜索结果中获得最优排名。

根据CNNIC，搜索引擎用户活跃水平保持增长，营收规模出现回暖趋势。②与其他营销方式相比，搜索营销具有以下两个革新性的特点：第一，增加了技术算法的力量，使得广告显示更精准。第二，变身为一种“反向广告”，即，不再是“产品找人”，而是“人找产品”，你只需弄清目标群体在寻找什么，然后满足他们的需求，等着他们来找你。

二、搜索营销的优势与作用

搜索引擎具有得天独厚的商业模式，吴军在《浪潮之巅》中称赞Google的商业模式是一种最佳的商业模式，并将其贴切地比喻为“印钞机”。搜索广告根据搜索的关键词来决定广告的内容，广告的针对性很强。搜索引擎从网页的内容中提取关键词，依然能够保证广告内容和网页内容具有高度相关性。

---

① Jansen B J，Mullen T. Sponsored search：an overview of the concept，history，and technology[J].International Journal of Electronic Business，2008，6(2)：114-131.

② 中国互联网络信息中心（CNNIC）.第48次中国互联网络发展状况统计报告[EB/OL].CNNIC.http://www.cnnic.net.cn/hlwfzyj/hlwxzbg/hlwtjbg/202109/t20210915_71543.htm，2021-9-15.

(一)搜索营销的优点

具体来讲,搜索营销具有受众范围广、营销效率高、成本低且可控、整合效果好四大优点,下面具体来谈谈。

1.受众范围广

搜索引擎比其他大多数网络应用都拥有更大的受众基数和普及率,是绝大多数网民上网的第一入口。据CNNIC的调查,截至2021年6月,我国搜索引擎用户规模达7.95亿次,较2020年12月增长2567万次,占网民整体的78.7%。数据显示,2021年3月,百度App月活跃用户数达到5.58亿次,较2020年12月底增长2.6%,微信搜一搜月活跃用户数自上线以来一直保持快速增长态势,截至2021年1月已超过5亿次。①

2.营销效率高

搜索引擎不仅可以根据用户搜索的关键词在页面上方或右侧匹配相关的广告,能够使广告与用户需求相匹配,获得更有价值的用户点击率,成为更有实效的广告,还可以通过地域、时间的筛选,让推广更精确。与其他营销形式相比,进行主动搜索的用户,其消费指向更明确、营销相关度更高,再加上按点击付费的收费模式,使得搜索营销的效率更高,浪费更少。

3.成本低且可控

成本低且可控使之不仅适合于营销预算充足的大企业,也适合于资金有限的中小企业。传统媒体广告费用高昂,小公司失去了发声推广营销产品的机会。而搜索营销则拥有伴随海量搜索关键词和信息的广告长尾,与其他营销形式相比,进行主动搜索的用户,其消费指向更明确、营销相关度更高,再加上按点击付费的收费模式,使得搜索营销的效率更高,更少浪费。资金雄厚的企业可以花重金在搜索引擎页面做推广,中小企业也可以购买特定的关键词做推广。

4.整合效果好

搜索引擎公司的主页是搜索,但同时也有音乐、视频、贴吧、社区等各种业务,企业在搜索引擎公司除了投放搜索关键词广告之外,还可以针对产品的目标人群选择搜索引擎公司的其他平台进行整套投放。此外,搜索营销也可以和线下营销相结合,可以在

① 中国互联网络信息中心(CNNIC).第48次中国互联网络发展状况统计报告[EB/OL].CNNIC.http://www.cnnic.net.cn/hlwfzyj/hlwxzbg/hlwtjbg/202109/t20210915_71543.htm,2021-9-15.

线下进行品牌宣传，线上给消费者提供更详细的信息并鼓励购买。

(二)搜索营销的作用

在帮助用户检索信息、实现营销信息传递的基础上，搜索营销的作用可以进一步延伸到以下方面：第一，网站推广，即通过搜索引擎推广实现网站访问量增加的目的，提升企业网站的网络品牌，所以搜索营销也是网站推广的重要工具。第二，产品推广，与网站推广类似，可以对具体产品进行针对性的推广，让更多用户发现产品信息，尤其通过购物搜索引擎等方式，可以实现对多种产品的比较，为用户获取购买决策信息提供支持。第三，调研工具，搜索引擎作为在线市场调研的工具，在竞争者研究、用户行为研究等方面均具有重要作用。以百度为例，百度提供有“百度指数”“百度统计”“百度移动统计”“百度舆情”等多种基于大数据的统计监测工具，免费向普通网民和企业开放，可以成为企业很好的调研工具。最后，发现商机，由于搜索引擎拥有众多用户，因此也成为一种网络广告媒体，并且比一般基于网页的网络广告具有更高的定位程度。通过搜索引擎可以获得各种网上发布的商业信息，从中筛选后可能发现有价值的信息。①

第二节　搜索营销的方法与策略

搜索引擎给企业提供了一个把线下传播的影响力延续到线上，增加线上了解和消费的机会，这要求企业掌握搜索营销的基本方法。

一、搜索营销的基本方法

搜索营销的基本方法包括购买关键词广告、进行搜索引擎优化及其他方法。

(一)关键词广告

企业可以通过购买关键词广告开展搜索营销，这种广告形式最早出现在美国，1998年

① 陈懋.搜索营销[D].清华大学经济管理学院，2005.

美国前进公司(Goto.com)开创了拍卖搜索引擎关键词广告的新理念,后来美国谷歌公司借鉴并改进了前进公司的关键词拍卖模式,将其发展为重要且成熟的盈利手段。

1.关键词广告的概念

关键词广告是指展现在搜索引擎搜索结果中的广告,由广告主通过购买关键词以使相关信息展示给搜索查询者,是付费搜索营销的一种形式。这些广告在谷歌的搜索结果页面上被标为“广告”,在百度的搜索结果页面上被标为“推广链接”,并且广告出现的先后次序要考虑多个因素,包括广告商愿意为每次点击支付多少费用,广告和查询的相关度以及广告链接的网页质量。

这种模式的核心是将搜索引擎的关键词作为广告资源,广告主通过拍卖系统在线实时投放关键词广告,当用户使用某个关键词搜索页面时,搜索引擎将搜索结果和广告内容整合在一起,供用户浏览。①

2.关键词广告的主要特点

关键词广告之所以受到企业的关注,主要是因为它具有以下三个主要特点。

第一,是精准投放的逆向广告。由于关键词广告是消费者主动检索相关关键词时才会出现的广告,所以相对传统的广告主将广告信息传递给消费者的模式而言,关键词广告是一种消费者主动检索广告信息的逆向广告,关键词与消费者主动输入的、能非常强地表征着消费者意图的搜索词相匹配②,它能减少消费者对广告的反感心理,是一种基于消费者需求精准投放的“逆向广告”。

第二,形式简单、原生化呈现。关键词广告通常是文字广告,其中主要包含广告标题、简介、网址等要素,一般在搜索结果页面中与自然搜索结果分开,如谷歌、百度等搜索引擎都采取这种模式。由于关键词广告的形式简单,不需要相对复杂的广告设计与制作,所以大大提升了广告投放效率,节约了广告成本,从而获得广大中小企业的青睐。此外,关键词广告具有原生广告的特点,由用户主动意图出发,呈现形式与自然搜索结果相差不大,大部分用户完全无法区分自然搜索结果与广告搜索结果。③

第三,按点击付费且成本可控。与一般收费搜索引擎按年度收取费用相比,关键词广告的定价模式并非固定收费,而是按点击收费,只有用户点击广告才开始计费,对于

① 马翠华.网络广告业务模式演变研究[J].中国出版,2014(12).

② 刘鹏,王超.计算广告[M].北京:人民邮电出版社.2019.

③ 同上.

只是显示而没有点击的情况并不需要付费，因此所有的费用都是“有效的”。除了每次点击费用之外，用户还可以自行设定每天、每月的最高广告预算，并且这种预算可以方便地进行调整，为控制预算提供了极大方便。①

3.如何选择关键词

关键词的选择是否正确，决定着广告投放的性价比，并且与最终的广告效果直接相关。事实上，不仅是关键词广告的营销方式，其实对于所有的搜索营销方式来说，关键词的研究和选择都是至关重要的一步，因为搜索引擎主要提供与关键词有关的内容。大多数人在搜索时平均使用2~5个关键词。

在选择关键词时，首先要站在客户的角度考虑，调查目标客户的搜索习惯，考虑他们在搜索产品时最有可能使用的关键词有哪些。其次，将关键词扩展成一系列短语，勿用单一词汇，因为根据单一词汇进行搜索会产生太多结果，所以多词短语比单一词汇更有用；可以进行多重排列组合，比如改变短语中的词序以创建不同的词语组合、使用不常用的组合、使用其他限定词来创建更多的组合，等等。第三，使用专业概念词汇以限定来访者，使关键词组足够明确专业，不至于太宽泛，勿用意义太泛的词或短语。第四，如果已经是具有一定品牌效应的企业，则可在关键词中使用公司名称，否则就不必包含公司名。第五，如果地理位置很关键，那么可以把它加入关键词组。第六，回顾竞争者使用的关键词，检查一些可能遗漏掉的词组以进行有益的补充。第七，最好的关键词是那些没有被滥用而又很流行的词，即，选择那些搜索量大但是竞争小的关键词。虽然现在这种词越来越少，不过关键词的量是巨大的，总是会有尚未被开发或运用得比较少的关键词。②

根据搜索引擎将广告中的关键词进行自动匹配的查询拓展服务，关键词广告也可以通过不同的匹配方式，确定关键词。在精确匹配方式下，搜索引擎不对广告主提供的关键词做任何形式的扩展，完全按照广告主的意图精确执行；在短语匹配方式下，用户的查询完全包含广告主关键词或关键词的集合时就会触发相应的广告候选；在广泛匹配方式下，用户查询结果与广告主关键词高度相关时就有可能被匹配；在否定匹配方式下，可以明确排除不能被匹配的关键词，以避免一些无效流量。广告主可以在自身广告的流量与质量之间进行平衡决策，将不同的匹配方式结合，从而选择对应的关

① 关键词广告[EB/OL].百度百科.http://baike.baidu.com/view/61577.htm? fr=aladdin.

② 陈懋.搜索营销[D].清华大学经济管理学院，2005.

键词组合。[1]

总之，企业需要根据自己的实力和资源，选择自己能力范围之内的和自己网站主题内容相关、与搜索引擎匹配方式相符合的关键词，只保留能够带来“有效流量”的关键词，这才是选择关键词的根本。

（二）搜索引擎优化

搜索引擎优化，就是在分析、了解各类搜索引擎的搜索、页面抓取和搜索结果排名的规律的基础上，对网站进行有针对性的调整和优化，使之更易于被搜索引用并且在搜索引擎的自然搜索结果中排名靠前的一种技术。搜索引擎优化的最大优势在于，它没有丝毫广告和营销的痕迹，可以在不损害用户体验的情况下提高搜索引擎排名，从而提高网站访问量，最终提升网站的营销推广能力。

搜索引擎优化策略可分为以下三个方面：

1.关键词策略

关键词的选取是优化的第一步，在网站策划阶段就应该被考虑进来。网站定位、栏目设置、产品所在行业的特点、目标群体所在区域等因素都会在一定程度上影响关键词的选取。此外，关键词的选取需考虑上文所提及的通用规则，比如，关键词不能过于宽泛、应从客户角度考虑其搜索习惯、选用搜索量大但竞争性小的词，等等。

2.网站内部优化策略

站内优化是整个搜索引擎优化工作最核心的部分。搜索引擎优化人员需要通过站内优化，把网站结构做得更容易被搜索引擎抓取；设计整体内部链接架构把站内权重导给最重要的页面；优化页面内容使得搜索引擎更容易识别和匹配等。具体来说，站内优化可以从以下几个方面着手：

（1）网站标题的编写。网站标题编写越精炼越好，一般控制在25个字以内比较妥当，太多了不仅不利于搜索引擎优化，而且影响用户体验，当然网站标题要体现一个网站的核心关键词。

（2）网站内容优化。即做好网站内容素材的规划。网站的信息内容应主要以文字为主，配以必要的图片。不要只顾页面美观而大量使用图片、flash等，这样会不利于搜

① 刘鹏.计算广告[M].北京：人民邮电出版社.2019.

索引擎的抓取。此外,SEO主导下的网站在建设内容时应考虑以下三个问题:目标用户在通过什么关键词寻找目标信息?目标用户在寻找指定信息时除了直接找对应的关键词外还会搜索什么?目标用户真正需要什么内容?SEO人员需在上述思路的指引下进行网站内容的建设,丰富网站内容,把网站建设成为面向用户的内容。

(3)网站导航的优化。网站导航的主要目的就是引导用户和Spider(搜索引擎蜘蛛)更好地浏览网站内容。所以尽力从网站访问者的角度去规划导航条,最好能让用户一进来就能了解网站的结构。常见的网站导航有主导航、多级导航、底部导航和面包屑导航等。这些导航链接在SEO中,不仅可以引导用户和Spider浏览全站内容,告诉用户和Spider自己所在网页的位置,还可以布局整站内链架构,控制站内权重的流动及向Spider声明站内各个页面的重要程度等。

(4)内部链接优化。网站内部的链接要保证其完整性,内页到主页,主页到栏目页,栏目页到文章,文章到栏目,文章到文章等,采取一些相关链接,保持内部连接畅通,这样既不会使浏览者迷路,也不会使搜索引擎抓取不到很深的页面。同时也要注意内部的死链接和无链接,去除不必要的链接。

(5)制作网站地图。在搜索引擎优化中切不可忽视网站地图的建设,大多数人在网站上找不到自己所需要的信息时,可能会将网站地图作为一种补救措施。同时网站地图也为搜索引擎蜘蛛提供了可以浏览整个网站的链接。

以上所述之网站导航优化、内链优化、制作网站地图均属于网站结构优化的范畴。良好的网站结构不仅可以引导Spider快速高效地抓取全站内容,还可以辅助站内权重的合理导向,最重要的是,良好的网站结构是用户体验的基础。①

3.外部链接策略

对于一个网站来说,其外部链接也不容忽视。外链的重要性源于搜索引擎的算法,在搜索引擎的算法中,认为如果一个网站被其他很多网站所引用,那么说明这个网站有一定的权威和重要性,而链接这个网站的关键字被认为是这个网站的描述,当这样的链接在网络上比较多的时候,搜索引擎将会视链接的质量给予这个网站相应的加权和提高排名。做外部链接的方式很多,常用的有和其他网站交换友情链接,购买著名网站的单向链接,通过发布软文添加网站链接,直接在其他网站、论坛上发布自己网站的主页

① 阮云胜.基于SEO的搜索营销探析[J].经营管理者,2010(21):152;痞子瑞.SEO深度解析:全面挖掘搜索引擎优化的核心秘密[M].北京:电子工业出版社.2014.

链接,或把自己网站提交到开放目录等。[①]

4.图片和视频的优化

主流搜索引擎现在差不多都开设了图片和视频垂直搜索业务。除图片垂直搜索引擎外,其实在普通的网页搜索中也会有大量包含"图"的搜索词,如果网站有丰富的优质图片,大可以设计专门的网页优化"**图/图片/照片"之类的关键词。与图片优化一样,除针对垂直搜索引擎外,视频类网站同样可以在网页搜索上,优化相应视频类搜索词。现在大部分电影下载站都瞄准这类关键词,也有不少网站采用引用大型网站视频的方法来优化相关关键词,通过其他广告获取收益,这一切都是通过网页搜索进行的。[②]

(三)其他搜索营销方法

除了关键词广告和搜索引擎优化,搜索营销还有网盟推广、地址栏搜索广告、品牌专区等多种方法。

1.网盟推广

谷歌的Google AdSense就相当于一个广告联盟,分为AdSense For Content和AdSense For Search两种。前者是一种获取收入的快捷而简便的方法,适合于规模不一的网站发布商,在相关网站的内容网页上展示相关性较高的Google广告,当网络用户在AdSense加盟网站上点击类相应的Google广告后,加盟网站便可从Google获得广告收入分成;后者则可供联盟成员用来直接从任一网页向其用户提供Web搜索功能,对于Google增加自身搜索引擎流量不可或缺。[③]

百度网盟以60万家优质联盟网站为推广平台,通过分析网民的自然属性(地域、性别)、长期兴趣爱好、短期特定行为(搜索和浏览行为),借助百度特有的受众定向技术帮助企业主锁定目标人群,当目标受众浏览百度联盟网站时,以固定、贴片、悬浮等形式呈现企业的推广信息。百度网盟是百度搜索营销的延伸和补充,突破了仅在网民搜索行为中实施影响的限制,在网民搜索行为后和浏览行为中全面实施影响。网盟推广与搜索推广一脉相承,当网民使用百度时,搜索推广将企业的推广信息展示在搜索结果页面,而当网民进入到互联网海量的网站时,网盟推广可以将企业的推广信息展现在网民

① 阮云胜.基于SEO的搜索营销探析[J].经营管理者,2010(21).
② 痞子瑞.SEO深度解析:全面挖掘搜索引擎优化的核心秘密[M].北京:电子工业出版社.2014.
③ 王知津,潘颖.中文搜索引擎商业模式比较:以百度和谷歌为例[J].图书馆工作与研究,2012,201(11).

浏览的网页上，覆盖了网民更多的上网时间，对网民的影响更加深入持久，有效帮助企业提升销售额和品牌知名度。网盟推广和搜索推广相结合，能够形成对潜在目标客户的全程、全方位深度影响，帮助企业收获更好的营销效果。①

2. 地址栏搜索广告

属于第三代的中文上网方式，用户无须记忆复杂的域名，直接在浏览器地址栏中输入中文名字，就能直达企业网站或者找到企业、产品信息，为企业带来更多的商业机会。地址栏搜索因其方便、易用，已成为常用网络搜索服务之一。国内的3721公司和中国互联网信息中心（CNNIC）都曾提供这项服务，分别被称为"网络实名"和"通用网址"服务，购买这项服务需要按年付费。②自2009年微软推出新一代搜索引擎Bing（必应）以来，必应也提供这项服务，而且因微软在浏览器入口方面的强大优势，所以其地址栏搜索服务对于用户来说也就显得更为自然和便捷。

3. 品牌专区

"品牌专区"是百度针对品牌客户所提供的服务。过去，搜索引擎80%的营业收入都是来自中小企业，仅有20%来自品牌客户。2011年，百度推出品牌专区服务，对品牌客户具有很大的吸引力。百度品牌专区"是为品牌量身定制的专属咨询发布平台，是为提升网民品牌搜索体验而整合文字、图片、视频等多种展现结果的创新搜索模式"，③百度品牌专区位于搜索结果首页最上方，占据了搜索结果页面的大部分位置。企业还可以同时在品牌专区下方的关键词广告位展示客户的关键词广告，广告中包含客户的品牌名称和旗舰产品名称。通过这种方式，为用户提供良好的搜索体验，并且将他们引导至企业希望推广的页面，如官方网站、产品网站或客户的电子商务网站，以此实现对品牌的保护。④

二、搜索营销的应用策略

企业可以通过两种主要的方式和搜索者建立联系——付费搜索和有机搜索（即自然搜索）。搜索引擎优化正是通过优化网页，来提高产品的有机搜索排名；而购买关键

① 网盟推广产品介绍[EB/OL]. 百度网.http://e.baidu.com/product/unionpro/cpjs/.

② 黄建莲. 中国搜索引擎服务市场的现状及发展[J]. 华北科技学院学报，2005(9)：113-115；陈懋. 搜索营销[D]. 清华大学经济管理学院，2005.

③ 同上①.

④ 叶正华.2011搜索营销，融·变[J]. 中国广告，2012(2).

词广告，让产品出现在搜索页面上方或右侧，或购买网盟推广服务，让产品推广信息出现在搜索引擎广告联盟的其他页面中，则是常见的付费搜索方式。在具体应用上，搜索营销还可进一步深化其策略：

(一)使用搜索数据改善企业和产品策略

大多数企业只把搜索当作营销手段，而没有利用搜索平台所积累的大数据来做更上游的改进。搜索平台上聚集了大量的用户搜索数据，这些数据刻画了一幅幅潜在消费者的画像，他们用搜索关键词告诉企业自己希望得到的产品和功能。企业可以通过研究搜索数据改进企业的产品和策略，有针对性地开发产品，进行产品推广。作为美国一家不算知名的数码相机制造商，Better Camera通过分析用户的搜索行为和搜索者的特征来开发新产品，调整产品计划，灵活地运用搜索引擎和用户的大数据，这样的调研方式不仅时间和金钱成本更小，而且离用户的真实需求也更为贴近。[①]

(二)线上搜索营销与线下传播相结合

在互联网出现以前，潜在客户通过观看电视广告、收音机广告、报纸广告等走进商店。如今，潜在客户会在观看电视广告后上网搜索产品信息，或直接在网上搜索自己需要的产品的相关信息。例如，苹果公司在2006年开始推出“I'm a Mac”广告后，也对苹果官网进行优化，保证其在苹果电脑相关的关键词搜索结果中排名靠前。潜在消费者看完苹果的电视广告后上网搜索苹果电脑，发现apple.com位居“I'm a Mac”搜索结果前两位，这种结果非常有利于增加消费者对苹果电脑的正面印象，提升其购买概率。

(三)整合搜索营销

搜索引擎的低价和精准使其成为小企业青睐的营销平台，与此同时，搜索平台具有很强的用户聚合性和平台的广阔性，越来越多的大品牌愿意在搜索引擎上进行品牌传播和线上销售。以百度为例，百度的搜索引擎掌握和聚合大量的用户和用户信息，百度的各种贴吧、空间，都以精准的小众群体为对象，具有精准营销价值。

耐克曾在2009年与百度展开全方位的品牌营销合作，耐克通过百度贴吧、百度知道，与中国超过12000所高中建立了联系，在百度的社区中为网民提供包括篮球、足球、

① (美)瓦妮莎·福克斯.搜索营销[M].钱峰，译.北京：东方出版社，2011.

女子健身等多个运动品类的信息。这一创新的营销方式被称为一个集促进销售、品牌推广、社区互动、话题传播等多功能于一体的“大搜索”营销模式。[①]

第三节 搜索的多元化及其营销前景

随着搜索技术的不断发展和人们互联网使用习惯的变化，搜索逐渐呈现出比较明显的多元化趋势，其中，移动搜索和垂直搜索都是非常引人注目的变化。移动搜索是搜索技术基于移动网络在移动平台上的延伸，随着手机等移动终端的普及运用，移动搜索已成为搜索引擎巨头的关注重点，谷歌和百度都已推出相关的移动搜索服务。2007年9月谷歌发布了“Adsense移动搜索广告”，使已针对手机浏览器进行优化的网站能够展示标准网站上的所有广告。百度的移动搜索应用则包括移动搜索、掌上百度、手机输入法、百度搜索、百度移动应用、百度手机地图、百度易平台百度搜索等。[②]在垂直搜索方面，购物搜索、位置搜索、社交搜索和地图搜索的应用前景非常看好，这些新的搜索方式均不同于传统搜索的特点和营销方式，应成为企业进行搜索营销的重点关注内容。

一、购物搜索

近年来网购市场保持持续增长的态势，我国的网上购物发展得尤其引人注目。早在2012年，我国网购占社会零售总额就已达5.5%，超过了美国的5.1%。[③]另据CNNIC的统计数据，截至2021年6月，我国网络购物用户规模达8.12亿，较2020年12月增长2965万，占网民整体的80.3%。[④]随着网购的普及，购物搜索亦逐渐兴起。

① 齐馨.百度携手耐克合力创新搜索营销[J].成功营销，2009，17(7).

② 王知津，潘颖.中文搜索引擎商业模式比较：以百度和谷歌为例[J].图书馆工作与研究，2012，201(11).

③ 为什么中国网购发展全球领先?[EB/OL].i天下网商.http://www.ebrun.com/20130830/80929.shtml，2013-08-30.

④ 中国互联网络信息中心(CNNIC).第48次中国互联网络发展状况统计报告[EB/OL].CNNIC.http://www.cnnic.net.cn/hlwfzyj/hlwxzbg/hlwtjbg/202109/t20210915_71543.htm，2021-09-15.

(一)购物搜索的含义

购物搜索是从比较购物网站发展而来的,所谓"比较购物",是指为网购消费者提供多个购物网站中同一商品的比较信息,包括商品价格、支付方式、配送方式、商家信誉度等方面的比较资料。[①]购物搜索可让有需求的消费者在搜索平台获得相对精准的搜索结果,并且随着技术的不断发展,购物搜索不仅能够提供符合度高的网上商城,而且其对入驻商家的审查及搜索结果中其他消费者的评价,能够在一定程度上帮助消费者降低消费风险。

(二)购物搜索的特点与趋势

国内目前的购物搜索网站有一淘网、有道购物、惠惠网、大拿网等数十家之多,各个网站起步时间不一,实力差距较大。不过,诚如电商观察员王利阳所言:"中国人更习惯在电商网站内进行购物搜索,像谷歌Google Shopping这样的泛购物搜索在国内可能并不适用,国内现在购物搜索主要还是在阿里一淘、苏宁易购、京东、腾讯之间的博弈。"[②]

总的来说,购物搜索网站都有以下共同特点和发展趋势:

1.提供商品的全方位比较

购物搜索网站最初就是从比较购物网站发展起来的,"价格"是其存在的最基本、最核心的要素,但是目前国内B2C商城数量之多让消费者常常无从选择,而时不时出现的质量问题也让消费者在进行选择时犹豫不决。所以目前的购物搜索网站在进行搜索排名时,不仅仅考虑商家产品的价格,同时也将各个商家的物流水平、质量、消费者购后体验作为了重要的衡量指标。

2.海量搜索结果

购物搜索网站提供的平台,让众多商家竞相入驻,这让购物搜索为消费者提供足够丰富、全面的搜索结果成为可能。而淘宝网能够在众多网络购物平台中胜出的重要原因之一就是其为消费者提供了极其丰富而全面的搜索结果。基本满足了消费者所有的购物需求,提高了用户的忠诚度和黏性。而在将来,只有各方网络购物平台和网上商城共同合作,打造更加公开、公平、透明的购物搜索平台,才能为消费者提供更好的选择,同时不断扩大网上购物的市场占有率。

① 孙珊,余肖生.购物搜索引擎的比较研究[J].现代商贸工业,2010(19).

② 朱珊.购物搜索卡位战[J].成功营销.2013,22(1).

3.购物搜索社交化

由于社交网站上较为亲密的人际关系,信任度也较高,所以这对于国内的网上商城有着极大的吸引力。因为一旦网上商城也能逐渐走向社交化,那么对于提高消费者的忠诚度和信赖度也就不在话下。另一方面,购物的社交化还能够提高消费者对于商城的信任度。购物的社交化将利益相同的消费者团结起来,通过对购物商城商品的评价及购后体验的分享,不仅能够帮助其他消费者在购买时做出更为明智的选择,也能够增加电子商城的知名度和曝光率。而信誉度较好的商城也能因此而获得更高的忠诚度和转化率。新浪和淘宝的合作也可以看作是电子商城在社交化上不断深入的一个例证。

4.搜索人性化

传统零售商沃尔玛为应对电商的崛起,于2012年为旗下Walmart.com、移动页面以及移动App打造了一个新的搜索引擎——Polaris,该平台借助其核心的Kosmix语义技术,使得购物搜索更为人性化。该项技术可以让Polaris理解各项产品之间是如何相关的,包括了人物、时间、地点以及产品之间的关联性。搜索的人性化在很多电商平台都有体现,比如,当用户在淘宝或亚马孙上搜索时,除了目标搜索结果,还会出现其他相关联的搜索结果,比如搜索电脑会出现与电脑相关的配件等。这也是语义搜索的一种。在学界,有一种分法是将语义搜索分为概念搜索和关联搜索两类。[①]随着技术的深耕细作,搜索的人性化程度还将有进一步提升。

(三)购物搜索的营销价值与营销策略

从营销环节上看,购物搜索可以说是距离消费者下单购买最近的一环;从消费者使用习惯来看,购物搜索在网购市场中扮演着“第一入口”的角色,大多数访问者是直接通过购物搜索引擎到达具体网站,而不是通过其他网页的链接间接到达,[②]购物搜索的营销价值不言而喻。

与一般的网页搜索引擎相比,购物搜索除了能搜索商品、了解商品说明等基本信息外,还可以进行商品价格比较,并对商品和在线商家进行评级,这些评比结果对于消费者购买决策有一定的影响,尤其对于知名度不是很高的在线商家,购物搜索的推广不仅

① 朱珊.购物搜索卡位战[J].成功营销.2013,22(1).

② 刘文文.购物搜索引擎中排名对消费者购买行为的影响机制研究[D].南京大学商学院,2013.

增加了被用户发现的机会，而且如果能在评比上有较好的排名，也有助于增加消费者的信任。因此，购物搜索的营销价值被越来越多的商家所看重。

国外的一项研究发现，用户对搜索结果项的关注度呈现字母“F”形状，也称“倒三角”现象，排名位置最靠前的几个搜索结果项，包揽了近100%的关注度，而排名最靠后的搜索结果项，关注度不到20%。[①]

不过，对国内网民的一项调查发现，在购物搜索结果列表中，虽然排名靠前的商家享有很高的曝光率，但如果缺乏有吸引力的价格和销售量信息组合，也只能抓住消费者的眼球，却不能留住消费者的真心。消费者并非单纯地“以排名论英雄”，而是理性地参考与购物息息相关的具体购物指标（价格和近期销售量等）。所以在商品上市早期，商家可以通过开展一些促销活动来拉动商品销售数量，进而吸引潜在消费者。[②]总之，企业在进行购物搜索营销时，除了考虑搜索结果排名因素以外，还需要制定合理的价格，并具备一定的近期销售量基础，如此才有最大的可能性将消费者的注目转化为实际的点击和购买。

二、位置搜索

目前很多手机应用都安装了位置信息获取的功能，为消费者提供信息的同时实现商家营销的目的。

（一）位置搜索的含义

如果说搜索引擎搜索可以满足人们对于这个世界发生了什么的信息需求的话，本地的位置搜索就可以满足人们对于实际生活中的吃喝玩乐和工作学习信息的需求。人们通过位置搜索，可以很方便地搜索到周围吃饭、娱乐等场所的位置和相关消费信息。由于这种主动搜索不仅带有用户明确的任务意图，而且是用户对其周边所处位置和商业供应情况的查询，与消费的心理距离和物理距离都非常近，因此，位置搜索具有很强的变现能力。

① 刘文文.购物搜索引擎中排名对消费者购买行为的影响机制研究[D].南京大学商学院，2013.

② 同上。

(二)位置搜索的营销潜力

企业为了更好地为消费者提供服务,同时也最大限度地传播自己品牌,位置搜索营销潜力不断被企业所发掘。第一,实现O2O闭环。与位置搜索营销紧密相连的一个概念是LBS(local based service)。这几年LBS风靡一时,它是一个基于用户具体所在的位置提供服务的概念。通过消费者当下所处地理位置及其搜索的具体内容来推测消费者即时的需求,不仅能精准地预测其需求,从而大大提高营销的成功率,还真正地实现了营销O2O——线上提供信息、优惠或付款,线下进行消费的闭环。第二,提高精准度。位置营销的一大特色是场景营销。即根据消费者当下所处具体地理位置及周围的大环境,为其提供具体的营销信息和服务。基于地理位置及周围环境进行预测,更有针对性,精准度更高。第三,绘制营销地图。企业将能够刻画出每个消费者的生活小地图,众多的消费者位置分享则会构成一幅商家的营销大地图,通过这些地图,分享记录消费者的位置。商家能够得到更为精准的消费者行为、购买习惯和偏好。最后,提高商家服务水平。位置营销平台上都会要求用户在消费后填写评价详情,这些评价详情不仅是其他消费者进行消费选择时的依据,同时也是相应商家了解消费者心声、对其产品和服务进行改善的根据。

(三)位置搜索的营销发展趋势

“街旁”是国内一个发展得比较成功的位置搜索营销应用。用户在手机上下载街旁App并注册之后,可以实现和微信、微博等社交网站的连接,在街旁上发布的消息也可以同步到微信、微博等其他社交网站上。从签到到分享的流程都是在线上完成的,消费后也通过移动终端进行信息的分享,与社交网络联系起来之后,就形成了集群效应,这一效应通过用户的持续分享得以进一步强化,更多的消费者不断地卷入特定消费地点和消费过程,从而放大其商业价值。[①]从目前看,位置搜索营销呈现出如下发展趋势:

1.社交化

位置搜索营销基于GPS技术,定位用户目前所在位置及周围场景,通过应用将恰当的商户信息推送给用户来实现营销的目的。位置搜索营销一般都基于一个第三方应用

① 刘俊博.基于位置服务(LBS)的营销平台分析[J]新闻传播,2013,1(8).

平台，集合众多商家来完成对用户的营销活动。为了更好地实现营销的目的，通常将应用与其他社交平台连接起来或者在应用平台上自创社交平台来提高用户的黏性。位置营销服务平台应该不断完善社交网络，平台上的用户点评和分享将成为刺激用户消费、提高用户黏性的重要因素。

2.个性化

位置服务平台应该更加重视消费者的个性，根据其位置地图进行消费者画像的精准刻画，通过了解其个人习惯和偏好来推送更符合其个人需求和爱好的商家信息。手机移动终端的个性化及GPS地理定位技术的不断发展将为该功能的实现提供支撑。

3.优质的服务

服务将成为该类平台的重点。位置营销的主要对象为餐饮、娱乐等第三产业，消费者更加重视在消费中的体验。提供更加人性化、周到的服务将是该类平台的重点。尤其当营销的支付环节和分享环节均在线上完成时，平台就更应该与商家达成一致，在实现其商业价值的同时也应该重视消费者的体验，形成营销良性循环。

4.全面的信息

此外，位置服务平台应该实现和更多商家的合作，为消费者提供更为完善的餐饮、购物、娱乐等消费信息，能够全面地满足其线下的生活需求。从而实现平台的不可替代性，进一步提高用户黏性。

三、社交搜索

艾瑞网Gary Sten指出，社交搜索与传统网络搜索不同，“它不是关于链接网页，而是关于让人们告诉一个特别的故事”。[①]从理念上，社交搜索更是一种搜索理念的变革，是一种针对用户信息投放结果的搜索方式，强调结果的差异化和个性化。

（一）社交搜索的含义

社交搜索是一种用户可以执行针对社会化媒体内的目标联系人的搜索，目标联系人的选择和结果的呈现可以基于目标联系人的不同属性或在搜索响应中的排名。[②]社

① Gary Stein. 社交网络和搜索将走向整合[J].中国传媒科技，2009(1).

② 肖海清.社交搜索的应用分析——以Facebook社交图谱搜索为例[J].武汉：华中师范大学研究生学报.2013，20(3).

交搜索被称为“第三代搜索”，是一种社交化、个性化的搜索，它不仅研究网页与网页之间的关系，还在网页关系之间加入了人的元素。[①]

而用来搜索的社会化媒体，既可以是高私密性的强关系社交圈，也可以是更为公开化的社交媒体，前者如Facebook图谱搜索（Graph Search），后者如国内以微博搜索为主的“云云搜索”。二者各有优长，例如，在解决某些富于个性化的问题时，比如餐馆、音乐、应用搜索时，Graph Search非常好，但由于不是全网搜索技术，所以它不能解决全部问题；[②]而云云搜索则采用的是全网搜索技术，同时，由于搜索的是微博等公开性社交网的信息，所以在侵犯用户隐私方面的潜在问题要少一些。

（二）社交搜索的特点

社交搜索本质是社交网络+搜索引擎，追求更加精确的搜索结果匹配。它之所以具有价值是因为社交网络中的关系网性质，使其信息传播质量高，并且，加入了“人”的因素之后的搜索，会更加精准、更个性化，也更有效，信息价值更大。

1.营销的社区化和部落化

科技不仅把世界上的国家和企业连接起来，推动它们走向全球化，而且还把消费者连接起来，推动他们实现社区化。社区化的概念和营销中的“部落主义”十分接近，雅虎前副总裁赛斯·高汀在其作品《部落》（*Tribes*）中指出，消费者更愿意和其他消费者而不是和企业相关联。如果企业想接受这种新趋势，就必须帮助消费者实现这种需求，让他们更便利地形成圈子相互沟通。高汀认为，要想实现成功营销，企业必须获得消费者圈子的支持。[③]

2.搜索结果的独一无二

社交搜索出现的内容是从搜索者社交圈信息流中挑选匹配出来的，所以不同的人输入同样的关键词会有不同的结果。在传统的百度、Goolge等搜索引擎上进行搜索，每个人跟其他人所得到的结果基本是一样的，每个查询词都得到同样的结果。而社交搜索则是要给每个搜索者一个最适合TA的结果，这就意味着每个人的每个查询词都需要

---

① 贺文.社交搜索：因人而异[J/OL].IT经理世界.http://tech.hexun.com/2013-05-23/154431656.html，2013-05-23.

② 同上。

③（美）菲利普·科特勒，（印尼）何麻温·卡塔加雅，（印尼）伊万·塞蒂亚万.营销革命3.0[M].毕崇毅，译.北京：机械工业出版社，2013.

重新计算和排序,这个计算能力和结果准确度要比传统的搜索方法高出许多倍。①

(三)社交搜索营销案例

WPP旗下群邑集团的群邑搜索团队在不同社交媒体上采取不同的优化策略,为消费者不同的购买行为创造了不同的搜索场景。以美妆行业为例,群邑智库针对小红书App这一种草笔记为特色的社交媒体,确定了以"种草新产品,提高曝光量"为需求点,通过发布大量优质、多角度的文章,同时精准选词引导精准流量,配合SEO流量优化,维持笔记热度,提升笔记阅读量,并通过笔记博主与粉丝加强互动,从而提高笔记排名,最终实现高曝光与精准推送。同时,针对知乎App,这一以知识问答为特色的社交媒体,确定了"增强用户购买意愿"的需求点,通过在已有问答下挑选优质的用户回复、创建新问题,以及发起话题等内嵌于该社交媒体的平台功能,将产品植入问答,吸引问答关注者与阅读量,提升用户对产品的好感度。②

四、地图搜索

2005年9月,Google、百度、新浪和搜狐旗下的搜狗相继推出"地图搜索"的业务。地图搜索,第一次让互联网的海量信息形象生动起来,以Google的本地搜索为例,通过这项服务,用户可以轻松找出其想要去的地方,包括准确位置和路线图,甚至还有联系电话和备选方案。③概括来说,地图搜索主要解决三类问题:查找相关信息的位置、在指定的地理范围内查找相关信息、提供线路方案指导我们到某个地方去。④

(一)地图搜索的营销革新点

地图搜索本质是"搜索+LBS(基于位置的服务)",地图搜索在本地搜索方面优势明显,能够根据用户搜索的位置实现对目标客户的精准锁定,对服务业广告客户(例如餐饮、娱乐、理发等)尤其有吸引力。随着移动浪潮的兴起,地图搜索的营销功能更受欢迎。

① 贺文.社交搜索:因人而异[J/OL].IT经理世界.http://tech.hexun.com/2013-05-23/154431656.html,2013-05-23.
② 社交搜索:基于消费者行为的搜索营销[EO/BL].搜狐网.https://www.sohu.com/a/330604380_99958508,2019-07-31.
③ 地图搜索——藏在地图中的商机[J].信息产业报道,2006(1).
④ 谢建家.地图搜索三问题[J].互联网天地,2007(3).

1.另一种模式的排名优化

地图搜索应用可以通过使用者的IP地址判断其地理位置，以便提供最优方案。比如一位身在武汉珞珈山的消费者，想知道周围有哪些咖啡馆，用本地搜索就能很快找出周围咖啡厅的位置，甚至包括这些咖啡厅的特色和营业时间，但是如果珞珈山附近有十家咖啡馆，并且距离都差不多，此时地图的搜索引擎便可以借用综合搜索的商业模式(例如竞价排名)进行排名收费。

2.本地服务业的精准客户营销

地图搜索与地理位置有关，可以实现对目标用户的“精准击中”。比如一家健身房，可以将其广告在以自己为圆心，3公里距离为半径的圆形区域内发布，这样既节省了广告成本，又达到了传播目的，而这一切都可以通过IP地址确认轻易实现。

3.综合性本地生活搜索服务平台

百度地图跳出了纯粹的位置搜索和路线查询这样的“在线地图工具”范畴，而是演进为一个综合性本地生活搜索服务平台，为用户提供多方位的O2O消费解决方案。以百度地图为例，其网页首页除了搜索框、地图内容、小面积页面展示广告外，还包括出行、酒店、美食、电影、外卖服务，以及景点、KTV、丽人、洗浴、银行、超市、药店、ATM等周边生活服务和百度地图手机客户端的推广。总之，页面包含的内容非常广，为用户提供的远不止于路线导引服务，而是囊括了人们出行、生活所可能会遇到的所有潜在消费问题。百度手机地图同样以生活服务和O2O消费为主，根据手机地理位置，推荐用户附近的团购、美食、酒店等。所以，百度地图是一个地图生活服务应用，同时也是一个O2O消费导航。

4.移动客户端支付——搜索广告以外的商业模式

桌面搜索的主要盈利模式是付费广告，在移动端，广告展示效率降低，但位置服务优势突出，本地生活特色突出，加之手机支付工具的成熟，移动端的消费和支付发展前景看好。

随着经济的发展，特别是用户交通出行半径的扩展及本地生活需求量的激增，以手机地图、生活搜索服务等为主的位置服务应用的迅猛发展，为本地消费和本地广告供了广泛而深入的发展空间。手机地图的互联网用户入口作用越发突出，O2O落地整合前景大。

(二)地图搜索营销的技巧

综上所述,地图产品作为一种实用工具,是用户出行帮手,在促成本地消费实现O2O消费导航方面具有独特优势。那么,商家应该如何运用这种搜索营销方法呢?诚然,商家可以通过付费的方式被百度地图所标注,但是,由于"百度地图的搜索目前不提供排序,它服从自然搜索的结果。与商户名称高度相关,用户输入的名称越精确,您的排序将越靠前",这也就意味着,即便付了费,商家的标注排名也不一定可以排到前面,所以,进行地图排名优化就是开展地图搜索营销的关键技巧所在。有相关地图标注公司总结出如下几条提升百度地图排名的做法,可供参考:

首先,优化企业名称。在包含关键词与品牌词的搜索中,使用好的商户企业名称,越短的商户名称,越能够让分散的搜索权重集中起来,百度地图排名自然会提升。一定要正确使用百度地图提交时的行业标签,能够提升商户和客户需求的相关性。比如做大闸蟹市场的企业,提交电子或服装就不对了。

其次,优化浏览方式。优化地图用户的浏览和停留时间,企业的百度地图浏览量越高,百度地图上排名就越高。

最后,增加收藏数量。组织公司收藏企业的百度地图,收藏数量的增加,也会提升别人搜索你的排名。当然,也可以在QQ搜一下"百度地图互搜群",大家互相帮忙也可。

五、视频搜索

当下,视频表达将成为内容领域的重要发展方向,内容作为搜索的根本,内容在哪里,搜索的行为就在哪里。随着用户的内容习惯从图文向视频转变,尤其抖音、快手等短视频平台的火热更加速了视频搜索的重要性和普遍性。2020年末国内极光移动大数据服务商发布的《内容生态搜索趋势研究报告》中,短视频搜索的使用率已经增长到了68.7%,排名仅次于独立搜索平台。[①]2021年1月抖音发布的《2020抖音数据报告》显示,抖音日均视频搜索量已突破4亿。[②]

---

① 内容生态搜索趋势研究报告[EB/OL].搜狐网.https://www.sohu.com/a/441385887_399033,2020-12-30.

② 2020抖音数据报告:日均视频搜索量破4亿[EB/OL].百度网.https://baijiahao.baidu.com/s? id=1688047081502754332&wfr=spider&for=pc,2021-01-05.

(一)视频搜索的概念

当下视频搜索是指输入端为文字,通过关键词匹配视频的标题、字幕信息(OCR)和语音检索(ASR)来获得搜索结果,输出端为视频的搜索方式。与传统的文字搜索相比,视频搜索有着搜索结果更加丰富、准确、直观的优势。视频搜索的结果以视频的形式可以降低专业内容的受众门槛,扩大用户范围,同时可以调动用户的多感官。以菜谱搜索为例,视频搜索接近于人与人之间的真实沟通交流,通过搜索出的菜谱相关视频,用户可以轻松模仿从而做出想要的菜式。而传统的图文搜索,信息要素密集,理解难度相对较高,并缺乏动态画面带来的代入感。

(二)视频搜索的优势

视频搜索和所有搜索一样,是用户的一种有着明确意图导向的行为,有很强的变现能力。不仅如此,以视频或直播形式呈现的搜索结果可以很方便地进行广告展示和促销。同时,不少视频平台都提供了直接链入购买页面的功能,也就是说可以将用户的搜索直接导入购买终端。因此,视频搜索连接了搜索、展示、促销和购物等多个环节、多种场景,对促进购买和提升用户体验极为有利。例如,在抖音上搜索“车厘子”,在综合页面纵向的信息流里,就可看到相关用户名单和热门视频,横轴上则提供了“音乐”“话题”“直播”“地点”和“商品”等细分入口。抖音的视频搜索定位用户趣味需求、优先推荐头部主播视频,同时也融入电商、直播,串联平台生态内的主要产品和服务,有利于实现用户需求、平台内容与营销的有机结合。①

(三)视频搜索盈利模式

1.信息流广告

信息流广告是一种将广告以与内容联动的方式进行交互的广告形式。②信息流广告经常出现在社交媒体用户好友动态、资讯媒体和视听媒体内容流等内容消费页面,其展示形式与内容十分接近,并且通过分析用户的搜索历史,可以实现千人千面的效果,生成不同标题和内容的信息流广告。目前主流短视频平台,多以简单易操作的上滑方式切换播放短视频,用户不能提前预知其推荐页面的下一条视频,因此以信息流作为广

① 视频搜索,下一个风口?[EB/OL].中国电子报.https://mp.weixin.qq.com/s/ck16xJH8Me1F8pT_Tzdu1Q.

② 刘鹏、王超.计算广告[M].北京:人民邮电出版社.2019.

告呈现方式具备天生的原生性。信息流视频广告大多按点击或按曝光数量计费，按点击计费的规则是指在信息流广告中，每个用户的点击收取一定的获客费用，按曝光计费则是指一个信息流广告每达到一定量级的曝光，收取一定的费用。

2.关键词搜索点击付费

关键词搜索点击付费的模式也可以应用到视频搜索领域，通过视频拆解技术并建立索引，依据视频标题、字幕等要素，广告主可以通过向平台付费，对某一类关键词进行投放，竞价排名，来实现广告主的曝光需求。关键词广告按照点击量付费，只有在特定关键词被检索时，才出现在搜索结果页面的显著位置，针对性和性价比高。虽然视频搜索相关视频拆解技术——字幕信息匹配与语音检索技术已被投入使用，但由于视频相对于文字内容更不易被解码，因此一则视频广告需要通过关键词优化的方式优化广告标题及内容介绍，使视频能更多地在更多的搜索内容下曝光。

知识回顾

搜索营销主要具有受众范围广、营销效率高、成本低且可控以及整合效果好四大优点。在帮助用户检索信息、实现营销信息传递的基础上，搜索营销的作用可以进一步延伸到以下方面：网站推广、产品推广、作为定位程度更高的网络广告媒体、作为在线市场调研的工具，以及发现商业机会。

搜索引擎的基本方法有关键词广告、搜索引擎优化、网盟推广、地址栏搜索广告以及品牌专区等。其中，关键词广告是广告主通过拍卖系统以付费的方式购得，具有精准投放、形式简单、按点击付费且成本可控的特点。只要企业能进行正确的关键词选择，就能达到较好的营销效果。关键词的选择对于搜索营销至关重要。搜索引擎优化是一种在分析、了解各类搜索引擎搜索及排名规律的基础上，通过对网站进行有针对性的调整和优化，使之在搜索引擎中获得良好的自然排名的技术，它是进行网站推广、提高网站排名的重要手段之一。网站的优化可以从关键词、网站内部优化、外部链接、图片和视频的优化这几个方面着手。

在具体应用上，搜索营销还可进一步深化其策略。首先，利用搜索数据来改善企业产品和产品策略。其次，线上搜索营销与线下传播相结合。最后，整合搜索营销。搜索平台上用户的聚合性和平台的广阔性，为企业的整合搜索营销提供了方便。搜索的多元化趋势日趋明显，移动搜索和垂直搜索的快速发展尤其引人注目。购物搜索、位置搜索、社交搜索、地图搜索和视频搜索，现在都已经成为企业进行搜索营销所关注的重要内容，应用前景看好。

复习思考题

1. 搜索营销的概念和方式是什么？
2. 企业应怎样进行搜索营销？
3. 搜索多元化带来了哪些新兴的搜索营销方式？
4. 多元化的搜索营销各自的特点是什么？

第五章　视频营销

知识目标

1. 视频营销的概念、类型。
2. 视频营销的演变及发展趋势。

能力目标

1. 视频营销的商业价值探索。
2. 视频营销的优化策略探索。

思维导图

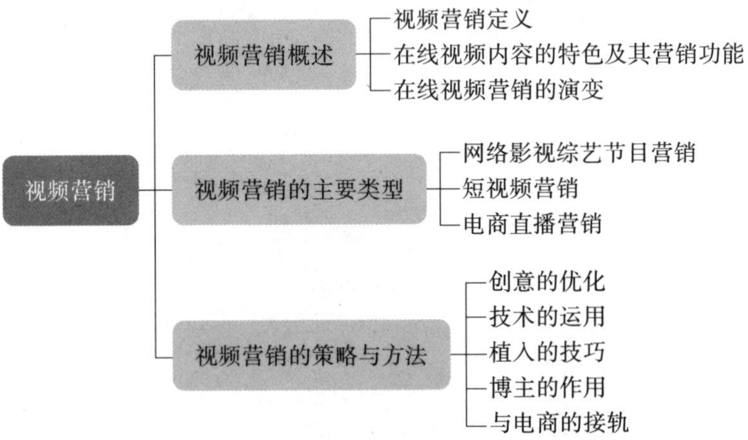

@ 案例导入

哔哩哔哩弹幕网站(以下简称“B站”)作为国内知名视频弹幕网站,在2020年1月,月度活跃用户数(以下简称“月活”)仅为1.3亿,占后起之秀“抖音”平台同时期月活的五分之一,并长期以来摆脱不了二次元等非主流标签,其财务报表显示,B站更是长期处于亏损态势。在内外压力双向作用下,B站如何打破以往小众单一的标签,获得更多用户的认可与加入,即实现“B站不只有二次元,而是所有年轻人施展自己的舞台”的出圈之势呢?

在2020年5月3日,“五四”青年节前夕,B站推出《后浪》演讲视频,在视频中,国家一级演员、“60后”何冰所代表的“前浪”,主动走向了“后浪”,以一场慷慨激昂的演讲表现出对年轻一代的理解和祝福,点赞当今年轻人的专业态度及自信、开放等优秀特质。何冰凭借出色的台词功力,搭配着激昂的BGM、青春影像剪影与动情的文案,贡献出了2020年疫情后首次出圈的广告营销视频。

《后浪》具体的营销手法是采取情绪营销。《后浪》作为疫情后首个现象级营销代表案例,通过“刺激行动、提高兴趣、制造话题、保证价值”等四种情绪营销方式,展现强大的情绪营销影响力。[①]据微播易大数据平台统计,B站的用户群体依旧以25岁以下的年轻一代为主,在主流群体的节日之中促发“共情”,正是聚拢流量的绝佳时刻。

仅2天时间,《后浪》在B站的播放量超过1000万次,弹幕超过16万条,甚至引发了一股朋友圈刷屏热潮,这些都证明了《后浪》是一次成功的、2020年为数不多的、现象级的视频营销案例。此外,《后浪》发布的第二天,B站的股票一改连日下跌的颓势,逆流而上,一度涨近8%,市值暴涨6.7亿美元,约48亿元人民币,截至收盘,其市值达到91.64亿美元,较前日上涨4.8亿美元,折合人民币34亿元。[②]通过《后浪》进行的视频营销,为B站带来品效双收。

① 赵慧晴.后疫情时代广告的情绪营销模式研究——以B站《后浪》为例[J].新闻文化建设,2020(11).

② 一次成功的现象级品牌营销与用户传播案例[EB/OL].百度网.https://baijiahao.baidu.com/s? id=1666024928816437752&wfr=spider&for=pc.

第一节　视频营销概述

网络视频产业不断发展，2021年6月8日发布的《中国视听发展新媒体发展报告（2021）》指出网络视听产业逐渐成熟，产业规模扩大，短视频和直播收入增速最快，目前已有573家持证机构，70家备案机构。2020年网络视听收入2943.93亿元，同比增长69.37%。其中短视频、电商直播等其他收入达2113.13亿元，同比增长87.18%。与此同时，视频用户规模持续稳定增长。智能手机和家庭Wi-Fi的普及推动了移动端视频的快速增长，移动端视频用户的收看习惯正在形成。2021年9月15日，中国互联网络信息中心（CNNIC）发布了第48次《中国互联网络发展状况统计报告》，报告显示，截至2021年6月，我国网络视频（含短视频）用户规模达9.44亿户，较2020年12月增长1707万户，占网民整体的93.4%。其中短视频用户规模为8.88亿户，较2020年12月增长1440万户，占网民整体的87.8%。

随着视频用户增多，以网络视频为介质的网络营销也随之兴起。随着视频网站和平台的发展以及相关技术的演进，视频的内容和形式不断创新，视频营销的手法也呈现多样化的态势。

一、视频营销定义

视频营销指具有营销需求的各类企业、组织机构或个人在线上进行视频形式的营销。营销的主体为具有营销需求的各类企业、组织机构或个人，营销所借助的载体是网络视频，包括在视频网站、门户网站及社交媒体等各类网站上出现的视频，而不仅限于视频网站上的视频；从长度上，分为短视频和长视频。视频营销的目的一般是推广产品、机构或个人，树立良好形象，加深目标对象与推广标的物之间的感情。营销手法主要为贴片广告和植入，其中，植入有直接露出（即直接将产品、品牌或其他相关符号露出在视频中）、故事演绎等不同方法。

二、在线视频内容的特色及其营销功能

当前视频营销的影响力正在不断扩大，视频广告的收入也是狂飙猛涨，视频已经渗透进网民的生活中，以其独特的魅力吸引着人们。视频营销归根到底是营销活动，因此成功的视频营销不仅仅要有高水准的视频制作，更要发掘营销内容的亮点。

（一）视频营销内容特色

网络视频具有用户自主选择性的特征，用户可以很容易地自主选择观看一个视频，也有可能很快地选择放弃观看这个视频。因此，视频营销的成功必定离不开高水准的内容。

1.趣味性与隐藏性并存

视频要想达到理想的营销状态，一方面，视频内容必须能勾起顾客的兴趣，因为趣味性强的视频能带给人很多欢乐，并能促使观众自主转发、分享视频、传播视频；另一方面，视频内容应该围绕企业文化、产品价值或品牌形象来展开。不过，有些营销者因为担心带有营销目的的视频难以让目标受众感兴趣，就故意设置一个吸引眼球的标题以求得用户点击，但是，如果视频标题与视频内容不符，很容易让观众产生上当受骗的感觉，所以视频中一定要有诙谐、有趣的情节或其他让消费者感兴趣的内容，最好的办法是，挖掘用户最希望看到的因素，或者用有趣的内容讲述品牌故事，这就决定了视频内容具有隐藏性的一面，即隐藏其广告属性的一面。简而言之，视频内容的生产要做到趣味性与隐藏性并存，这样才可能从头到尾抓住观众的眼球，并实现营销目的。

2.专业性与草根性并存

目前，互联网视频网站内容生成模式可以分为两类，即用户生成内容（UGC）模式和专业制作内容（PGC）模式。PGC的代表是由NBC环球、迪士尼和新闻集团共同注册成立的Hulu，强调版权内容和专业制作，这个网站在中国并不如Youtube流行，但是在美国却拥有庞大的用户量。在中国，爱奇艺、腾讯视频、优酷视频都在努力地发展国内PGC模式的视频网站。UGC是以谷歌旗下Youtube为代表的视频分享网站，它强调草根原创性和自由分享，国内以UGC模式发展的视频网站有哔哩哔哩弹幕网，以及以抖音与快

手为代表的短视频平台。

自2013年视频网站发起内容营销联盟后，关于视频自制内容的营销价值一直成为在线视频行业讨论的热门话题，大量专业的影视业者进入视频网站的生产领域，并在资本投入的加持下，由他们操盘的自制节目也已脱离了“业余”的观感印象，在选题内容和视听效果等诸多方面产生明显的起色乃至呈现诸多的亮点。专业化生产模式PGC的创作主体具有较高的专业水平，有的甚至是资深导演，其作品走精品化路线。在互联网日益普及的背景之下，内容营销的方法与形式也在不断被翻新，以网络视频为载体的内容营销愈加受到重视，洞察网民需求的专业性PGC和草根性UGC将会共同演绎营销故事。

3.聚焦性与情感性并存

借用热点新闻吸引大家的眼球，用热门新闻冲击人性最隐层的东西，借由对视频的热度来谋求关注获得经济效益，佳洁士借助中国美食热点，启动了中国首档大型互动美食真人秀项目《吃货掌门人》。佳洁士品牌在这个活动中找到了天然的契合之处：除了会吃，一个优秀的美食达人还应该能吃，拥有一口好牙，将自身吃的文化、吃的体验、吃的感受分享给更多的人。佳洁士作为牙膏品牌，强调的就是它可以帮消费者强健牙齿、护理牙齿，只有拥有一口好牙，才能享受更多更好的美食。这样，《吃货掌门人》所传达的“一口好牙吃天下”的理念与佳洁士提倡的健康口腔品牌诉求达成天然一致。

视频营销也要用“心”去营销，通过与观众的心灵沟通渗透品牌信息，吸引受众。三星Galaxy SIII手机的微电影实践值得借鉴，他们与爱奇艺联合拍摄了《城市映像2012》的开篇作品《阿布》。《阿布》讲述了一位生活在大都市事业有成却无法享受天伦之乐的父亲，与为继承母亲遗愿隐居在云南佤族部落，帮助族人从事热带雨林保护工作的儿子之间从误会重重到最终消除隔阂，冰释前嫌的亲情故事。随着剧情的推进，影片中的父子关系不断冰释融化，但这种微妙的关系难以用语音表达，手机作为媒介很好地解决了这个问题。随着父子俩将手机贴在一起，影像即时无线传输，儿子惊喜一笑，父子终于冰释前嫌，三星Galaxy SIII起到了推进剧情的作用。《阿布》自上线一个月内就获得了800万次的点击率，口碑颇佳①。

① 三种模式解读内容营销潮流[EB/OL].中国营销传播网.http://www.emkt.com.cn/article/574/57408-2.html，2012-11-06.

（二）视频营销功能

“视频”与“互联网”的结合，让这种创新营销形式具备了两者的优点：它具有电视短片的种种特征，例如感染力强、形式内容多样、肆意创意，等等，又具有互联网营销的优势，例如互动性、主动传播性、传播速度快、成本低廉，等等。可以说，网络视频营销是将电视广告与互联网营销两者“宠爱”集于一身。具体来讲：

1.成本相对低廉

网络视频营销投入的成本与传统的广告价格相比，非常便宜。一个电视广告，投入几十万元、上百万元是很正常的事情，而花费几千元就可以制作一个网络视频短片。网络视频营销相比直接投入电视广告拍摄或者冠名一个活动、节目等方式，成本低很多。因为网络视频营销方式多种多样，一个小小的贴片广告就可以取得一定的营销效果，因此，比起传统的营销方式，企业选择网络视频营销会大大节约成本。

2.传播快、覆盖广

网络视频营销可借助互联网的超链接特性快捷迅速地将信息传播开去。不仅是网络发布信息快，网民们分享、转发网络视频，也让网络视频传播的速度加快，有效地实现营销。2019年红遍网络的视频《啥是佩奇》，情节过程不乏黑色幽默，结尾又温馨感人，让许多观众为之大笑，又为之哭泣，广大网友观看后感叹共鸣很深，发布后24小时内下载量达到3.4亿次，在两日内点击量达15亿次，引发网友自发传播。[①]好的视频会“自己长脚”，靠魅力俘获大量网友并使之成为免费传播的中转站，以病毒扩散的方式蔓延，放大传播效应。

3.互动强、效果好

网络视频营销不仅可以实现即时互动，而且能更好地进行双向沟通。视频广告形式丰富多样，兼具声、光、电的表现特点，这种立体的表现效果是图文广告所不能比拟的。网络视频的观众可以播放视频，也可以利用文字对视频进行评论，其他观众也可以针对某个评论进行辩论，另外，观众的回复也为该节目造势，有较高争议率的节目点击率也往往高调飙升，造成异常火爆的曝光率，与此同时，网友可以简单表达，比如“顶”或“踩”一下，还会把他们认为有趣的节目转发到微信朋友圈，或者分享到微博上，或者复

① 互联网营销成功案例：到底“啥是佩奇”[EB/OL].百度网.https://baijiahao.baidu.com/s? id=1623108773997973191&wfr=spider&for=pc，2019-01-21.

制给好友,让网络视频大范围传播出去。网络视频具有病毒传播的特质,好的视频能够不依赖媒介推广即可在受众之间横向传播,以病毒扩散方式蔓延。

4.助力精准营销

用户持续访问宣传页面,播放喜欢的视频,并将视频分享给朋友,形成爱好兴趣相近的群体,这样的网络视频营销活动因为用户的广泛参与而精彩,用户的积极参与使得他们对于营销活动承载的品牌或产品的认知度大为增强,从而实现精准营销。B站作为年轻人高度聚集的文化社区和视频平台,在几乎所有品牌都在尝试做品牌年轻化的趋势下,B站的营销价值愈发显著,不管是品宣类还是效果类广告,越来越多的广告主把B站纳入营销矩阵中,B站也推出官方营销官网,作为新一代视频营销平台,整合了B站的优质营销资源,了解B站广告投放,助力品牌达成营销推广目标。

三、在线视频营销的演变

随着视频的普及、电信由2G向3G、4G、5G转变,观看视频已成为我们的一种生活方式,用户注意力越来越多地流入网络视频。此外,由于网络视频营销覆盖用户人群广泛,打破了以往广告在区域和时段上的限制,以及借助大数据等技术,网络视频营销更有利于精准投放,所以视频营销这种网络营销方式受到越来越多企业客户的青睐。从营销的角度,在线视频营销经历了如下演变过程。

1.视频贴片:感官吸引、增强关注

早期的视频营销限于营销投入规模和媒介渠道的不足,传播范围和影响力都有限,尽管有经典的案例,如百度《唐伯虎》系列小电影,但主要仍是贴片广告的形式。

网络视频贴片广告,即在视频的片头或片尾插播的与视频无关的广告内容,具有“声、光、电”特性,时长与传统电视广告相似,其创意表现在一定程度上与传统电视广告差别不大,只是在基于内容播放形式的选择的前提下,会产生不同的效果。例如flash广告,更为卡通化和简单化,在表现形式上具有更多的创意和视觉冲击力。视频贴片广告和普通的网页广告一样,拥有链接功能,点击广告后将会弹出广告主页面,使受众对广告中所宣传的商品或服务有更多的了解。经过近几年的发展,网络视频贴片广告在各类视频广告中占有重要位置,受到了网站运营商和广告客户的

一致关注，但广告主在投放贴片广告时对其受众研究并不深入，因而造成了大面积“撒网”的现象。

2. 种子视频：引发病毒式传播

种子视频是以一个短视频的形式，将其作为种子进行传播推广，以内容的趣味性、原创性引发网友的引用、评论与转发等行为，从而达到多点主动传播的目的。网友在种子的传播中成为发起者，一个个独立的传播最终形成连锁反应，产生几何级的传播波，影响到更大规模的人群，达到四两拨千斤的传播效果。[①]2021年5月，山东省菏泽市曹县火遍全网，一时间，“北上广曹”，“宁要曹县一张床，不要上海一套房”，“宇宙中心曹县”等玩梗金句在网络热传。曹县“走红”是由于某网络短视频平台一个短视频博主的土味吆喝，他经常在视频里用带着浓浓口音的曹县话为自己的家乡吆喝，许多网友表示被洗脑了，开始模仿，关于曹县的梗就越来越多，一时间曹县“火出圈”。与此同时，不少新闻报道深挖曹县GDP，介绍其具有规模效应的汉服产业、棺木产业等发展态势良好的电商小镇产业，当地县长也借此回应对曹县不论是正面还是调侃，都欢迎广大网友到曹县走一走，看一看真实的曹县，在互联网平台成功地宣传了曹县，对其产业的拉动、带动也会有很好的影响。[②]

3. 介入内容生产：实现持久传播

内容营销即是通过相关内容项目的合作植入，形成社会焦点或热门话题，接触和影响现有、潜在目标受众。视频内容节目按照出品者可分为媒体出品、专业出品（PGC）、用户自制（UGC）。视频网站与广告主合作拍摄网络短剧，剧情、人物、场景都是为广告主精心选择的。在内容生产过程中，将品牌元素、理念、产品植入，通过与剧情和人物的结合，使消费者对品牌和产品产生联想与记忆，从而达到更深入、更持久的传播效果。

高洁丝品牌在100周年之际与腾讯视频的合作，融入腾讯视频综艺节目《横冲直撞20岁》，在节目中通过展示女孩的无畏精神，高度契合了百岁高洁丝的品牌态度——“女生不简单”。引起受众共鸣，众多渴望不简单的年轻女生也被激励和感染，品牌印记深入人心。[③]

---

① 优酷先行[EB/OL]. 价值中国. http://www.chinavalue.net/Management/Blog/2011-11-23/857342.aspx，2011-11-23.

② 曹县是什么梗？原来它是这样火起来的[EB/OL]. 百度网. https://baijiahao.baidu.com/s? id=1700086580074852075&wfr=spider&for=pc,2021-05-18.

③ 品牌综艺营销之变：打开流量泳池变现密钥[EB/OL]. 广告百货. https://mp.weixin.qq.com/s/nVtA8TsiPY7ZzRQCRjokzA，2019-05-09.

4. 主题聚合:整合营销传播

由于企业对视频营销的日益重视,一些企业甚至把视频作为营销推广的核心平台。这就要求视频营销基于企业的营销目标以及对目标受众关注话题的洞察,锁定主题进行整合式的传播计划,整合多种视频营销手段,最大限度地引起人们的关注和共鸣。整合就是把各个独立的营销综合成一个整体,以产生协同效应,整合营销是一种对各种营销工具和手段的系统化结合,根据环境进行即时性的动态修正,以使交换双方在交互中实现价值增值的营销理念与方法。

2021年沃隆坚果凭借在《扫黑风暴》中的“沉浸式”剧情植入与社交互动,荣获2021中国国际广告节年度整合营销金案。通过大剧营销互动性强、应时应景的特点,为消费者塑造了“沉浸式体验”。剧中场景与剧播期间的营销,多方整合形成品牌与消费者的良好互动。

第二节　视频营销的类型

网络视频发展至今快二十年了,视频多种多样,形式千变万化,视频营销手段和手法也层出不穷。作为新型营销工具,按照视频生产制作和播放平台的不同,可大致分为网络影视综艺节目营销、短视频营销及电商直播营销。

一、网络影视综艺节目营销

兼具电视节目与网络宠爱于一身的网络影视综艺节目,既具电视媒体所特有的强视听冲击力和大信息量承载的特性,又具网友随时点播、连播、互动评议等独特个性,越来越受到广告主的青睐。

(一)网络影视综艺节目

网络影视综艺节目,是指在线网络视频平台、手机客户端或IPTV(交互式网络电视)播出的各类网剧、网络电影、其他版权剧、网络综艺及版权综艺等各类网络视频。

网络自制剧是在网络视频平台独立或与影视公司合作进行投资与创作，并在网络平台进行传播，结合传统影视制作方式，题材更多元且贴近互联网用户喜好的影视产品。网络电影是指与传统电影以传统院线为主要传播渠道相对，以互联网视频平台为传播媒介的电影类别，也包括一种即时的、互动的、原创的电影表现方式。网络综艺节目是各大网络平台自制的综艺节目，涵盖才艺表演、访谈脱口秀、真人秀、少儿亲子节目、文艺晚会等各种节目类型。在网络综艺节目数量增长的背后，网络综艺制作水平和观众认可度的提升，具有较强的互动性和娱乐性，对年轻网民有很高的吸引力。

(二)网络影视综艺节目营销

随着移动手机设备及移动网络的发展，人们习惯于在手机端观看视频，可以随时观看清晰、流畅、高品质的视频内容成为越来越多用户的基本需求。伴随国家新闻出版广电总局对传统电视先后颁发“限广令”和“限娱令”，各大广告商将视线由传统电视平台转移到在线视频平台，同时在随着网络自制综艺和网络自制剧走向火爆后，加之平台注意力资源的积累，广告更加成为网络视频平台生存和发展的重要资源，并出现各种广告形式，以实现网络影视综艺节目盈利的目标。由此，网络影视综艺节目逐步成为品牌广告主弥补传统电视投放的主要阵地。

1.贴片

贴片广告是指视频网站播放界面，以视频或图片的方式将广告产品信息传递给观众的广告形式。贴片广告作为显性广告而存在，是一种“硬广告”。网络视频贴片广告与传统电视贴片广告相比，不受“限广令”的限制，形式也更加多样，风格贴近网民喜好，并能结合跳转链接与多屏进行整合营销，具有良好的针对性、广泛传播性与即时互动性。

根据贴片形式，可以分为视频贴片和创可贴，前者是将5~60秒时长不等的视频广告插入视频中，根据插入位置可以再分为前贴片、后贴片和间插，后者则是以静态或动态图片的方式出现在视频角落，或是出现在视频暂停时的画面中央。创可贴式广告随着网络文化的发展，其形式与内容也更加富有新意，除了早期由广告商统一设定好内容的贴片广告外，近年还出现了结合剧集或节目剧情内容，将广告融入具体场景和观众情绪点，尺寸一般较小，通常放置在视频下方的创可贴广告，实现了品牌产品与剧情相融合，不容易引发观众反感。在2018年热播的网剧《延禧攻略》中，创可贴式广告成为该剧中广告营销的亮点，与内容情节贴合的创可贴成为剧情内容外的另一道风景线，带动起了全民吐槽风。

2.植入

植入广告是指伴随着用户对信息的主动获取与浏览，广告信息“隐匿地”嵌入内容中并潜移默化地完成广告产品功能或品牌形象的传播，从而影响用户消费意向，甚至直接驱动用户消费行为，从而获得广告效益的广告类型。植入广告作为隐性广告，与贴片广告相比，并不通过明显的宣传来表明自己的广告身份，而是在不知不觉中将广告信息传递给观众，减少观众对广告的抵触心理。与传统的植入广告相比，网络影视综艺节目的广告植入玩法更加多样，在网络自制综艺节目《奇葩说》中，“奇葩式”的广告植入甚至成了节目的一大看点，取得了非常显著的广告效果。

3.小剧场

小剧场广告又称创意中插广告，是指在随着网络影视综艺节目的播放，穿插在内容之中由剧中角色或节目嘉宾参与饰演的30~60秒的“情景短剧”广告。小剧场广告的本质是原生广告和植入广告的结合，其核心在于“创意”，通过与视频内容的有机结合，以语言轻松欢快、创意富有脑洞的方式将广告产品的卖点传达给受众，即观看视频的观众。小剧场广告将视频内容本身作为传播媒介，将影视综艺节目的粉丝作为广告受众，可以弱化观众观看广告时的抵触心理，同时富有创意的优质小剧场广告作为视频内容的延伸，可以引发观众的进一步讨论，从而使得广告主的品牌营销取得最佳的传播效果。作为2017年的网络热剧《楚乔传》，可口可乐、三金西瓜霜、自然堂、爱钱进、小猪短租、江中猴菇、陌陌等20个品牌商均在其中投放了创意中插广告，并通过在社交媒体发布相关话题激发观众对广告的讨论，增强平台用户的参与度和互动性，能够线上引导线下购买，更能实现广告效益的最大化。

二、短视频营销

（一）短视频与短视频广告

短视频是指在新媒体平台播放的，时长在15秒至5分钟内，适合在移动状态和短时休闲状态、高频推送的视频内容。近年来短视频成为互联网时代的媒介新宠，尤其对下沉市场新网民的吸引力和拉动作用最为明显，我国短视频用户规模不断扩大，成为新网民最优先尝试的视频类内容。我国移动网民每日超过四分之一的时间在使用短视频应用，短视频已成为图文和语音之外的移动互联网“第三语言”。我国网络短视频用户规模持续扩大，2020年网络短视频用户规模达8.73亿。①短视频之所以有如此庞大的用户，是因为它适应了碎片化时代消费者的新内容消费习惯，具有创作门槛低、观看场景便捷、社交属性强等特征。

1.创作门槛低

短视频创作对内容的编排专业性，以及对用户的拍摄水平和设备要求比较低，普通用户有一台智能手机就能制作。因此用户不仅沉浸于短视频观看，还乐于拍摄自己日常生活的视频在平台分享，同时各大短视频平台也通过技术创新，根据用户不同需求在平台设置了系列视频音乐、滤镜及贴纸，富有创造性和趣味性，用户可以自主选择拍摄创作出自己的个性化作品。在这一模式中，用户能在使用该软件时获得满足感，产生更多的创作欲望和使用需求，形成更多风格不同的短视频。

2.题材多样

短视频类型丰富多样，用户可以翻阅新鲜有趣的视频，满足用户的好奇心理。以抖音平台为例，抖音上的短视频大致归类为以下几类：搞笑类、教程类、技能展示类、日常生活类、歌舞表演类、颜值类、游戏类以及风景类，随着短视频的发展，题材将会越来越丰富。

3.碎片化与场景化

短视频多为竖屏呈现形式，当前视频播放后会自动播放下一条视频，或者只要下拉屏幕就能轻松跳到下一条，有利于用户在观看时沉浸其中。与长视频和直播相比，短视频是碎片化的，符合当下用户的碎片化时间习惯，用户可以在任何零碎的时间观看，可以随时进入视频内容，因此短视频具有更强大的传播力，便于全网内容分发和消费。

4.社交属性强

和长视频相比，短视频具有更强的互动性和社交属性，成为消费者表达自我的一种社交方式。一方面，用户在浏览各类短视频时，可以通过点赞、评论、收藏、转发各种短

---

① 全文|《中国网络版权产业发展报告(2020)》发布.[EB/OL].百度网.https://baijiahao.baidu.com/s? id=1702290326734384715&wfr=spider&for=pc,2021-06-12.

视频,与短视频平台的博主及其他用户互动,也可以将短视频分享至其他社交平台。另一方面,用户习惯于自己拍摄短视频,通过发布自己的短视频,展现自己的观点、日常生活等,可以满足互联网社交需求。

(二)短视频广告营销策略

随着短视频的用户规模越来越庞大,各大短视频平台快速发展,互联网新媒体的流量热点也逐步向短视频平台倾斜,在热度高、互动性强、门槛与成本低等综合因素下,短视频平台成为热门的营销渠道,短视频广告也越来越被商家与广告主所青睐。

短视频营销是指以短视频平台为载体进行的一种营销手段,企业以短视频为传播载体,向既有的消费者和潜在消费者传递产品信息,对受众的认知、态度和行为产生影响,最终实现消费转化的营销路径。与传统营销相比,短视频营销利用当下热门的短视频传播品牌信息,迎合网民观看习惯和近期热点,适应新媒体时代“短平快”的传播特点,有利于引发病毒式传播,实现全网传播。同时短视频营销可借助短视频平台的算法推荐机制,实现面向目标受众群体的精准推荐,实现传播效率最大化。此外,短视频广告中还可置入第三方链接,用户点击后可跳转至对应产品的淘宝、京东等购物平台,短视频平台内部商城的搭建也为实现营销传播过程中的用户转化起到了加快作用。商家与广告主在进行短视频营销时,可利用以下策略:

1.短视频场景化营销

短视频场景化营销是指通过在短视频中构建真实且舒适的消费场景,加强用户观看时的代入感和体验感,同时提升用户对产品的功能感知,使产品和品牌价值实现增值。场景营销需要展现特定时间和特定空间所组成的消费场景,展现在特定场景中消费者的需求是如何被产品所满足的。例如,海底捞“一人吃火锅”短视频,洞察了顾客一个人前往店内吃火锅时的尴尬与孤独,为一人食顾客准备一只大熊玩偶做伴。因此短视频场景化营销首先需要洞察用户在不同场景的需求,在短视频中还原真实场景,合理选择投放目标。

2.短视频植入式营销

短视频互动机制让短视频用户处于平等地位,短视频植入广告更容易被包装成为内容。植入式短视频营销是指将广告信息植入短视频内容中,用户在刷短视频内容时会不时地刷到它们，这样以视频流广告的形式自然地出现在短视频平台中的广告与平台具有较高的契合性。在短视频与营销的结合上，好的创意是实现二者完美融合的关键因素。成功的植入式营销，受众一般不会发现其内容的出现是为了达到广告营销的目的，所以将产品信息植入在短视频中，需要对产品出现的方式和表现形式做好研究考虑。

3. 短视频KOL营销

KOL营销是依靠与粉丝之间的信任关系，凭借自身号召力和影响力引导粉丝消费，实现流量向商业价值转化的营销模式。用户基数多、互动性强的短视频平台能让KOL营销有着更加广阔的施展空间。对于广告主而言，基于各大短视频平台KOL的内容分类、数据表现、粉丝画像、粉丝质量、商业属性及与品牌产品的契合度等因素智选KOL、智造内容、智慧评估，有助于使短视频KOL营销的创意更具针对性、营销效果更具可监测性、粉丝群体更具精准性。

三、电商直播营销

（一）电商直播

作为新兴业态，电商直播进入“万物可播，人人可播，处处可播”的蓬勃发展阶段。与娱乐直播不同，电商直播作为一种购物方式，主播通过各大直播平台在线直播使客户了解产品各项性能，观众则在观看线上直播时购买产品。截至2020年6月，中国电商直播用户规模达3.09亿，较2020年3月增长4430万，规模增速达16.7%，成为上半年增长最快的个人互联网应用，[①]各大电商平台、垂直类社区平台以及短视频平台纷纷开启直播功能。与此同时，主播的身份类型也在快速扩大，从最初的达人直播，到明星、企业家甚至政府领导直播，再到普通商家直播、农户直播，越来越多人参与到直播的队伍中，形成“人人皆主播”的发展方向。电商直播具有以下特点：

1. 形式直观、内容有趣

传统电商商品详情页以图文为主，视频介绍辅之，要介绍更多的商品细节信息就必须加长图文长度，同时也增加了消费者阅读成本。而视频内容阅读门槛低，趣味性高且

① 第48次《中国互联网络发展状况统计报告》.［EB/OL］.中国互联网络信息中心.http://www.cnnic.net.cn/hlwfzyj/hlwxzbg/spbg/201406/t2014060_47180.htmhttp://www.cnnic.net.cn/hlwfzyj/hlwxzbg/hlwtjbg/202109/t20210915_71543.htm，2021-09-15.

信息含量丰富，已经成为互联网用户最受欢迎的内容形式。对于操作性、体验性较强的商品而言，主播的直播演示给予观众直观清晰的商品展示，信息丰富度与趣味性显著高于图文信息的效果。电商直播通过视频直播的方式，主播可以更加直观、立体地展示产品的特性，同时随着5G技术的普及，高清的视频画面能够给用户更好的视觉体验。

2. 强交互性和体验性

电商直播在很大程度上打破了用户、商家及产品之间的缺乏联系的状况，通过主播对商品详情、优缺点和使用效果的介绍，用户能很好地了解产品特性，实现"人+货+场"同时存在的运营模式，用户可以与主播及其他用户进行同台互动交流，同时通过场景化直播使消费者的体验感和临场感增强。

3. 充满情感互动

在直播的过程中，主播通过对商品功能和使用体验进行具有个人特色的讲解，为用户的购物决策提供判断依据，一方面能满足用户购物时的信任和依赖需求，另一方面电商直播让购物成为一种伴随性活动，人们可以打破空间界限，与万千用户一起围观直播、实时讨论以及争抢优惠，在沉浸式的参与中能够获得陪伴感，情感连接更加紧密。

（二）电商直播营销策略

在电商直播蓬勃发展的同时也出现了一些问题，如电商直播内容同质化，内容单一、话术相似。在一些主播与消费者之间，也因虚假宣传或主播缺乏专业水准，出现了信任危机，主播通过挑动神经的叫卖刺激消费者购买，存在很多夸大其词的不实现象，消费者收到货物后发现商品劣质等情况也并非个案。此外，对主播与商家而言，如何提高电商直播转换的高效与优质，让用户进入直播间后从内容层面进入到购买层面，需要有良好的电商直播营销策略。

1. 人：重视主播专业能力与个人魅力

电商直播的本质是通过重塑"人-货-场"之间的关系，因此对于整个直播电商环节而言，人的重要性不言而喻，主播的人设、专业度、话术、操作技能（直播设备、开播流程、挂商品、送优惠等直播实时实操细节）等，都是决定直播带货最终销售转化的关键，因此，一方面，加强主播的专业能力是电商直播过程中获得消费者信任度、促进消费转换的重要因素，另一方面，电商平台也需要加强主播的审核和监管，对于专业性较差和素质较低的主播进行再培训或从名单中去除，同时监管平台的直播内容，对于直播中某些主播出现的不文明的行为进行处罚，带给消费者更好的直播购物体验，提升平台直播的内容质量。此外，主播的风格越明显，其吸粉、固粉能力就越强。

对于头部主播而言，在“全网最低价”的消失后，更加需要从主播个人的专业能力与个人魅力上吸引与维系消费者的黏性。头部主播李佳琦在直播中开设小课堂，讲解不同产品的原料与功能；制作不同价位的表格，以便消费者参考对比买卖；在“双十一”前打造国内首场对焦知名品牌OFFER的试验类娱乐节目《所有女生的offer》，以微综艺的形式直击直播带货电商与品牌方谈判的过程，从而让消费者感受到认真的服务态度，收获更高的口碑与更高的销售额。

2.货：保证产品质量并优化供应链

保证产品质量是电商直播得以长期发展的关键因素。电商直播带货的特点是商品多为价格较低的高频日用品，结合直播间优惠券的促销氛围，用户的决策成本低，容易做出冲动消费贡献。可见，直播带货真正的门槛和核心竞争力，在于是否能从供应链上提供优质低价的货品，比拼的是供应链的能力。在直播构建的场景中，“原厂直供”是热销品类的重要关键词，掌控供应链已经成为带货达人的核心竞争力之一。以抖音带货达人“牛肉哥严选”为例，其背后的电商公司直接对接西班牙葡萄酒产地，省去贸易、存储等中间环节，推出的爱丽丝干红价格为99元/6瓶，而该品牌天猫旗舰店的售价为88元/瓶，折扣低至约1.88折。除第三方货源外，直播电商平台也在发力建设自身供应链，迈向供应链上游打造“源头好货”，充实自建电商平台商品。

3.场：宣传渠道拓宽并促进链路转换

在电商直播遍地开花的年代，吸引消费者的注意力，实现更多的流量注入与营销链路转换，直播电商需要扩大宣传渠道，并在直播间建立通畅的产品购买路径。在消费者触达直播间的前端链路上，通过搜索引擎、社区营销、视频营销等宣传推广渠道增加直播间的曝光率，从各大平台向直播间吸引流量。

直播内容需要根据消费者心理链路、行为链路及商品营销方案等因素，结合产品特征进行场景化营销。目前普遍被使用的场景化营销方式包括原产地、源头场景营销；商品陈列场景营销；产品使用场景营销；虚拟背景场景营销。在直播内容上有逻辑地划分清楚结构和层次，让直播循序渐进，引起用户的好奇心，以获得更好的直播效果。此外，福利活动与优惠促销是商家吸引用户做出消费决策的重要手段，商家要注意选择合适的福利项目，并结合不同玩法打造新颖性，从而提升客户转化率。

第三节　视频营销的策略与方法

随着网络成为很多人生活中不可或缺的一部分，视频营销又上升到一个新的高度，各种手段和手法层出不穷，但成功的视频营销离不开以下几点：

一、创意的优化

在我国网络视频发展之初，曾大量使用现成的影视节目，网络视频变成了影视节目的网络版。对用户来说，看网络视频不过是更换了一个播放平台而已；对视频网站而言，影视剧版权价格水涨船高，各大视频网站陷入同质化竞争的困境，在表面的热闹景象下其实是危机四伏，视频网站在核心业务领域，即视频内容提供方面缺乏竞争优势，经营上亦困难重重。在这种背景下，原创内容的价值逐渐显现，成为视频行业炙手可热的内容资源。要做出原创性的内容，创意是关键所在。

如今随着短视频的发展，视频创作门槛降低，大量的视频内容同质化，缺乏新意，在用户注意力稀缺的时代，如何能吸引用户的停留，是视频营销需要解决的问题，只有做好视频内容，才能被观众真正接受，营销诉求才能被消费者接受。在视频营销中注重创意的运用，要将“广告做成内容，而不是将内容做成广告”，对于迅速崛起的年轻消费群体而言，为创意和新鲜买单，也是消费潮流下的一大趋势。让视频营销富有创意，可以通过以下方法。

1.引发情感共鸣

情感是视频营销中的关键因素，情绪可以成为创意的切入点。《美国国家科学院院刊》曾刊登过一篇根据加州大学伯克利分校所做实验得出的人类情绪报告。报告表明，人类的情绪一共有27种，并且情绪之间并不是孤立的，而是与其他情绪互联互通。创意永远不是最终目的，视频营销要实现的是通过视频与观众的情感沟通。富有创意的视频营销往往通过充分的前期调研，对目标市场需求有了充分的洞察，才能提炼出具有情绪唤起能力的创意点。并且在真正打动了用户后，不需要发布方的其他激励，用户会主动加入视频转发，实现像病毒一样传播和扩散，被快速复制，迅速传向数以万计、百万计的受众，达到“小创意”实现“大传播”的效果。

2.经典翻拍或借鉴

翻拍是指把经典影视剧内容或者形式嫁接到现代语境和框架中，进行重新演绎以达到出其不意的传播效果。通过将观众熟悉的内容或形式与品牌和产品的特点相结合，讲述新的故事，一方面基于对经典的怀旧可以吸引消费者，另一方面对经典的创新可以加深消费者对营销诉求的印象。除了许多经典大众影视可以成为众多创意视频的灵感来源外，一些经典游戏、经典广告甚至经典诗歌课文和名画，都可以为视频营销提供创意借鉴。2020年上海美术电影制片厂（以下简称：上美影）官方旗舰店在京东正式上线，于“618”大促期间，京东与上美影旗下的孙悟空、哪吒、葫芦娃等上美影经典IP进行合作，为观众带来多部作品的重温体验。

3.打造独特歌曲

视频营销作为视听结合的传播形式，声音在其中也扮演着极为重要的作用。在广告背景音乐上进行一番创意，也不失为好的方法。通过为品牌或产品打造一首歌曲，将核心信息植入曲目之中，配以朗朗上口的曲调，很容易达到“被洗脑”的状态，加强消费者对广告信息的记忆，同时消费者可能出于对广告歌曲的喜爱，将好感迁移到广告或广告产品上，从而对广告产品产生好感或购买欲。百度在重阳佳节之际，推出了一条与“空巢老人”相关的广告，采用的是更受年轻人喜爱的说唱形式，轻松欢快的氛围极易打动人。除了说唱，还加入了二胡、相声、快板等传统元素，让潮流与传统相互融合，不仅不违和，还增添了视频的新潮度与吸引力。此外，这种娱乐化的说唱方式，还能促进受众自动转发，实现二次传播。

二、技术的运用

以VR/AR、大数据为代表的信息技术对视听传播产生重要的影响，利用技术赋能视频营销的发展也成为重要课题。在视频营销的发展中，各类技术融合发展，发挥协同作用，共同推动视频用户体验的升级，目前技术的运用可以为视频营销带来以下效果：

1.感官效果最大化

视频之所以受到大众如此的厚爱，与其超强的感官效果不无关系。在注意力被大大分散的时代，感官刺激必不可少；良好的感官效果既能够在第一眼引起观众的注意，同时又提升了用户感官层的体验，如此观众才有可能喜欢并分享视频。为追求更好的感官效果，各大视频平台使用了各种技术手段和方法。在VR/AR技术的发展下，VR/AR视频内容也持续丰富，与视频新呈现形式结合，给用户带来“身临其境”的沉浸式体验，极大地调动了用户的感官体验，并能进一步实现场景化传播。2020年9月，爱奇艺自制VR互动电影《杀死大明星》获得威尼斯国际电影节“最佳VR故事片”，成为我国大陆地区首部在国际A类电影节获奖的VR作品。

2.用户偏好洞察精准化

随着大数据技术在视频平台的运用，各大平台基于积累的海量观看信息，实现对用户的全方位洞察，及时响应用户观看需求的变化。大数据技术对用户年龄、性别、偏好等因素进行群体细分，并描绘用户画像，针对不同用户的特点进行专属内容智能推送。

结合大数据技术，视频搜索引擎能够进一步实现精准营销，对广告主定义的目标受众进行分析和锁定，根据不同受众进行定向广告投送，实现个性化搜索。个性化搜索技术则是利用用户的偏好信息及相似用户的点击记录信息，对视频搜索序列进行重排，以更好地满足用户的搜索需求。通过隐式地收集用户的偏好信息，个性化搜索技术可以在完全不侵扰用户的情况下收集用户的偏好信息，并对用户建立偏好模型，最终根据这个偏好模型对视频搜索结果序列进行重排。通过利用用户偏好信息重排视频搜索结果，可以将用户更感兴趣的结果放在视频搜索结果序列的前部，从而减少用户在搜索结果中找到自己所想要的视频的时间，提升用户体验。

3.用户交互体验智能化

技术的赋能使视频承载的画面信息并不只局限于二维平面，视频平台通过整合多元信息与精准识别的智能交互技术，建立用户与视频内容之间的深度链接，并打通与视频播放页面与社交、营销平台的通路，通过智能交互实现用户体验最优，以及视频营销效果最大化。爱奇艺推出视频画面及信息识别工具“奇观”，整合多项技术，实现用户与娱乐视频之间的流畅交互。“奇观”可以识别出包括出演明星、背景音乐、商品、台词等在内的大部分视频元素，并且可与用户进行按钮、对话与搜索互动，实现用户与平台之间的智能交互。此外，“奇观”中的按钮与连接还能跳转至商品购买平台，识别的数据能够用于后续营销，为品牌营销带来更广阔的空间。

三、植入的技巧

优质的植入广告具有隐蔽性、自洽性以及低卷入性，能够实现产品卖点与品牌形象以及视频原生内容的有机结合，而缺乏技巧的广告植入只会让观众感到生硬，植入只沦为外在形式。因此掌握植入技巧对于广告植入的成功来说是十分重要的，以下将从观众的感官入手，介绍植入的技巧。

（一）视觉植入

1.场景植入

场景植入是在影视综艺节目人物所活动的场景中，布置可以展示产品或品牌信息的实物，比如户外广告牌、招贴画以及在影视剧中频繁出现的固定场景等，或者是在影视剧集或节目场景中置入品牌或产品的标志性符号，如品牌标识、广告语、产品海报等，通常这些元素是作为背景存在，例如可以户外广告牌的方式将品牌信息间接地呈现在视频中，通过将角色进行活动的空间打上广告品牌的烙印，使观众在无意识中接受广告信息。

2.道具植入

道具植入是指产品作为影视综艺节目中的道具出现，例如角色所处的办公大楼可能是某企业写字楼，所使用的电脑品牌可能为赞助商所提供，所饮用的咖啡同样也是品牌方的产品。道具植入通常通过展露品牌标识的方式,自然传递品牌信息。在一些综艺节目中还可以将节目环节所需要的奖品设定为赞助商的产品,一方面可以结合剧情自然地展现产品功能,另一方面也有利于控制影视节目生产成本。

(二)听觉植入

1.台词植入

台词植入是指将产品或品牌名称出现在影片台词中,通过演员的台词把产品的信息直白地告诉观众。在进行台词植入时需要注意的是广告信息的衔接一定要恰当、自然,不要强行插入,否则很容易让观众反感。在2016年网络热剧《老九门》中便通过剧中角色"这一路上路途这么遥远,你不喝点东鹏特饮补充点体力,二爷怎么放心我俩走呢"的台词,结合剧情发展,将广告产品特点巧妙融入其中。

2.口播植入

口播植入通常运用在综艺节目中,通过节目主持人或嘉宾将广告产品或品牌传达给观众,需要节目主持人及嘉宾做到随机应变,并要有较强的语言功底。以网络综艺节目《明星大侦探》为例,利用明星效应进行花式口播广告,其中常由何炅、撒贝宁配合进行口播植入,两人通过幽默诙谐的语言和表情,结合节目中案件的发展,将赞助商的品牌形象与产品卖点融入段子之中,巧妙有趣地传递给观众。例如《明星大侦探第二季》中,将赞助商飘柔洗发水的柔顺卖点,通过"线索千丝万缕,飘柔一顺到底"这一朗朗上口的广告语,巧妙地结合了案件线索的推理情况,将产品的卖点顺利传达,还有利于节目剧情的推进,实现广告主和制片商的利益双赢。

3.音乐植入

音乐植入是指将广告品牌的广告歌或代表性旋律植入影视综艺节目中。其中最典型的莫过于网络综艺节目《中餐厅第二季》中,拼多多App"拼多多,拼多多,拼得多,省得多"的广告歌通过节目嘉宾在准备食材时的随意哼唱,不经意间将这一"洗脑"广告歌传进观众的脑海中。在音乐类网综中更是结合节目特色富有创新地实现音乐植入,如《中国新说唱》的每一期都会有不同的参赛说唱歌手演唱一首广告歌,节目中植入的广告词全部以说唱的形式演绎,给观众留下了深刻的印象。VIVO X23手机、美团外卖、百度App等产品和赞助品牌,都以歌词的形式出现在各期的广告歌中,在第二年的新一季中更是以RAP广告歌的形式出现，结合年轻人喜欢的潮流方式，实现了品牌的年轻化与潮流化。

（三）理念植入

理念植入是指所植入商品的品牌价值观与节目理念相融合，理念层次的融合是植入广告中最有利于品牌形象塑造与传播的植入层次。基于理念的契合，可以实现聚集在同一价值观下的观众对节目的喜爱移情至品牌，有助于对商品产生积极的情感。《向往的生活》作为一档慢综艺，节目初衷是向观众传达贴近自然的生活方式，寻找内心声音，节目背景也是自然淳朴的乡村风光，这与节目赞助商特仑苏强调有机农场与“做更好的自己”的品牌主张相契合，特仑苏通过借明星、节目之势，成功传递追求更好的自己、更高品质生活的共同理念，精准触及目标受众。

四、博主的作用

抖音博主、B站UP主、直播网红，是视频营销中的产品代言人和传播的重要节点，不同于一般广告模特的照本宣科，博主们会在视频中加入个人色彩并进行独家演绎。在海量信息与人们有限注意力的零和博弈下，受众愈发追求广告内容的契合度和信息价值。企业选取博主进行广告投放，实则是看到博主作为KOL（关键意见领袖，Key Opinion Leader），拥有更多信息、资源、粉丝，并对粉丝的购买行为有较大影响力。根据AISAS模型，用户在观看博主发布的视频后，可能激发出对于产品及品牌的关注（Attention）和兴趣（Interest），可能进一步采取信息搜索（Search）和购买决策（Action）行为。出于喜爱，人们产生购买行为。[①]由此可见，博主在视频营销中具有越来越重要的作用。

1.垂类博主实现精准营销

如今各大平台的视频博主涉及体育、电子游戏、时尚、美妆、美食，甚至是旅游、汽车、奢侈品等各个领域，以自身的专业性或个人魅力，积累了各自一定数量的粉丝群体，并由于博主的视频内容往往长期专注于某一垂类领域，其粉丝群体也相当于某个品类的爱好者，所以品牌与垂类视频博主合作必然更容易触达针对性受众，投放用户的有效

① 刷屏的“恭喜恰饭”：视频博主插入的广告为什么不再招人烦?[EB/OL].全媒体智库.https://mp.weixin.qq.com/s/ISad69uM2mus8J8gtrq_-Q,2021-09-13.

性强。因此,垂直领域博主以及具有独特风格定位的博主,可为品牌差异化认知与营销提供充分的选择,实现精准营销。

2.原生化与趣味性营销

视频博主以具有个人风格的视频吸引粉丝,视频本身对于粉丝而言是有价值且有趣的内容。在视频营销中,博主可以通过故事性表达渗透品牌理念,用合理创意营造有趣体验,并使营销成为视频内容的一部分,带给粉丝原生化的体验。企业通过对各大平台目标用户与相关领域博主的粉丝群进行调研,结合自身产品需求和品牌调性选择博主,与目标博主详细沟通,并尊重博主的视频特色,实现既契合品牌形象或能传达产品功能,又符合博主视频特色的视频营销。

以B站生活区UP主“华农兄弟”的广告植入视频为例,虽然博主以朴实无华的“国产剧情”,直截了当地呈现产品的功能,这却使视频营销更具趣味,引发大家的吐槽热情和兴趣,并对博主进行广告推广表示支持,获得了较好的传播效果。因为这样的视频营销内容最大限度地尊重了博主的特色,成为博主视频内容的一部分,使博主的粉丝群体不但没有产生广告回避心理,反而为原生化与趣味性的视频营销实现了二次传播。

3.信任关系与情感连接

基于视频内容的关注与互动,博主与粉丝通常具有良好的信任关系与情感连接。当消费者通过网络平台参与商品的选择和购买时,往往需要以信任作为基础,一旦信任得以建立,消费行为便更易发生。由于视频博主通常将营销内容通过创意化方式原生植入于视频中,并作为自己的作品输出,粉丝在观看中即使意识到这是视频营销,但也会由于对博主的亲近感与信任感,下意识拉近与博主的心理距离,将营销看做好友推荐。

4.更充分的品牌营销

与网络综艺节目视频贴片、植入等视频营销手段不同,视频博主通常会以第一视角拍摄,从而使镜头对话感增强,观众可以看到产品的更多细节,更具有代入感,对产品和品牌的了解更加充分。此外,在中视频越来越受重视的背景下,品牌主与创作人合作时,可以根据创作人以往的调性来定制个性化内容,不仅可以巧妙、自然地展现产品,同时也能够更深入、全面地诠释品牌的价值观和理念内涵。在西瓜视频平台,佳能与优质宠物领域创作人合作的中视频,就以带宠物秋游、给宠物拍照的内容展现出了佳能相机的功能与品质,而该视频在站内获得了超180万次的观看。

五、电商的接轨

随着内容创意不断通过视频形式展现，加上视频推广的渠道不断丰富，定位功能不断精确，人群标签不断细分，越来越多的消费者放弃传统媒体而选择视频来满足探索、生活、娱乐的需求，用视频提升品牌形象几乎成了品牌主们的必选项，也同样成为电商平台的最佳切入口，电商逐渐“视频化”。同时，广告主越来越看重广告投放带来营销收入的精准度和量化效果，视频营销也通过接入电商平台的方式，以实现更直接高效的营销转换，视频“电商化”越来越成为各类视频形态的发展趋势。

1.视频电商化

短视频的出现，凭借其碎片化、娱乐化的特点，成为互联网流量新入口。抖音与快手在积累用户与流量后，开始打通电商入口，抖音号、快手号中都添加了购物车按钮，点击后会跳出商品推荐信息并直达到淘宝或京东等电商平台。除了作为电商中间推广平台将交易通过跳转转移到淘宝等终端外，以抖音、快手为代表的短视频平台也自建商城，如抖音开通抖音小店，快手开通快手小店，随着短视频平台自身电商功能的完善，原先与电商平台互相共赢变成了竞争对手。除以抖音、快手为代表的短视频平台外，长视频平台也早在电商平台方面谋篇布局。爱奇艺的“奇观”系统可以一键识别视频中的物品，一键跳转至消费平台，实现视频与营销的无缝衔接。芒果TV接入国内视频AI商业应用领导者Video++推出的一站式视频电商系统，在不打扰用户观看，不跳转外链的基础上，进行非常轻量化的操作购买流程，所有的互动都在视频内完成，视频进度不会受到干扰。

2.电商视频化

中国的电子商务已经发展了20多年，与传统零售相比，电商品类齐全、购物便捷、价格优惠，还能送货上门，在现代生活中越来越重要。随着电商市场的集中度越来越高，竞争也变得越来越激烈。伴随着用户注意力向移动端的转移，直播和短视频也成为新“风口”。在直播和短视频风潮还未吹来之前，对于许多人来说，电商购物和观看视频这两件事还在两条平行线上，未有交集。但是在进入2017年之后，无论是直播还是短视频行业的发展已经趋于成熟甚至饱和，变现也就变得尤为重要，由此延伸出了“视频+电商”的组合模式，“边看边买”越来越为消费者所接受。出于对流量的追求，各大电商平台也纷纷开设“视频”栏目。淘宝作为全国乃至全世界最大的网络零售交易平台，越来越将更多的注意力放在短视频上，现在打开淘宝，短视频无处不在：“淘宝头条”板块中设有“视频”栏目；“每日好店”板块中每天推送多条店铺创意短视频；“微淘”板块设有“视频直播”栏目，其他板块比如“上新”“达人”“发现”等栏目都有短视频的身影；还有内容号里驻扎的优质PGC内容制作机构，等等，这些都是短视频的渠道入口。短视频、直播等动态，甚至实时可互动的视频传播形式，相对图文形式，可以实现内容、信息、服务、营销的场景互联，带给消费者更广的消费体验空间，在营销方面也更有转化率优势。

知识回顾

视频营销是指具有营销需求的各类企业、组织机构或个人如何在网络上进行视频形式的营销。营销的主体为具有营销需求的各类企业、组织机构或个人，营销所借助的载体是网络视频，包括在视频网站、门户网站及社交媒体等各类网站上出现的视频，而不仅限于视频网站上的视频。视频营销的目的一般是推广产品、机构或个人，树立良好形象，加深目标对象与推广标的物之间的感情。营销手法主要为贴片广告和植入，其中，植入有直接露出、故事演绎等不同方法。

视频营销具有成本相对低廉，传播快、覆盖广，互动强、效果好和助力精准营销的优势，所以受到市场的欢迎。视频多种多样，视频营销手段和手法也有多种。在线视频营销经历了从视频贴片到种子视频、介入内容生产、进行整合营销传播的演变过程。作为新型营销工具，按照视频生产制作和播放平台不同，可分为网络影视综艺营销、短视频营销和电商直播营销三种类型。

就目前看，视频营销的运用策略可以从创意、技术运用、植入技巧、博主作用、电商接轨等五个方面入手。

复习思考题

1. 如何理解在线视频？

2. 视频营销策略与方法有哪些？

3. 你认为传统企业应该如何进行视频营销？

第六章 直播营销

知识目标

1. 了解并理解直播营销的发展与特点。
2. 掌握直播营销的模式与策略。
3. 理解直播营销的困境,掌握直播营销的优化策略。

能力目标

1. 能够透过具体案例分析直播营销的特点。
2. 结合具体案例分析直播营销的困境与优化策略。

思维导图

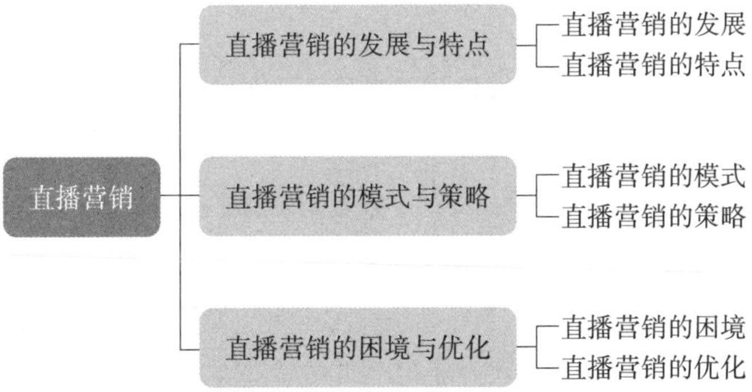

案例导入

2021年11月6日晚，第四届中国国际进口博览会第二天，新华网、央视分别搭档淘宝主播薇娅、李佳琦等主播，带来了东亚、欧洲、非洲、南美等地区二十国进口好物专场直播。据统计在四个多小时的直播中，总计有超过1.1亿人次围观，12万罐阿富汗松子、塞尔维亚的咖啡豆和奶酪等商品被一抢而空。[①]

疫情期间，全球经济发展受到了极大的影响，直播营销在疫情期间迎来了快速发展期。由于我国疫情控制得比较好，在直播营销的助力下，经济发展得以迅速恢复。中国国际进口博览会正是世界了解我国的一个重要窗口，利用这一时机，借助热点，既让世界看到了中国经济发展的强大动力，也使直播营销又上演了一场重头戏。

作为淘宝的超级头部主播，薇娅、李佳琦具有极强的市场号召力，能够在短时间内引起用户的注意。央视具有无可比拟的公信力，再加上央媒的著名主持人的加入，可谓强强联合，既保证了产品质量，也带来了话题，因此奇迹诞生，让市场不得不震撼于直播营销的魅力。

第一节　直播营销的发展与特点

2021年11月16日，国产老品牌蜂花突然掀起了一股网络浪潮，成功吸引了网友的关注，与其相关的话题冲上微博热搜。随之而来的效应直接催生网友的野性消费，据统计蜂花在直播间一天的销量突破两万，这一数据是蜂花平时一个月的销量。[②]直播营销一次又一次地向世人证明了自己巨大的商业能量。

---

① 朱广权王冰冰薇娅李佳琦来了！进博会“直播带货”二十国商品超亿人次围观[EB/OL].搜狐传媒，https://www.sohu.com/a/507519438_120099883，2021-12-12.

② 从未打过广告的“佛系”蜂花偶遇“倒闭”流量，营销要跟上时代啊！[EB/OL].赵佳茹，https://k.sina.cn/article_2659863445_9e8a4b9501900vywk.html? ivk_sa=1024320u，2021-12-14.

一、直播营销的发展

据淘宝数据显示,2016年3月直播业务试运营以来,每天直播场次近500次,[①]直播营销以其超强的销售力,立刻吸引了市场的注意力。电商平台纷纷布局"直播+电商"新模式,以求借助直播东风带动电商和数字经济领域的发展。所谓直播营销,俗称"直播带货"或"直播电商",作为一种社交化的营销,直播营销实际上就是通过互联网站、应用程序、小程序等平台,以视频直播、声频直播等形式向社会公众推销商品或服务的活动。

(一)直播营销的兴起

随着直播营销的高速发展,各大品牌厂商、MCN机构、电商平台、视频直播平台与平台用户、产品消费者,加入直播营销大潮当中。任何一种营销方式的兴起背后都有其深刻的社会历史原因,直播营销也不例外。

1.信息技术的发展

移动互联技术的飞速发展,促使人类进入了一个前所未有的信息时代。[②]快速发展的信息技术,不仅可以展示图文,而且可以呈现清晰流畅画质的视频,还能承载数百万人同时刷屏与点评。用户在享受信息技术带来的视觉冲击力时,以实时视频的方式与主播进行互动;数字大狂欢提升了用户的美好体验。因此,信息技术的发展为直播电商打造媲美线下购物的用户体验提供了更多可能。根据第48次《中国互联网络发展状况统计报告》数据显示,截至2021年6月,我国网民规模已达10.11亿,互联网普及率高达71.6%,十亿用户接入互联网。我国已经形成了全球最为庞大、生机勃勃的数字社会,这为网络直播奠定了坚实的物质基础。

与传统的电视购物不同,直播营销的兴起与繁荣都离不开其独有的网络社交方式。随着5G的应用与普及,我国将拥有更为高速的信息公路,网络社交工具更为方便友好,会进一步提升用户体验。在信息技术的支持下,经过近五年的发展,直播营销以其汇聚社交、内容、电商等各要素的流量势能,不断引领电子商务进入爆炸式增长阶段,创造一个又一个直播神话。

---

① 手机淘宝平台正式上线[EB/OL].北极熊.http://www.360doc.com/content/16/0514/17/18854678_559093945.shtml,2016-05-14.

② 郭庆光.传播学教程[M].第2版.北京:中国人民大学出版社,2011.

2.平台发展的需要

从目前我国的电商直播发展来看,平台的类型主要有三种:第一类是传统电商,以淘宝、京东为主要代表;第二类是以短视频为主的内容平台,以抖音和快手为主要代表;第三类是基于社交工具的内容平台,微信属于这一类型。据艾瑞Usertracker监测数据显示,短视频产品月总独立设备数在2019年增长放缓,增长率稳定在1%左右。[①]这意味着内容平台用户规模经过一段时间的野蛮增长之后,脚步趋缓,内容平台必然要寻找新的流量变现模块。抖音和快手等短视频平台加速商业化变现进程,电商直播使内容平台进一步刺激了用户消费,提升了用户价值,直播营销便成为短视频流量变现的新模块。与此同时,传统电商流量红利见顶,随着获客成本的逐年升高,传统电商迫切需要开发新的存量与增量渠道,在行业争夺存量过程中,内容平台的加入为其注入了新的血液,成为流量增量渠道。在相互竞合过程中电商平台与短视频平台为了弥补自身不足,共同走向了直播营销这条"康庄"大道。

3.生活方式的变化

截至2021年6月,我国网络直播用户规模达6.38亿,同比增长7539万,占网民整体的63.1%。[②]快节奏的现代生活方式,信息爆炸的环境,电商的发达,网上购物与网上社交日渐成为人们一种生活方式。人们更喜欢宅在家里用网络解决日常消费,以一种轻松愉悦的心态购物。消费者在享受时代发展带来的便利时,对直播内容趣味性的追求也越来越高,同时也不大愿意花出太多时间与精力进行货比三家。商家则投其所好,利用粉丝效应,让主播将品牌核心价值直接传递给消费者,利用大众从众心理等因素,使其在主播的宣传下倾向做出快准稳的消费决策。因此,在一定程度上观看直播也成了消费者放松娱乐自己的一种方式。

2020年突如其来的新冠肺炎疫情,让社会不得不按下暂停键,同时推动了"宅经济",在这一过程中直播电商迎来了发展的风口。高社交性与互动性的直播电商在疫情期间大放光彩。直播电商借助各类新媒体平台,助力复工复产,满足人们的日常生活所需,给数字经济注入了强心针,使社会重新恢复活力。据第46次《中国互联网络发展状况统计报告》显示,截至2020年6月,我国电商直播用户规模为3.09亿,2020年上半年国

① 直播电商兴起的七点背景因素[EB/OL].搜狐传媒.https://www.sohu.com/a/445284991_120510162,2021-01-18.

② 2021年上半年我国网络直播用户规模达6.38亿,占网民整体的63.1%[EB/OL].中商情报网.https://baijiahao.baidu.com/s?id=1709232023517094254&wfr=spider&for=pc,2021-08-18.

内电商直播超过1000万场，活跃主播数超过40万，观看人次超过500亿。①直播营销尤其在远程办公、线上教学、线上医疗等线上行业方面表现优异，迎来爆发拐点，为社会的发展与服务发挥了巨大作用。

（二）直播营销的发展阶段

经过快速成长的直播营销，从供应端到销售端，从平台端到消费端的良性发展，直播营销生态系统日趋完善。作为一个新的营销方式，直播营销带给市场太多的惊喜与收获，根据直播营销每个时期的不同特点，其发展大致可以分为四个阶段。

1.初探期

在成功运营了半年之后，2016年直播电商就被淘宝植入到“双十一”等大促活动中，实际数据再次证明了直播电商的巨大销售能量。作为一种新营销模式，直播平台陆续尝试直播营销，哪家也不会轻易错过网络零售的这个风口。在这一阶段，直播平台主要专注于内容的用户黏性，以期将流量变现。2016年5月，作为国内专注于时尚女性消费者的电子商务网站，蘑菇街宣布将投入3亿元扶持旗下网红直播艺人的孵化和经纪业务②，希望通过打造时尚红人进行流量变现。2016年9月，京东正式推出直播业务。2017年苏宁App正式上线直播功能，同年11月抖音上线直播功能。2017年“双十一”当天，淘宝直播单日直播场次规模上万，单日累计观看破亿。在这一阶段，电商行业开始了直播大潮，出现了如MCN机构、供应链等不同的角色，行业开始分化。

2.发展期

2018~2019年直播营销进入快速发展阶段。以淘宝直播为例，平台2018年带货超过1000亿元，同比增速近400%。③随着数字新技术的发展升级，尤其是虚拟现实技术的发展，直播电商越发焕发出无限的可能性。2018年3月，亚马孙、抖音开始直播试水，同年5月抖音上线了店铺入口。2018年6月，快手与有赞合作推出短视频电商导购，开启直播带货模式。2018年8月，京东时尚推出直播带货。2019年4月微信开始尝试直播电

① 2020年上半年电商直播超千万场 你参与了几场?[EB/OL].浙江新闻客户端.https://zj.zjol.com.cn/news.html? id=1534322，2020-09-29.

② 蘑菇街宣布投入3亿扶持旗下红人[EB/OL].网易科技.https://www.163.com/tech/article/BN9NPGHC000915BF.html，2016-05-17.

③ 昙花一现or万亿市场，直播电商下半场该怎么玩?[EB/OL].搜狐传媒.https://www.sohu.com/a/424278129_120661226，2020-10-13.

商。同年8月，网易考拉开始直播电商。据统计，2019年上半年，我国直播电商用户占整体网民的50.7%，用户规模达4.33亿。[①]由此可知，直播营销可以有效地提高产品的交易率，从而推动电商行业的整体发展。

3.繁荣期

2020年，突如其来的新冠肺炎疫情使直播营销迎来一次突飞猛进的繁荣期。疫情期间，直播成了复工复产的关键词。这期间，央视新闻和李佳琦共同推出“谢谢你为湖北拼单”与“小朱配琦”公益直播。在这场公益直播中，我们再次见证了直播营销的魅力。这一阶段，直播营销结束了“军阀混战”，各路“英雄豪杰”都有了自己的清晰定位，都根据自己的市场开始不同的营销模式。如蘑菇街专注于直播电商行业的深度整合，并针对头部主播展开个人IP包装。罗永浩与抖音的合作，打响了名人带货的第一枪。刘涛化名“刘一刀”入职聚划算，开启明星带货主播先河。董明珠走进直播室，直播带货流水累计425亿元，[②]成为总裁带货王，开创了“品牌+直播”的营销模式。

4.规范期

2021年12月20日，薇娅因涉嫌逃税，被追缴并处罚款13.14亿元，并被各大平台封杀。[③]薇娅事件犹如电商直播圈里的一场大地震，同时也震醒了直播市场。薇娅事件后，“口红一哥”李佳琦当晚的直播间就被挤爆了，据统计当晚李佳琦直播间人数超过3800万，次日4900万，随后两日人数也在3000万之上。[④]近一个月，李佳琦直播间的人数才回归到以往的日常水平。薇娅被封杀后，李佳琦直播间的商品不仅没有便宜，而且越来越贵，没有了以往“最低价”优势。之前李佳琦的魔力话语“Oh my god，买它买它！”已变为劝人“先把家里口红用完”。所有信号都在显示品牌给主播的定价逐渐回到了正常价格区间，直播定价回归理性，整个直播行业越来越规范化。《关于加强网络直播规范管理工作的指导意见》等相关法律文件也逐步实施。因此，我们将2021年之后定为规范期。

① 2019年中国直播电商行业市场发展现状分析，行业进入市场爆发期[EB/OL].前瞻经济学人.https://baijiahao.baidu.com/s?id=1655936282605294401&wfr=spider&for=pc，2019-11-17.

② 电商直播营销模式面面观[EB/OL].营销战略家.https://baijiahao.baidu.com/s? id=1692085959872795410&wfr=spider&for=pc，2021-02-19.

③ 没了薇娅，李佳琦更贵了！[EB/OL].时代财经.https://baijiahao.baidu.com/s? id=1722834874585420436&wfr=spider&for=pc，2021-02-19.

④ 薇娅消失一个月：李佳琦未成功收割流量，杭州主播圈都在补税[EB/OL].腾讯新闻.https://www.sohu.com/a/518321570_1，2021-12-29.

二、直播营销的特点

直播营销在短短五年之内释放出如此巨大的销售力，与其得天独厚的特点密不可分。“人、货、场”是直播营销中三个关键因素，“人”主要指主播、副主播和场控，“货”指的是产品和供应链，“场”即是直播间的场景搭建。人、货、场的完美匹配，要求直播时的营销策略、控场节奏与后台数据分析实现直播的衔接，完成较高的成交总额(GMV)。

(一)实时互动性

实时互动性是直播营销获取市场的重要秘诀之一，之前的营销也可以互动但却是延时的、被动的。实时互动，一是可以方便消费者获取直播内容，二是能够有效地激发消费者主动地获取直播内容。更为关键的是，在整个直播营销过程中，经过精心设计的直播形式与内容，可以唤起用户观看的兴趣与消费欲望。

主播与用户的实时互动，可以营造良好的销售氛围。主播在介绍产品或者试用产品时，方便消费者以可视化的方式了解产品的性能与特点。优惠券、红包等活动的设计又大大增加对消费者的吸引力。当看到消费者点击优惠券、红包等功能时，主播实时并适时地引导消费者点击购物车。用户在“边看边买”“边玩边买”的体验过程中，其消费欲望不断被激发，主播以友好提醒的方式缩短消费者犹豫时间，加大商品的销售力度。总之，良好的互动环境与友好的互动方式，既有利于提升直播氛围，还优化了互动体验，从而促成销售。

(二)友好社交性

当网上购物与网上社交日渐成为社会的一种生活方式时，友好的社区氛围定能具有强大的吸引力。直播营销可视化与即时互动的窗口，让线上交易不再是冷漠的“人与电子设备交互”，而是温情的“人与人之间交往”的交流与消费行为；不仅满足了消费者对商品的需求，还满足了消费者对情感的需求。直播营销正是立足于网络购物与直播观看习惯的用户基础，基于社区氛围，①充分发挥社交关系的即时性、黏合性特点实现品牌传播。因此，直播营销在本质上是一种具有社交属性的营销模式。主播与消费者的互动，助力友好社交氛围的营造，从而在主播与消费者之间构建一种基于情感认同

① 韩新远，网络直播营销的特质与治理研究——以双循环新发展格局为视点[J].河南社会科学2021.29(6).

的社交关系，使消费者充分信任主播，基于人的互动产生对物的消费，[①]最终实现品牌传播与销售。时下当红的直播带货一哥，李佳琦微信公众号粉丝至少超过100万人。[②]李佳琦每晚直播，每天都在推不同的商品，为了激发自己的粉丝每天来捧场，必须通过相关渠道与粉丝互动，每天都提醒粉丝，帮助粉丝养成行为习惯。

（三）真实场景性

直播营销真实场景的构建，不仅有利于方便提供互动的优质内容，最大限度地吸引消费者，而且有助于建立用户对主播的信任感，并将这种情感直接转移到主播销售的产品上，还有利于用户之间的交互，形成良好的社区氛围，使群体效应不断刺激消费者购买，最终完成产品销售。[③]用户之间实时交互的氛围有利于从众效应的形成，淘宝有效利用场景化的内容频道设置，形成良好的社区氛围，同时基于大数据算法推送机制，为用户提供契合个性化需求的内容，实现"人货场"的统一。[④]直播营销真实场景的构造主要从以下两个方面着手。

1.打造真实消费场景

真实消费场景的打造，意味着基于消费者体验需求的多维度场景设计，充分展示产品特点；通过对数据的分析与整合，形成个性化场景布局，实现在空间、时间、渠道等不同维度上的品牌传播。如今直播的场景化在各行各业中已经得到了应用，比如美食主播可以将自己直播间的场景设置为厨房，美妆主播将直播间场景设置为化妆间等。2021年8月30日，鸭鸭直接把直播间搬到了珠穆朗玛峰脚下，用事实说话，真实的环境来展示鸭鸭羽绒服的保暖性。这种玩命的场景设置使当天直播间最高累计观看人数达到36.5万人，直播间销售金额也累计达到了47.2万元。[⑤]这种真实消费场景的构造，改以往说教式信息传递模式为"社交+电商"相融合的沉浸式用户体验，为展开营销活动创造出良好的场景氛围。

2.营造真实社交场景

在直播营销过程中，消费者对主播的情感认同的建立离不开社交互动。主播在现场直播不断展示产品性能时，都以透明方式进行示范，同时与用户进行即时社交

① 朱云，申超红.符号互动视角下出版业直播营销策略研究[J].科技与出版，2020(08).
② 令人上瘾的李佳琦，靠什么来维系用户?[EB/OL].互联运营观察.https://www.sohu.com/a/365901101_274982，2020-01-09.
③ 芮益芳，亢樱青.直播+电商风口已现：购物体验优化再试水[J].商学院，2016(9).
④ 黄穗绮琳.移动电商平台内容营销策略探究[D].武汉：武汉大学，2019.
⑤ 大品牌直播间营销模式！[EB/OL].运营大叔.www.socialmarketings.com/2021年10，2021-12-16.

互动，用户在观看主播活动时随时可以发表评论或弹幕，还可以看到直播间的具体人数、点赞数与下单数。直播营销的即时性、互动性，不断地强化主播与用户共在的社区氛围，在强大的社区氛围中，直播营销呈现一种沉浸感极强的“广场式”信息传播逻辑。观众与主播共处于一个基于特定共识的虚拟社群中，借助线上社交互动的群体效应，形成一种集体盲从型的消费冲动，直接促使消费者点击购物车与下单，提高营销转化率。

（四）内容话题性

在增量存量压力的环境下，直播营销必须不断提高内容质量，使内容具有话题性，让传播自带流量。为了更好地吸引消费者的注意力，直播营销一般都会进行话题性的内容设计，以提高与用户的互动，形成良好的营销氛围。具有话题性的内容，其本质上就是品牌内容能够自带病毒性传播，使消费者愿意在社区进行分享与传播，从而获取大流量。因此，基于理解用户的情感需求，品牌需要通过高质量的内容设计与故事讲述，促使消费者产生情感上的共情和信赖。譬如抖音良好的社交氛围，很大程度上在于其内容具有话题性，同时引导用户们积极回应某一个话题。实际上一旦话题触动用户的兴趣点就容易使用户愿意分享，使品牌信息不断产生裂变，吸引更多用户加入。因此，设计话题性的内容，带动用户不断互动，引发大众的参与，让场景不断重现，不断加深用户的印象，有利于促使用户下单。

第二节 直播营销的模式与策略

中国直播电商根据自身平台特点，不断调整发展策略，形成不同类型的发展模式。第一类是以传统中心化电商平台为基础，构建直播作为商家销售运营的工具，目前淘宝、天猫、京东和拼多多等电商平台属于这一类型。第二类是以短视频和直播为主的内容平台，主要代表为抖音和快手的直播电商。第三类是基于社交工具结合内容来做直播电商，微信属于这一类型。

一、直播营销的模式

在近五年的发展过程中,直播营销已成为企业营销的新高地,几乎每个企业都希望借力直播营销赢得市场。随着直播营销的深入发展,无论是传统电商平台,还是内容平台都在进行积极的探索,并且根据自身特点不断完善自己的直播营销方式。目前来看,直播营销模式主要有以下两种:

(一)品牌+直播+主播

在直播营销过程中,作为链接消费者和品牌最重要的一环,直播的控场与承接能力直接影响流量的变现。因此,主播越来越受到电商企业的重视。作为一种社交营销方式,直播营销需要不断营造社区氛围,需要提升直播间的人气,而这些工作的完成很大程度上取决于主播。主播在产品的推荐过程中,仔细讲述自己对产品的了解和使用心得,耐心回答消费者的提问,既有利于提升整场直播的气氛,同时也有助于减轻消费者内心的担忧情绪,进而促进消费者点击购买商品。可以说,在一定程度上,主播相当于直播营销的灵魂。品牌+直播+主播已经形成了较为成熟的销售模式,能够帮助商家或平台快速推广、销售产品,是一种比较受欢迎的营销类型之一。一般来说,电商主播主要分为三种。

1.头部主播

这类主播以主播孵化机构(MCN)培训的流量主播为主,如淘宝直播的李佳琦、薇娅。在薇娅涉嫌逃税事件暴露之前,头部主播是电商直播中主流和力推方向。头部主播背后往往都有专业的选品、设计、化妆和布景团队支持,占据黄金直播时段的他们,都拥有足够的直播时长,所以能够在短时间内快速吸引粉丝。头部主播的直播时间长,但他们直播任务也多,容易缺少对品牌或产品的沉淀,在一定程度上不利于品牌忠实消费者的积累,消费者往往会追随其喜爱的电商主播。因此,头部主播都有自己的人设,注意打造个人IP,以获取粉丝持续的支持。

2.店家自播

店家自播,即品牌动用自家的导购在电商平台进行直播,如张大奕、雪梨等。现在的淘宝有不少知名品牌都已经将“店铺自播”作为自己的日常营销,如百雀羚、自然堂等。此类电商主播对店铺的经营状况、产品特征、利基市场最为清楚，更积极与消费者进行互动，不仅可以提高品牌的线上服务效率，更有利于粉丝沉淀，提高转换率。

3.明星主播

自带流量的明星，深受品牌商的喜爱，如张雨绮、刘涛等。明星本身自带流量，尤其当红明星往往拥有庞大的粉丝群。直播电商在一定程度上也可以说是粉丝经济，忠诚的粉丝群体常常愿意付出大量的金钱支持自己崇拜的明星，这其中就包括购买明星所代言的品牌，在社交媒体上转发、点赞和评论明星代言品牌活动的相关信息。所以明星的出现可以迅速抓住观众的注意力，产生巨大的流量与存量。想要通过直播塑造品牌形象时，一般来说企业都会优先考虑拥有固定形象的明星。与此同时，直播营销的魅力吸引了不少明星。因此企业与明星的合作实乃“天作之合”。虽然这种方式见效快，但也有一定的缺陷与风险。很多明星很难留下影响较为深远的话题，并且一些明星直播已经被大量企业利用，观众对明星的好奇心被大量消磨之后，其产生的效益也会大量减少。另外，有些明星可能因为个人问题而对品牌产生负面影响，这种风险理论上讲是存在的。

4.虚拟主播

随着虚拟现实技术的发展与直播营销的强烈竞争，在直播营销领域出现了虚拟主播。虚拟主播是指运用虚拟形象进行直播活动的主播。相对于真人来说，虚拟主播可以满足用户对主播颜值与形象的要求，并且虚拟主播可以不知疲惫地直播下去，对直播时段与时长没有要求，所以从2020年开始虚拟主播活跃在各大品牌直播间。譬如，2020年，完美日记引入了虚拟主播“Stella”；同年，自然堂、欧莱雅、花西子分别引入“堂小美”“欧小蜜”“花小西”；2021年，溪木源、薇诺娜等品牌也开始应用了虚拟主播。B站也成了国内虚拟主播的聚集地。2021年，B站CEO陈睿在12周年庆上表示，过去一年共有超过32000名虚拟主播在B站开播，同比增长40%，虚拟主播已成为B站直播领域增长最快的品类。①

(二)品牌+直播+企业日常

在万事皆可直播的时代，持续的关注力离不开内容的创新，而企业日常可以满足消费者的好奇心，容易引起消费者的兴趣与话题。因为企业日常所包括的企业研发、

---

① 直播带货下一个风口来了?[EB/OL].化妆品观察.https://www.ebrun.com/20220125/471936.shtml,2020-01-25.

产品生产、员工生活等内容都可以从侧面回答企业的品质，增强消费者的信心。如今参与直播的企业越来越多，直播的内容也开始从企业多方面进行挖掘，格力公司是这方面的佼佼者。

2020年格力董事长董明珠在抖音首次带货直播，直播以“董明珠带你走进格力制造”为主题，带领消费者云参观了格力科技展厅，[①]以展示格力实力。有了抖音直播收获之后，同年5月董明珠以“让世界爱上中国造”为主题，在快手平台进行直播，尽管地点依然是科技展厅，却着重突出格力电器“健康”这一特点，同样收获了大批粉丝。后来格力紧锣密鼓地在京东进行直播，以“格力新科技、卓越十周年”为主题，向消费者展示格力的品牌理念和产品特点。综观，董明珠的三次直播，其主题主要围绕企业文化、企业的成长历程和实验室的核心技术等企业日常，让消费者重新认识了格力，感受到格力的实力与品质，从而增强消费者对格力的信赖。

二、直播营销的策略

薇娅事件之后，已然发展为营销新基建的直播营销不得不面临一个事实：没有了平台流量的红利，粉丝收看率下滑；如何增量与存量成为商家不得不思考的问题。阿里巴巴在2020年8月就推出引爆工具“超级直播”，赋能主播和商家在直播的前中后期进行全面地精细化运营。[②]全方位全程的精细化运营，还是离不开人、货、场三个关键要素，同时还要考虑到4C。因此，直播营销的策略主要从以下三个方面着手。

（一）做好直播去中心化

随着税务稽查监管来临，薇娅因逃税被全网封杀；辛巴因品控问题被处罚，如今一改往日的高调做派，并且出现在直播间的次数也屈指可数；即将还完6亿元债务的罗永浩则准备“功成身退”[③]，全平台主播“四骑绝尘”中剩下李佳琦在“孤军奋战”，但李佳琦已明显减少前台工作量，其开播时间减少2小时，由原来的每天5小时缩减到

① 实力展现！6·18董明珠带你深入格力制造[EB/OL].搜狐传媒.https://www.sohu.com/a/402404250_256352，2020-06-17.

② 直播回归理性，拐点后“精细化运营”成趋势[EB/OL].搜狐传媒.https://www.sohu.com/a/413831391_123843，2020-08-19.

③ 罗永浩、李佳琦的助播们集体上位，顶流主播时代谢幕？[EB/OL].南方都市报.https://www.sohu.com/a/532172169_161795，2022-03-23.

每天3小时，之后的时间大多由助播主场。[①]种种迹象表明，直播营销进入了一个新的时期，超级主播的时代已然过去。各大平台都在进行直播去中心化，不再依赖头部主播，而是注重培养助播团队，直播营销已然进入了下半场。因此，做好直播去中心化是当务之急。

各大商家和平台，一方面利用头部的粉丝效应，根据他们的特点做好人设定位，以及引流的工作。另一方面，减少头部主播直播时间，重视头部主播助播的培养，发挥中腰部主播的作用，做好存量工作。2022年“三八”大促当天，李佳琦直播间是由3位女助播全程直播，即便是李佳琦直播间销售的时尚、美妆、零食、生活四大主力产品，也都交由助播团队出镜，[②]足见淘宝直播去中心化的决心。

(二)持续保证货真价实

事物在矛盾统一中不断发展变化，“万物皆可播”说明了直播营销的力量，使其成为商家和平台的建设标配，但直播营销的产品不断被消费者投诉，大大降低了直播营销在消费者心中的地位。任何时候，不管营销方式如何变化，产品的质量必须有保证，产品的价格必须合理。

由于直播间的产品大部分价格低廉，加上各种优惠等特点，吸引了消费者，但直播中不少产品质量不合格，产品价格不合理，影响了直播营销的健康发展。在薇娅被处罚和封杀之后，人们发现之前薇娅在直播间带货的一些商品，价格高于市场价格，这不禁引起了网友的疑惑[③]。消费者的疑惑在很大程度上会降低对直播营销的信誉度。因此，各大商家和平台应该持续保证产品质量，不能店大欺客，也不能玩价格花招，而应该持续保证货真价实。

(三)加强优质内容供给

直播营销的迅猛发展之势渐缓，是多种原因造成的，但是同质化的内容是其中的一个重要原因。作为社交化的营销方式，刚开始以其交互性、在场感等特点吸引消费者；但随着市场的成熟，各大商家和平台内容创新不足，势必影响直播营销的

① 罗永浩、李佳琦的助播们集体上位，顶流主播时代谢幕?[EB/OL].南方都市报.https://www.sohu.com/a/532172169_161795，2022-03-23.

② 同上.

③ 区块技术.薇娅被封杀后东西却便宜了：阿里被扯下遮羞布，消费者清醒了[EB/OL].腾讯.https://view.inews.qq.com/a/20211228A0BKD100，2021-12-31.

吸引力。因此，必须加强优质内容供给，才能不断地提供新的兴奋点，引起消费者的兴趣。

首先，做好直播间的设计。运用色彩和灯光效果营造直播间，使直播间的环境与所营销的产品使用场景或品牌的形象系统相统一，运用在场化的效果不断吸引消费者的注意力。其次，借助场景化。所谓场景化即从营销原产地、源头场景营销入手，而不是设计的直播间，原生态既可以使消费者立刻联想到健康自然，自然产生对品牌或产品的信赖，还可以消除消费者的审美疲劳。譬如卖蜂蜜，不是在直播间里卖，而是在养蜂场搭一个直播间。最后，创新产品的营销活动，简单的打折等优惠活动，已使消费者产生审美疲劳。因此，应该以新的形式与消费者互动，譬如让消费者参与活动设计，以消费者的视觉去创生内容。2021年一季度，太平鸟实现营业收入26.70亿元，同比上涨93.10%[①]。如此优秀成绩的取得，与其加强优质内容供给有很大关联。太平鸟的主播团队穿搭场景匹配合适的货品，而且重视视频内容与消费者的关联度，通过内容打造品牌IP，使公域和私域的内容兼具异质性和关联性，用户可以根据自己的穿衣风格选择自己的内容，在短视频创意方向上，将品牌诉求与流行内容相结合，不断种草，引流到直播间下单，实现经济与品牌的双重效益。

第三节　直播营销的困境与优化

随着直播行业的异军突起，直播电商已经成为一种广泛受到用户喜爱的新兴购物方式，截至2021年6月，我国电商直播用户规模为3.84亿。[②]当直播成为营销新标配，直播营销的商品交易额也在逐年交替攀升，众多商家纷纷抢滩直播营销，都希望自己站在风口上，撬动市场。直播营销的快速发展，尽管赢得了市场，但同时也暴露了一些问题，尤其薇娅东窗事发之后，直播营销如何规范有序地发展提上日程。

① 月销过亿的太平鸟，如何成为抖音品牌自播领头羊?[EB/OL].人人都是产品经理.https://www.sohu.com/a/465524058_114819,2021-05-10.

② 2021年中国电商行业现状[EB/OL].搜狐传媒.https://www.sohu.com/a/512408084_473133,2021-12-28.

一、直播营销的困境

随着直播行业入局者越来越多，直播营销的新蓝海逐渐变为红海，竞争已进入白热化的阶段。最著名的莫过于2021年新东方创始人俞敏洪直播带农货，跨界东方甄选，首秀成交额超500万元。这与2020年转行成电商主播的罗永浩首秀总交易额超1.1亿元相差甚远。[①]即便竞争如此激烈，各大商家还是蜂拥而至，来分直播营销一杯羹。但是随着越来越多的平台选择，消费者的注意力逐渐被稀释，直播营销的发展不得不面临一些困境。

（一）持久创新乏力

随着直播营销的发展成熟，不少商家只看到网络营销红利，不假思索地模仿他人，缺少自身品牌的文化积淀与思考。更有甚者直接运用传统的电视购物形式，以为简单卖货吆喝就会财源滚滚，这种营销方式不仅无法吸引消费者注意力，而且还会损害品牌形象。社交营销的特性，决定了直播营销在本质上是一种用户主动选择的行为，简单粗暴的形式与内容是难以激起消费者兴趣的，直播营销明显创新乏力。

直播营销一兴起就受广大用户的喜爱，主要源于两方面原因。一是直播营销的产品价格大抵上较便宜，以快消品为主，走的是低价路线；二是直播营销的及时互动营造轻松愉悦的购物氛围，既可以满足消费者的物质需求，也可以满足消费者的精神需求。但随着直播市场的成熟，用户的需求必然多元化，产品还是以低价销售，固然能吸引一批用户，但各大直播间的爆款商品基本相同，稀释了用户的吸引力；另一方面对于那些个性化需求的用户来说，直播营销没有吸引力，必然影响直播营销的持续发展。

直播间的产品活动多以优惠、抽奖、满减、买多少送多少等形式为主，降低了用户对直播的期待与热情。另外，直播营销的主播主要以身材姣好年轻貌美的女主播为主，刚开始这类主播可能有一定的吸引力，但由于主播没有自己的个性，时间一长用户就会产生审美疲劳。总之，千篇一律的直播内容和形式，越来越难以满足观众时刻变化的最新需求。

① 罗永浩直播首秀3小时1.1亿，是大获成功还是会昙花一现[EB/OL].百度网.https://baijiahao.baidu.com/s? id=1663020705184488098&wfr=spider&for=pc,2020-11-12.

(二)行业规范滞后

直播营销的快速发展,繁荣了社会经济,也深刻地影响人们的消费与生活方式。任何事物的发展都具有两面性,我们在看到直播营销带来市场红利的同时,也应该注意到直播营销也存在一些亟须解决的问题,如商品的质量及售后问题、数据造假问题等①,而整个直播行业规范的滞后直接导致这些问题的产生。总的来看,行业规范滞后主要体现在平台社会责任缺失、主播法律意识淡薄与用户维权难度较大三个方面。

1.平台社会责任缺失

随着直播营销的发展,各大平台纷纷布局,以赢取市场。作为直播行业竞争的基本要素,直播营销主播的观看量、粉丝数与销售额等关键流量数据,都可以通过刷单、买粉等方式进行数据造假。高流量、高销量不仅给电商平台带来热度,还提高其人气,所以部分平台也"乐见其成"。作为直接监管者,为了市场利益,社会责任缺失,疏于管理这类行为,可怕的是这一行为已成为行业陋习。

(1)流量数据造假

由于商家与消费者非常看重直播间的流量效应,所以为了赢得市场,必然要拥有一定的流量,而与所获收益来讲,造假成本相对又较低。因此,对于一些平台来说,欺骗观众和忽悠市场的虚假流量成为一个必然的选择。据调查,某短视频平台只需花80元,即可在直播中刷上百的观看数据;某电商平台的直播,150元就能买到1万的观看数据。②2019年,网红直播"雪梨"因忘记关掉直播间话筒,在直播间与工作人员交流中意外曝光刷单情况,被网友录了下来③,雪梨在其微博回应中甚至表示直播刷单是"常规操作"。不明真相的广大消费者在此"火热"假象的诱导下,很容易发生冲动的消费行为,数据造假损害了消费者的权益;同时数据造假也违反了《反不正当竞争法》第八条的规定,而数据造假一旦动摇了人们对数字技术的信任基础,则会严重损害直播行业的健康发展。

(2)产品质量无保

直播营销的产品质量经常被人诟病。明星主播李佳琦在2019年的"不粘锅"直播

① 黄楚新,吴梦瑶.我国直播带货的发展状况、存在问题及优化路径[J].传媒,2020(17).

② 揭开直播带货造假真相:吹出来的业绩、狂"注水"的数据[EB/OL].浙江日报.https://baijiahao.baidu.com/s? id=1683128679374875712&wfr=spider&for=pc,2020-11-12.

③ 翻车现场!网红雪梨身陷刷单疑云,日程表被曝光[EB/OL].猫眼娱乐.https://baijiahao.baidu.com/s? id=1649177690728149356&wfr=spider&for=pc,2019-11-03.

现场演示不粘锅性能时却粘锅，场面极其尴尬[①]。虽然他本人后来回应是自己没有按照说明书操作，不是产品的问题，但是消费者只相信自己眼睛看到的。2020年5月罗永浩推荐的“5·20玫瑰礼盒”鲜花腐烂，还有演员陈赫带货的小龙虾胀气发臭等都成为直播带货中质量问题的负面案例。理论研究方面，对直播带货的负面质疑也不少，商品质量问题几乎让直播营销陷入信任危机。[②]

2.主播法律意识淡薄

直播营销重构了“人、货、场”的关系，网红主播在这一关系中起着至关重要的作用，作为关键意见领袖KOL，主播紧密连接了消费者与商家。在直播营销过程中，主播应该对商品进行信用背书，保证商品质量和消费者权益。但在缺乏相关机制的情况下，出于对商业利润的追逐，加上主播法律意识的淡薄，容易发生一些影响直播行业发展的行为。

（1）虚假宣传商品

不少主播宣传的商品存在质量问题，甚至是“三无产品”。[③]2020年10月25日辛巴直播的小金碗碗装冰糖即食燕窝是风味饮料，根本不是即食燕窝，由于涉嫌欺诈消费者，经过近两年的公益诉讼，最终被诉近8000万元惩罚性赔偿。[④]

（2）涉嫌偷税漏税

2021年继大网红林珊珊和雪梨被爆出偷税漏税并处罚之后，淘宝直播超级头部主播薇娅也因偷税漏税被罚共计13.41亿元，她的微博、抖音号、淘宝直播间、快手、小红书等平台账号相继被封[⑤]。知名头部网络主播相继因偷逃税被处罚，说明国家对这种行为惩治的决心与规范的力度，但同时也表明偷税漏税不仅危害了国家税收安全，而且可能影响社会风气，甚至给青少年的价值观带来不良影响。

（3）涉嫌价格垄断

2021年“双11”期间，欧莱雅集团让李佳琦、薇娅两大头部主播的直播间因“最低价”翻了车。起因是欧莱雅对外宣称一款安瓶面膜以最低价在李佳琦、薇娅直播间售卖，但

---

① 李佳琦直播翻车，不粘锅当场大粘锅，这究竟是谁的锅?[EB/OL].搜狐网.https://www..sohu.com/a/351270505_120052877，2019-11-02.

② 李凌，周业萍.智能时代网络信任的模型、风险与重构——从直播带货引发的信任危机谈起[J].新闻与写作，2020(09):21-28.

③ 宋林霖，黄雅卓.“变”与“常”:电商直播监管的问题检视与对策探寻[J].河南社会科学，2020，28(12).

④ “燕窝事件”公益诉讼旋涡:三方被诉近8000万惩罚性赔偿，辛巴已先行赔付4100万[EB/OL].新浪财经.https://cj.sina.com.cn/articles/view/1651428902/626ece2602000z98w，2022-01-15.

⑤ 薇娅偷逃税，被追缴并处罚款13.41亿元[EB/OL].新浪财经.https://baijiahao.baidu.com/s? id=1719652333484067661&wfr=spider&for=pc，2021-12-20.

实际上在欧莱雅自己的直播间这款产品价格却低一百多元,发现两者差价后的消费者纷纷发起投诉,李佳琦直播间与薇娅直播间都指责欧莱雅违背价格承诺,并宣称在欧莱雅给出解决方案之前将暂停与该品牌的合作。[①]从这场产品差价问题的争论中,不难看出,头部主播的全网最低价,折射了头部主播的议价能力,同时也存在涉嫌价格垄断问题。当产品的价格在头部主播的干涉下一直偏离价值,无疑不利于整个市场的健康发展。

3.用户维权难度较大

经过近几年的发展,直播电商行业已形成完整的产业链,其中上游包括品牌商、经销商或生产商,中游包括MCN机构、供应链服务商与代运营服务商,下游包括直播电商平台和用户。因此,直播电商监管范围广,内容复杂,监管难度大,同时也意味着用户维权难度较大。据中国消费者协会2021年发布的“6·18”消费维权舆情分析报告称,舆情监测系统共监测到“吐槽类”“消费维权”信息576804条,占“消费维权”信息总量的3.57%。[②]“6·18”期间共20天的舆情监测表明“消费维权”是用户关心的话题之一,也说明“消费维权”不容易。

(1)商品信息不对称增加了用户维权难度

用户接收的商品信息主要来自直播间的宣传,其中主要依赖于主播的宣传,其次来自网络滤镜技术的诱惑。主播的信息传播一定是将利于产品销售的信息传播给用户,而其他方面的信息则选择屏蔽。在主播的温情脉脉互动中,用户容易形成消费冲动,再加上网络滤镜技术的美化,商品的视觉美感加剧了消费冲动。当用户边看边买时,轻松愉快的氛围使其几乎没有留下相关证据的意识和习惯;一旦发生法律纠纷,用户由于证据不足,难以维权成功。

(2)经济地位不对等增加了用户维权难度

与直播营销经营者组织的强大相比,用户在经济活动中地位弱小。一旦法律纠纷发生时,由于涉案标的价值小,诉讼救济机制不健全,诉讼成本高昂,弱小的用户一般会权衡维权的成本;如果维权成本高则自动放弃,自认倒霉,很少有能力持续地

① 李佳琦薇娅大战欧莱雅:渠道与品牌博弈,头部主播能否撼动品牌定价权[EB/OL].蓝鲸财经.https://baijiahao.baidu.com/s?id=1717089131907420965&wfr=spider&for=pc,2021-11-22.

② 中消协发布“6·18”消费维权舆情分析报告:“高端冷食品”面临品质质疑[EB/OL].扬子晚报.https://www.yangtse.com/zncontent/1432080.html,2021-06-25.

进行维权。

(3)主播责任界定模糊增加了用户维权难度

在直播营销过程中主播发挥重要作用,主播可能是广告主,又可能是广告经营者,也可能是广告发布者,还可能是广告代言人,或者同时兼任其中几种身份。主播的身份及行为界定尚欠清晰,其相应的法律责任界定也具有一定的模糊性。一旦主播涉嫌虚假宣传,用户诉讼的对象也一时难以清楚,无疑加大维权的难度。

(三)品牌忠诚缺失

在流量效应下,直播营销带来了市场的繁荣,成就了主播的能量,造就了电商的奇迹。各大商家纷纷希望通过与头部主播的合作,使自身品牌插上直播的翅膀飞向大江南北。各大平台也希望通过对头部主播的扶持,提高平台的竞争力。但我们更要注意的是在直播营销的流量效应下,由于主播素质的参差不齐,加上直播平台对利益的考虑,直播行业乱象环生,导致品牌忠诚缺失。

1.平台品牌忠诚缺失

如前文所述,直播营销主播主要分为头部主播和中腰部主播,头部主播具有较大的流量效应,所以当各大品牌商执着于搭上直播便车,追寻头部主播带来的“流量效应”时,各大平台也乐意支持头部主播,导致流量向头部主播集中,因为头部主播能带来巨大经济效益。但是任何事物都具有两面性,超级头部主播的影响力既可为平台带来人气和口碑,也可以带来问题与危机,因为可变的因素太多了。2021年“双11”之后没多久,淘宝直播超级头部主播薇娅因偷税漏税被处罚,其微博、抖音号、淘宝直播间等平台账号相继被封。薇娅人设崩塌,“薇娅的女人”们也清醒过来了,并没有跑到李佳琦直播间,用户甚至开始质疑直播间的产品与价格。可见平台对头部主播的支持具有潜在风险,影响平台品牌忠诚的建立。

2.商家品牌忠诚缺失

具有强大能量的头部主播往往具有超强的议价能力,甚至可以因价格问题而与品牌商对抗,如2021年“双11”期间,大牌美妆品牌欧莱雅与头部主播李佳琦、薇娅因产品定价权而进行的一场暗战。在这场暗战中欧莱雅掌控了产品定价权,但因宣传前后不一,有虚假宣传嫌疑,必定影响欧莱雅的品牌形象,用户的投诉必定影响欧莱雅品牌忠诚。与日进斗金的头部主播相比,在挣扎中求生存的腰部和尾部主播,她们往往为了生存需要,更加追逐经济利益。一方面,经常编故事卖惨,夸大宣传,卖"次货"甚至"假货"。另一方面,对于用户有关产品性能方面的提问,却回答得模棱两可,难以满足消费者的需求,从而引起对商品质量的怀疑,伤害品牌形象,影响品牌忠诚,不利于企业的长远发展。

二、直播营销的优化

"电商直播"借由新媒体平台创新营销方式,推动企业、消费者、平台实现三方共赢。[①]我们在充分肯定直播营销为我们带来流量红利的同时,应正视各种挑战,积极采取措施,优化直播营销策略,推动直播营销的可持续发展。因此,直播营销所涉及的各主体需要引起重视并及时采取应对措施。[②]

(一)重塑直播空间场景

"人、货、场"是直播营销三个基本要素,其中"场"即是直播间。"场"是直播营销的基本要素之一,它也是产生连接用户触点的虚拟空间。虚拟空间场景越接近现实,越能打动用户,流量越可能变现。因此,当各大品牌商抢占流量效应时,直播空间场景的重塑越发具有重要意义和作用。

作为以人工智能为技术基础的高端应用技术,沉浸技术包括虚拟现实(Virtual Reality)、增强现实(Augmented Reality)与混合现实(Mixed Reality)三类[③]。沉浸技术,不仅可以模拟视觉、听觉、触觉,还可以模拟嗅觉、味觉等多感官体验,模糊虚拟场景和现实场景之间的界限,使虚拟越来越接近真实,对人体进行全方位的"欺骗"[④],为用户重塑一个全然一新的直播空间场景,实现用户对现实需求与虚拟体验的双向满足,从而完成用户对直播营销的信任,并将信任转化为销售力。

利用大数据为用户精准画像,根据不同用户的需求,推荐相关的产品或服务,让场景不断再现。基于用户的兴趣点设计话题,不断使用户加入互动,使用户的信息传播产

① 陈永晴.直播电商:营销新势能的反思[J].出版广角,2020(21).

② 沈春宁.主流媒体直播带货的行与思[J].传媒,2021(08).

③ 李华君,张智鹏.人工智能时代数字出版的用户新体验:场景感知、场景生产与入口把控[J].出版发行研究,2019(5).

④ 蒲信竹,张哲.基于场景视角的移动出版营销策略研究[J].中国出版,2018(5).

生裂变,流量变留量。螺蛳粉在短短一两年时间里发展迅速,但同时也存在口味缺少区分度、品牌同质化严重等问题。在大量螺蛳粉品牌陷入增长乏力的瓶颈期之时,2021年自嗨锅集团推出全新的螺蛳粉品牌“臭臭螺”,因成功打造高级感十足的沉浸式时尚秀舞台,吸引了无数网友的点赞和互动,并累计观看人数到达20万+。[①]臭臭螺的直播间打造出的艺术沉浸感,成功出圈,其直播间里满屏的艺术沉浸感体验让用户印象深刻。

(二)完善行业法律规范

直播营销在助力经济发展的同时,频频出现问题,影响直播营销的健康发展。因此,必须完善直播行业法律规范,明确规定相关经营主体的责任如何分配以及追责流程,防止因多元主体导致的问责隐患。

1.细化直播经营主体责任

自2021年5月25日起施行的《网络直播营销管理办法(试行)》,不仅明确规定了直播营销平台相关责任,而且还详细规定了直播营销平台的安全评估、技术保障、平台规则、违法违规行为识别处置、新技术和跳转服务风险防范、构成商业广告的付费导流服务等内容。当用户的权利被侵害时,主播、直播间的经营者、直播平台都可以成为被追责的主体;如果有涉及产品质量责任的,用户还可以找生产者主张权利。《网络直播营销管理办法(试行)》由七部门共同参与,着眼于行业的整体发展,有利于规范网络市场秩序,促进直播营销健康有序发展。但是在微观方面还有待细化。

第一,品牌商、直播平台、主播及MCN机构之间的权利与义务的分配问题。当出现虚假宣传或伪劣产品时,责任的主要承担者如何确定,又该如何追责。直播营销发展至今,品类已不再限于低价的快消品,基金、理财、保险等金融服务也进入直播间,但是在直播平台上并未进行区分投放,导致金融直播营销主体混乱,一旦出现诈骗问题,主播、直播间的经营者、直播平台谁是主要责任承担者,这方面还有待明确。

第二,完善直播营销虚假宣传的法律规制。由于直播间里的主播与用户之间关系比较特殊,他们之间既有基于粉丝基础的信任关系,又具有一定的经营关系。因此,当主播利用粉丝效应而进行宣传,具有较强的诱导性,容易引起用户的误解而产生一些法律纠纷。类似这种法律纠纷,应该在相关法律法则上予以体现,并明确做出相应规定,

① 苏秦,卷疯了!不走寻常路的臭臭螺,捅破直播营销天花板![EB/OL].首席营销智库.https://weibo.com/ttarticle/p/show?id=2309404710258466750623.2021-12-03.

从法律的高度约束主播的语言表达。另外，明星主播带货涉及虚假宣传，应该适用哪种法律，是《广告法》，还是《网络直播营销管理办法（试行）》，也应明确类似“广告荐证人”的身份及法律责任。在实务中，也需要灵活适用《反不正当竞争法》和《广告法》的相关规则。①

2.构建分类监管机制

直播营销作为一种新的营销方式，在信息技术的高速发展环境下，营销环境变化快而且复杂性强，容易产生现有的外部监管应付不了新的情况。因此，需要做好内部顶层设计，构建分类监管机制，帮助不同消费群体进行产品甄别。②做好分类监管，有效的方法之一就是推行平台认证机制。

2020年11月10日起浙江省网商协会施行的《直播电子商务管理规范》，是全国首个直播电商行业规范。该规范明确将直播电商活动中提供直播技术服务的网络交易、内容、社交等平台都纳入监管范围。平台应遵守《电子商务法》《互联网药品信息服务管理办法》等电子商务及其他相关领域的法律要求，根据实际开展的业务范围，获取相应资质。③浙江作为电商大省，带了一个好头。规范直播营销还急需推行平台认证机制。通过平台认证机制的建立，实施对商家进行声誉管理，帮助用户有效识别商家信誉，保护用户权益。④将消费者评价高、商品质量好、内容真实的直播间和主播的平台予以认证，否则不予以通过认证；通过这种认证机制，将平台责任数字化、可视化，方便消费者直观选择有保障的直播间进行购物消费。在认证机制的作用下，促使平台加强自律。

规范直播营销还应建立主播资质审核机制。商家注重的直播营销的销售力，而在销售力的完成过程中主播占有十分重要的作用，并且只有讲诚信、具有法律意识的主播才会拥有持续的流量效应。主播资质审核机制的建立，包括主播的诚信认证，因为直播营销发展的基础是信任机制，如果没有信任，曾经的辉煌会成为过眼云烟，直播一姐薇娅瞬间崩塌恰恰阐述了这一道理。薇娅的崩塌主要原因在于其缺少诚信，钻法律的漏洞，使自己跌了个大坑。因此，建立主播资质审核机制，不仅有利于主播的长远发展，也

① 刘雅婷，李楠.直播电商虚假宣传的法律规制[J].知识产权，2021(05).

② “薅羊毛”反被“割韭菜”，直播带货出纠纷找谁主张权利[EB/OL].经济参考报.https://m.thepaper.cn/baijiahao_16439604，2022-01-23.

③ 全国首个直播电商行业规范：平台需亮证照，主播后台实名认证[EB/OL].潇湘晨报.https://baijiahao.baidu.com/s?id=1683683476860946556&wfr=spider&for=pc.2020-11-18.

④ 周丽，范建华.形塑信任：网络电商直播的场景框架与情感逻辑[J].西南民族大学学报(人文社会科学版)，2021，42(02).

有助于直播营销的健康发展。

首先，完善相关法律法规，从他律角度来帮助主播养成诚信意识、增强法律意识。可喜的是2021年实施的《网络直播营销管理办法（试行）》对主播的法律责任进行了规定，主播也可以成为被追责的对象。法律的威慑客观上提高了主播的诚信与法律意识。

其次，还需要主播自律，一方面不断学习相关文件，自觉养成诚信意识提升法律理论水平，另一方面多学习与产品相关的知识，提高自身判断能力，主动规避可能的法律风险，打造诚信形象。如头部主播李佳琦之所以被称为口红一哥，不仅仅是他以卖口红起家，主要是他通过自身的学习，对美妆了如指掌。这种情况下，李佳琦不仅可以专业地回答用户的问题，还具有选品能力，就可以避免一些不法商家想通过直播间销售伪劣产品，将自己置于法律风险之外。因此自身法律素养，可以帮助自己主动有效地规避一些风险。

最后，落实主播职业规范。2020年7月6日人社部等三个部门联合发布了9个新职业，其中就包括互联网营销师。所谓互联网营销师则是指运用网络的交互性与传播公信力特点，在数字化信息平台上，对企业产品进行多平台营销推广的人员，显然这种人员就是指的直播营销的主播。基于这一职业规范，直播行业加紧落实，提高主播综合素养，其中包括法律理论水平。

（三）构建品牌主播矩阵

流量经济时代法则是，掌握了流量就掌握了话语权，头部主播既给商家带来了销售力，也给平台带来了竞争力，所以市场都在追寻头部主播效应。由于头部主播资源稀缺，导致头部主播与平台之间产生矛盾，最典型的莫过于辛巴与快手之间的“爱恨情仇”。头部主播的巨大影响力，也会使头部主播与品牌商之间产生矛盾，最著名的就是2021年的李佳琦、薇娅直播间与美妆大牌欧莱雅之间因产品定价而发生的争议。种种迹象表明直播营销发展已成熟，一味支持与选择头部主播，既不利于平台的健康发展，也不利于品牌商的发展。因此，构建品牌主播矩阵尤为迫切与重要。

1.发挥头部主播的效应。尽管电商直播行业环境已发生变化，品牌商发现将品牌忠诚的任务交给头部主播也是有风险的，平台商也因此受到不少影响，但是头部主播的流量效应仍是不容小觑。最为保守的方式是发挥头部主播的效应，为开拓市场服务。因为头部主播拥有较大的粉丝群，可以很快形成市场规模效应。品牌商借用头部主播的流量效应和美誉度，在短时间内打开市场，为自己的品牌背书，做好品牌开门红。

2. 重点培养中腰部主播。中腰部主播市场的流量效应及美誉度虽不及头部主播，但他们是平台发展的中坚力量，从薇娅事件、辛巴与快手之间的矛盾可以看出，平台为了自己的可持续性发展在平衡头部与中腰部主播，并且有偏向发展中腰部主播趋势。因此，在品牌商的发展期，可以借用中腰部主播的力量。

3. 发展品牌自有主播。随着互联网的不断发展，营销观念逐渐从流量价值转变为用户价值，市场竞争已进入由增量竞争到存量竞争，所以自建和运营私域流量，成为一种必然的市场反应。[①]因此，品牌商应该大力培养自己品牌主播，利用自己企业微信公众号或小程序进行品牌忠诚的建立。自己品牌主播，更熟悉企业的文化，对品牌的发展规划也更了解，在向用户介绍品牌时会更加得心应手，易获取用户对品牌的信任。每个主播都有其不可抗的“生命周期”，所以主播不断更迭是必然。商家的自播发力，通过培养出自播中的超级主播，不仅降低成本，而且更易建立品牌忠诚。

4. 适当发展虚拟主播。为了更好地满足消费者的不同需求，对于那些“夜猫子”的用户，品牌商可以利用虚拟主播与这些用户保持友好的沟通，使自己的品牌总能在合适的时间遇到合适的用户，在无缝衔接中形成用户的品牌好感度。

构建品牌主播矩阵目的是建立品牌忠诚，促使直播营销健康发展。品牌忠诚的建立固然离不开产品过硬的品质，但在直播营销时代，同样需要好的品牌故事。一方面，好的品牌故事容易感染消费者，引起消费者的情感共鸣，进而使消费者认识了解，甚至喜欢品牌；另一方面，好的品牌故事也需要合适的主播在合适的时间对合适的消费者讲，才能使消费者信任品牌，并产生消费欲望，甚至消费冲动。因此，品牌主播矩阵的构建还应该形成科学的主播人数结构。

社会学上橄榄型社会结构是理想的社会结构，这种结构的社会比较安全稳定。其基本特征是“两头小，中间大”，即中间阶层的数量和规模比较大，精英和底层的数量相对较少。从目前各大平台的发展趋势来看，品牌主播矩阵构建正朝着类似这种结构方向发展。在薇娅事件之前，快手就走去中心化的道路，弱化头部主播的影响。在薇娅事件之后，各大平台更加注重增加中层主播直播间的流量和资源，用以推动主播行业、

① 撬动70%公域订单！内部视频号直播各岗位SOP手册首次公开！[EB/OL]. 搜狐传媒 .http://news.sohu.com/a/532400151_114819，2022-03-24.

电商行业与商家能够长久合作共赢。其次,加强中部主播的专业培训,提高中腰部主播的综合素养。最后,建立合理的淘汰机制,形成主播间的良性竞争,保证直播营销的健康发展。

知识回顾

作为一种社交化的营销,直播营销在疫情期间的飞速发展,给市场注入了新活力。商家们都想乘着直播营销的东风,占据有利的市场地位。任何事物兴起与发展的背后都有深层次的原因。因此,我们有必要对直播营销进行一个较全面的透视,使其朝着健康可持续性的方向发展,持续为市场的有序发展提供动力。

本章首先对直播营销的发展与特点做了较详细的阐述,作为一种新的营销方式,我们有必要了解它的兴起原因,这样才可能更容易理解这种营销方式所具有的优势,进而结合具体市场环境,借其力为我所用。其次,结合相关案例,对直播营销的模式与策略进行了相关阐释。最后,根据目前直播营销发展的实际情况,对其面临的困境做了较详细的分析,直播营销目前主要面临着三大困境:持久创新乏力、行业规范滞后与品牌忠诚缺失。并根据直播营销存在的具体问题,有针对性地从重塑直播空间场景、完善行业法律规范与构建品牌主播矩阵三个方面进行优化。

为了更好地理解和把握直播营销,每一节涉及理解或操作层面时,都有相关案例的分析,希望通过具体案例的分析,使直播营销相关理论不只是停留在表面的言说,而是从深层次的理解与分析,做到理论与实践的统一。

复习思考题

1. 直播营销的发展现状、优劣势及未来发展趋势是什么?

2. 直播营销是一时的现象,还是营销的创新趋势?

3. 淘宝与抖音的直播营销有什么异同?

4. 有人说直播营销塑造带有人设的账号才是核心,不能只追求高粉丝量。你认同这种说法吗? 为什么?

5. 商家如何供给与管理私域和公域的内容?

第七章　游戏营销

知识目标

1. 游戏营销的概念与类型。

2. 游戏营销的形式、方法与策略。

能力目标

1. 理解游戏的媒介属性及其营销价值。

2. 掌握游戏营销的形式与方法。

3. 把握游戏营销的应用要点与策略。

思维导图

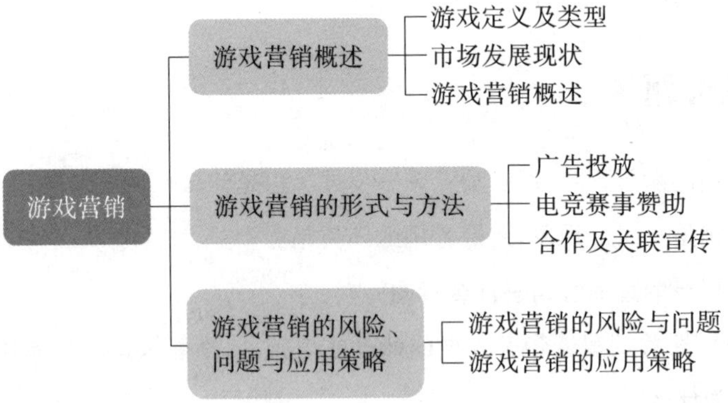

@ 案例导入

几乎每个人的身边都不乏魔兽世界、剑网三、英雄联盟等热门网游的忠实用户，他们每周都会花费一定的时间在游戏世界里，平时也常和朋友讨论游戏的攻略、装备等话题。打开手机，许多人装着和平精英、王者荣耀等游戏，课堂之外，下班之余，有事没事玩几局。腾讯的全民系列手游常年位居App Store排行榜前列，简单的游戏形式却坐拥成千上万的玩家，且吸金能力一流。从爸爸去哪儿、奔跑吧兄弟，到小时代、灌篮高手，有越来越多的综艺节目乃至影视作品开发了自己的网络游戏作为副产品；而如今，网络游戏不仅可以是影视综艺的附属品，它反过来也赋予影视行业新灵感，诸如《王者出击》《刺客信条》《生化危机》一类的由游戏IP改编而来的综艺或电影也打开了市场的新局面。

如果说网游曾经是少数人的狂热，那么如今它已经渗透进了大多数人的生活，占据着我们的闲暇时光，提供给我们各式各样的快乐。伴随着网络游戏的繁荣发展，更多人开始意识到，它不仅是一个具有超强盈利能力的数字产品，而且也可以作为一种新型的营销平台。

第一节 游戏营销概述

在早些年，网络游戏在大众心目中的形象常常与青少年联系在一起。然而近年来，随着个人电脑的普及、移动互联网的出现以及游戏形式的不断丰富，使得网络游戏逐渐成了一种近乎大众化、全民化的娱乐方式。

一、网络游戏定义及类型

游戏是人类文明的体现，早在远古时期，游戏就以壁画的形式被记录在墙壁上。原始社会的人们在劳动之余会进行一些类似游戏的活动，内容一般为对现实生活的模拟和对生产技能的训练，游戏的概念也深入到我们的日常生活中。[①]

① 恽如伟.数字游戏概论[M].北京:高等教育出版社,2012.

网络游戏，又称线上游戏或在线游戏，简称网游，是随着电脑技术和互联网的普及而发展起来的游戏新形态，它依托于互联网运行，可以多人同时参与。一般认为，网络游戏具有在线和互动的特征，指多名玩家通过互联网等传输媒介在虚拟环境下进行交互娱乐的电子游戏，与单机游戏不同。近年来，移动互联网的迅速发展使网络游戏出现了由传统的个人电脑向智能手机、平板电脑等移动终端转移的趋势，其构成变得更为复杂。

如今，网络游戏市场蓬勃发展，玩家规模日益庞大，市场上各种形式和类型的网络游戏层出不穷。按照不同的标准，我们可对网络游戏做如下类型划分：

1.根据不同的运行终端及设备，网络游戏可分为PC客户端游戏、PC浏览器端游戏、移动端游戏。

PC客户端游戏，简称端游，是指在个人电脑上运行的，必须下载游戏软件通过指定客户端登录的游戏。PC浏览器端游戏，即网页游戏，简称页游，是基于网站开发技术，以标准http协议为基础表现形式的无客户端或基于浏览器内核的微客户端游戏。移动端游戏是新兴的游戏类型，智能手机及平板电脑的普及使得移动游戏在2013年迎来了爆发式增长，市场份额不断增加，一跃成为备受商家青睐的营销新平台。

2.根据不同的玩法类型，网络游戏可分为休闲益智类、MOBA类、动作冒险类、棋牌类、射击类、模拟养成类、策略类、角色扮演类、音乐体育类、跑酷竞速类，等等。

休闲益智类是生活中最为常见的游戏类型，有单机模式，也有联网模式。通常指一些上手容易、短时间进行、随开随停且富有娱乐性的游戏。消除类游戏是休闲益智类游戏中最具代表的一种，玩家需要从一堆看起来混乱排列的游戏元素中，找到一定量相同的游戏元素，使它们彼此相邻配对、消除来获得胜利。通常是将三个同样的元素配对消除，所以它又被称为三消类游戏。MOBA类是英文Multiplayer Online Battle Arena Games的简写，意为多人联机在线竞技游戏，其开山鼻祖是1998年暴雪娱乐制作发行的《星际争霸》，如今最为风靡的则是由美国Riot Games开发的《英雄联盟》。动作冒险类以用户操作角色完成动作作为游戏的主要表现形式，强调用户的操作和反应。诸如育碧出品的《刺客信条》系列、CAPCOM推出的《生化危机》系列都是深受玩家喜爱的经典动作冒险类游戏。

3.根据不同的收费方式，网络游戏可分为点卡/时间收费制、免费制游戏和买断制游戏。

时间收费制是游戏中玩家以一段时间为游戏时间单位支付一定费用，例如《魔神世界》《仙境传说》等，点卡计时制则是玩家购买“点数卡”为游戏账户充值，按照上线时间进行扣除，如《剑侠情缘三》；免费制游戏本身不收费，通过贩售VIP服务或道具、广告、抽卡等游戏内购方式获取收益，如《阴阳师》等。买断制游戏即付一次费购买终身游戏版权的制度，这类游戏付费模式在国外游戏厂商间非常盛行，通过一次性付费来获得永久的游戏体验，如获得第八届TGA年度最佳游戏的《双人成行》。

二、游戏市场发展现状

游戏产业已成为文化产业的重要组成部分。截至2020年10月，我国网民中整体游戏用户的规模达到5.18亿人，占网民总体的52.4%。手机网络游戏用户规模达5.16亿，占手机网民的52.4%。游戏作为互联网娱乐性应用的代表，因其丰富的游戏内容、代入感强、拥有社交属性等特点，已经成为大多数网民日常生活中不可或缺的重要组成部分。[①]

就整个行业的发展状况来看，一方面，国家相关部门对网络游戏产业的发展和规制越来越重视，陆续出台了一些指导性和保障性的政策。比如，相继成立“中国网络游戏版权保护联盟”“中国网络游戏评论联盟”，实施网络游戏防沉迷实名验证以及“家长监护工程”等，积极应对网络游戏发展中出现的一些问题，让更多的人了解和认识网络游戏，共同探讨网络游戏的发展方向。[②]除此之外，针对游戏玩家的盗号、钓鱼网站等安全隐患问题，以及一些网络游戏营销商缺乏自律、营销手段低俗、侵权的问题也得到关注，有关制度政策也在进一步完善之中。

另一方面，网络游戏行业持续多年保持了良好的发展势头。从CNNIC发布的数据来看，从2016年到2020年，网络游戏用户规模逐年递增，到2020年底已经在全体网民中占据了近六成的比例。尤其是手机游戏的发展，不论是用户规模还是使用率，都呈稳定上升趋势。数据显示，2021年，我国游戏市场实际销售收入2965.13亿元，同比增长6.40%。[③]在经历了2018年版号停发的寒冬期后，中国游戏厂商更加珍惜每一个已获得版号的游戏产品，这也使得游戏厂商往“深度打磨产品质量”和“提高运营精细程度”这两个方向发展。

① 第47次中国互联网络发展状况统计报告[EB/OL].CNNIC.http://www.gov.cn/xinwen/2021-02/03/5584518/files/bd16adb558714132a829f43915bc1c9e.pdf，2021-2-3.

② 雷霞.2011年中国网络游戏发展报告.尹韵公：中国新媒体发展报告（2012）[M].北京：社会科学文献出版社，2012：247-254.

③ 2021年中国游戏产业报告[EB/OL].游戏产业网.http://www.cgigc.com.cn/details.html? id=08d9c37e-e046-495c-8348-3dd4185ab794&tp=report，2021-12-20.

近年来，移动端网络游戏在占有率和营业收入方面持续占据中国游戏市场的主导地位，积累了大量的用户基础。数据显示，2021年，移动游戏占我国游戏市场总收入的76%，客户端游戏占比20%左右，网页游戏占比仅为2%。[①]同时，游戏种类更趋多样。角色扮演类、卡牌类、策略类游戏成为移动游戏的三大主要类型，另外，主机游戏亦呈上涨势头，有望成为未来国内游戏市场的新增长点。

总体来看，我国网络游戏市场发展趋势良好，国内游戏行业正在向着高质量、多元化的方向发展。尤其是2021年的TGA（The Game Awards，即全球游戏大赏）颁奖典礼上，国产游戏《原神》首次超过一众欧美游戏和单机游戏，斩获最佳移动游戏奖。不过，与国外同行相比，我们的网游行业还存在着产品同质化高、行业自律性低等突出问题，影响力远不如国外产品。根据百度网游搜索排行榜，排名前三位的都是国外产品，分别是美国Riot Games公司的《英雄联盟》、美国Blizzard Entertainment的《魔兽世界》以及韩国Krafton工作室的《绝地求生》。无论是在技术、创意，还是运营方面，我国网游行业的整体水平都还有待提高。

三、游戏营销概述

从广义上讲，媒介是使人或事之间发生联系的介质和工具。互联网因其高度的互动性和不受时空范围局限等特点，突破了传统的人际传播和大众传播范围，被称作第四媒体。而网络游戏不仅具有互联网的强互动、多媒体等特点，更具有虚拟现实的特性，因而具有更为丰富的媒介意义，而这也成为网络游戏独特营销价值的来源所在。

（一）网络游戏的媒介属性与营销价值

在网络游戏中，用户可以进行多种层次的信息传播和交互行为。游戏通常表现为对现实的模拟，如MMORPG中用户扮演某种角色，并通过各种仿真的活动来赚取必要的资源生存，与现实世界相似度非常高。而休闲类的游戏如棋牌、养成等也是现实生活的部分再现。因此网络游戏的用户首先可以达成基本的自我传播行为，而联网互动的特性又使得用户之间不是孤立的存在，必须与他人有一定形式的沟通交

① 第47次中国互联网络发展状况统计报告[EB/OL].CNNIC.http://www.gov.cn/xinwen/2021-02/03/5584518/files/bd16adb558714132a829f43915bc1c9e.pdf,2021-2-3.

流才能维持游戏的正常进行。在此过程中,信息的双向互动与现实世界中的人际传播相似,大型游戏中甚至会出现类似于群体传播和大众传播的活动。网络游戏因此具备很强的叙事能力,能够向用户传输丰富的信息,尤其是它对现实的模拟,甚至能影响用户对自我和世界的认知,影响其世界观和价值观。另外,网络游戏的多媒体特征使其可以综合运用文本、图像、音频、视频等多种形式进行传播,具有很强的感染力和创意承载能力。

作为媒介的网络游戏具有良好的传播效果,因而成为许多商家投放广告、进行营销的新阵地。网络游戏不仅拥有数量庞大的用户,而且更重要的是,其用户忠诚度一般比较高,在线使用时间比较长。网络游戏的媒介属性,使得以广告收入补贴媒介生产成本的“二次售卖”成为可能。媒介的“二次售卖”,就是指媒介一方面将媒介的信息价值以低价卖给受众,另一方面再以其集聚的受众资源为基础,将受众的广告价值售卖给广告客户,从而以高昂的广告收入来贴补其媒介生产和发行的成本。自2005年,以盛大为代表的网络游戏运营商宣布“免费模式”以后,对用户免费就成为游戏厂商寻求新的盈利来源的强大压力。在游戏中植入产品相关信息,或是在游戏及其周边网站上投放广告,各式各样的网络游戏营销方式随之兴起,网络游戏从而成为新媒体时代的又一新生媒介,企业找到了新的营销平台,而游戏运营商也找到了新的盈利模式。游戏可以不再只是依靠玩家本身供养,而是让各种有着营销需求的企业成为游戏运营商新的资金支持来源。

对于游戏开发商和运营商来说,依靠游戏内部的收费道具来盈利,这种做法相当于给玩家的游戏体验设立了一个门槛,并不利于拓展用户市场。游戏运营商应将眼光放得更长远,增加营销收入在整个游戏收入中的比重,积极开发广告商和赞助商,最终缔造出全新的产业生态,形成游戏商、企业、玩家三方共赢的局面。

(二)游戏营销的概念

新媒体的发展为营销开创了一个全新的时代,网络游戏作为独具特色的一种载体形式,其营销价值逐渐引起了营销界和网游界的重视。

游戏营销是指商家以线上游戏用户群为基础,借助游戏运作、游戏内容或者游戏平台,以广告投放、赞助、合作及关联宣传等形式为实现某个营销目标而进行的营销活动。

另外,需要指出的是,本书所论之游戏营销,与以网络游戏为营销对象所进行的营销活动不同,在此,网络游戏是作为营销的载体而非主体。当然,除了将网游的媒介价值贩卖给需要做营销的企业,向企业收取营销费用的运作模式之外,网络游戏运营商也可以将自身游戏产品与进行营销的客户一起捆绑,进行合作营销,从而相辅相成,实现双方共赢。

游戏营销其实早已不是新鲜事。早在2005年,可口可乐(中国)饮料有限公司率先开创联手"网游"的先河,与第九城市建立战略合作伙伴关系,并于央视一套播放偶像团体S.H.E化身网游人物大战兽人老板的广告。可口可乐和第九城市共同签署了在中国跨领域推广《魔兽世界》的协议,并将此作为启动icoke.cn计划的序幕。2005年夏,可口可乐与第九城市又共同推出主题为"可口可乐——要爽由自己,冰火暴风城"的市场推广活动,并共同通过网吧渠道建立和推广以"iCoke"为主题的生动化陈列活动,利用各自渠道资源和网络优势进行品牌宣传合作。此后,传统品牌与网络游戏的合作,成为一种新的商业模式,进入人们的视线。

在新媒体当道的今天,传统的、硬性灌输的、登高一呼式的营销传播方式被不断消解,交互的、体验的、润物细无声式的营销方式将成为新时代的主流。

(三)游戏营销的特点

作为一种新媒介,网络游戏独特的用户特征、使用情境、娱乐属性及社交属性,使得网络游戏营销在种类繁多的新媒体营销中独树一帜,具有自己的鲜明特色。

1.相对明确的用户群体

首先,网络游戏玩家的年龄主要分布在18~35岁之间,以学生、白领和自由职业者为主,作为营销的载体,其沟通对象更为明确,能在很大程度上避免营销方的资金浪费。其次,不少网络游戏以地域划分架设服务器,把不同地区的玩家引导入最近的服务器上以保证游戏的稳定进行,从而使得网络游戏玩家的分布具有鲜明的地域性。第三,玩家注册时留下的用户资料一般较为详尽准确,通过游戏后台数据,企业可以搜集到用户的姓名、地址、购买偏好和记录等方面的信息,从而可以有针对性地制定营销策略,保证营销的精准性。①

① 应冬乐.网络游戏广告研究[D].南京:南京师范大学新闻与传播学院,2007.

不少商家依据产品特性，选择与产品相关的特定领域的网络游戏，能进一步锁定目标对象，提高营销的针对性。比如，运动品牌选择运动竞技类游戏，汽车品牌选择赛车游戏，饮料品牌选择大型社区游戏，等等。这种方式使得玩家群体与企业营销对象一致的可能性更高，更好地保障了营销的效果。

2.较高的营销接受度

游戏玩家一般比较容易会对网络游戏产生忠诚和信赖的感情，因此，与游戏相关的营销活动往往更容易为玩家所接受，在游戏的特定场景下更容易产生认同和共鸣。网络游戏中恰当的产品植入，可以增强游戏世界的真实感，在潜移默化中使受众接受产品传递的信息，深化对品牌的认知。一份研究移动玩家行为的报告指出，只有13%的玩家会避免游戏内置的激励广告，67%的玩家愿意通过观看视频广告的方式获得游戏奖励，93%的玩家将广告视作游戏机制中的一部分。另一份研究中国移动游戏玩家行为的报告指出，无论是激励广告还是视频广告，所有为用户提供沉浸式体验的广告形式都不同程度地得到了玩家的支持。

3.灵活的营销模式

基于网络游戏本身的娱乐性、交互性、题材多样性、设备多样性，网络游戏营销的形态也是多种多样的。常见的形式有广告投放、赞助电竞赛事以及合作营销等，而其中每一种类型又可采取多种灵活手段。比如，广告投放就既包括类似于展示型广告的硬广告，也包括各种形式的植入式广告；电竞赛事兴起的时间不算太长，但其将线上游戏和线下比赛相结合，甚至与电视转播相结合的方式，深得年轻人的喜爱，甚至因此还诞生出一批电竞比赛明星，企业对电竞赛事的赞助也由此发展出多种赞助方式，形成新的营销模式。

4.便利的统计评测和用户反馈

相较于传统媒体，网络游戏营销的效果评估具备评测迅捷、数据准确、互动性强、参与度广的优势。企业可以通过游戏运营商准确掌握玩家的数量及关于营销效果的各种详细信息，同时网络的交互功能也可以使玩家及时在线提出反馈信息。

第二节　游戏营销的形式与方法

就目前来看,游戏营销的常见形式主要有广告投放、电竞赛事赞助、合作及关联宣传这三种。

一、广告投放

广告是营销的重要手段。通过把广告植入到网络游戏中或游戏平台上,可以较为直接地把产品和品牌信息传递至游戏玩家。随着网络游戏的发展,网游作为媒介吸引了玩家的眼球,赢得了大量的注意力资源。与游戏相关的广告投放有以下几种常见形式:

(一)传统游戏广告

传统游戏广告主要包括游戏网页广告、登录窗口广告、健康提示广告和前后视频广告等,是一种利用游戏直接传递广告信息的广告形式。

其中,游戏网页广告是指在网页游戏或其他游戏相关网页置入以文字、图片、Flash动画等广告内容,以横幅、按钮、对联、弹出窗口、页面悬浮、翻卷、插页等形态呈现的广告形式。其主要特征与普通的展示型网络广告大致相同,也是利用网站上的广告横幅、文本链接、多媒体等方法,体现的主要是互联网本身的技术特征和媒介特性。

尽管采取的是最普通而常见的广告发布形式,但由于在网络游戏这一特殊载体上发布,传统游戏广告仍然具有独特的传播优势,如强烈的视觉冲击力、一对一的窄众传播、远超普通广告的广告暴露时长和重复露出次数。

传统网游广告多数采用静态式的广告方式,它的画面优势一目了然,但问题也不容忽视:传统网络游戏广告是否容易被屏蔽?对此,游戏商的说法也不一致。但是有一点可以肯定,为了防止可能的屏蔽后果,游戏商会吸收报刊混版的手段,把系统通知和某些重要消息与广告一同发布,让玩家在看消息的同时也能看到广告。红字公告式的广告虽然保证了强制观看的到达率,但对玩家造成的干扰也不可避免。[①]因此,传统网游广告常被玩家忽视甚至厌烦,导致弄巧成拙,与营销目的背道而驰。

(二)游戏平台广告

游戏平台是一种让用户可以以更便捷的方式体验大量游戏产品的平台,一般通过为玩家汇集大量游戏产品和提供某些特色服务来方便用户,满足其需求。如腾讯游戏平台,就是专门为腾讯游戏用户打造的PC端网络游戏综合平台,为玩家提供游戏库、游戏管理、游戏加速、游戏特权礼包、游戏安全保护和游戏助手等功能。此外,还有一些游戏对战平台,使用人数也相当可观,如浩方对战平台、YY对战平台、VS竞技游戏平台等,这些平台专门为因特网用户提供多人电脑游戏联机服务,可以让游戏玩家轻松进行在线游戏,就如同在同一个局域网中一样。

在游戏平台上所发布的广告一般以网游产品的广告为主,通常是以排行榜等形式进行游戏推荐。不过,除了网游产品,其实游戏平台对于其他产品和品牌类型也有其营销价值,毕竟网络游戏平台、论坛以及游戏主力网站都有着数目可观的用户,有足够多的访问量,再加上内容所带来的长时间停留,游戏平台的广告价值也是不容忽视的。与网页广告类似,游戏平台广告也多是以文字、图片、Flash动画等形式出现。

(三)游戏内置广告

游戏内置广告(In-Game Advertising,简称IGA),即游戏植入式广告,是一种依托于游戏本身的娱乐性、用户黏性和互动性,结合游戏本身的文化背景与内容,将广告信息巧妙地植入到游戏的道具、场景、情节或者任务当中的广告形式。

常见的游戏内置广告有以下几种:

1.将广告产品与游戏道具相结合

这是指将广告商品在玩家不经意时巧妙地做成游戏中的道具。通常情况下,巧妙地融入非但不会引起玩家的厌烦,反而可以增强网络虚拟世界的真实感,甚至增强游戏乐趣。比如,一些运动品牌的球衣、球鞋可以成为运动类游戏里的任玩家挑选的运动装备,不同性能的球鞋可以不同程度地增强“试穿”玩家的运动能力。又如,麦当劳和《椰

① 龙再华.广告:在游戏里发现新大陆[J/OL].中国广告人网.http://www.chinaadren.com/html/file/2007-4-29/guanggaozaiyouxili-faxianxindalu.html,2007-04-29.

子罐头》游戏的结合，麦当劳的汉堡变成了可以提升玩家战斗值的新武器，而且在用该汉堡打斗的时候，也会由玩家控制的系统发出“更多选择，更多欢笑，就在麦当劳”的广告语及背景音乐。[①]2019年的“双11”期间，《终结者2：审判日》中，运输飞机和空投补给箱都印上了京东的宣传广告“买手机，信京东”，还有作为游戏车载和回血道具的ofo小黄车和百度外卖。

2.将广告产品与游戏场景相结合

这种方式是把产品或品牌信息嵌入游戏的场景当中，使游戏在含有广告信息的环境中进行。例如在《魔兽世界》等“角色扮演”游戏里，大街上挂着咖啡店牌匾的店铺、城楼下的告示牌都是广告投放的理想去处。还有篮球游戏中的篮球场围栏广告，在潜移默化中影响玩家，产品或品牌信息就这样悄然传递到玩家的认知当中，同时也增加了游戏的真实感。

3.将视频或音乐与游戏相结合

指在游戏中植入与广告产品或品牌相关的视频或音乐的广告形式。在游戏中植入视频的广告形式并不多见，不过在某些以现实生活为基础的网游中，如《模拟人生在线》，植入这类显性广告不但不会破坏游戏的氛围，反而使游戏显得更真实。[②]

音乐与游戏的结合广泛地存在于各类音乐游戏之中，唱片公司通过在游戏中植入自己的音乐，可以就此推广唱片和音乐人。

4.将品牌信息与游戏关卡情节相结合

指将产品植入到游戏中的关卡或情节中的广告形式。比如在网络游戏《QQ音速》中植入肯德基的形象和整体色调。也可以将产品与游戏情节相关联，使产品作为推动游戏进程必不可少的一部分，但要注意不能破坏游戏的整体氛围，即产品必须与游戏情节及内容相关联。[③]

（四）定制式网络游戏广告

定制式网络游戏广告就是由广告主出资、委托专业的制作（如游戏公司），为广告主及其旗下产品或品牌量身定做打造的游戏产品。如美国快餐巨头汉堡王推出的多款以

① 任芳达.小游戏，大不同[J].市场观察，2004(08).
② 昌蕾，李晶.网络游戏植入式广告的植入应用研究[J].新闻界，2010(5).
③ 陈党，张翠.网络游戏广告发展现状与反思[J].东南传播，2012(11).

汉堡王套餐为主题的游戏《汉堡王:碰碰车》《汉堡王:鬼祟王》《汉堡王:单车手》等。这类广告是广告主花大笔资金专为某类产品开发出来的网络游戏,既是游戏,也是广告。这种广告手法在传统媒体时代就已有类似的运用,比如专为某款汽车而拍摄的微电影。定制式网络游戏广告就是这类定制式影视作品结合了网络游戏后的变体,在网络游戏广告领域也较常见,不过,高额的游戏开发费用不是一般的广告主能够负担得了的。[1]对此,研究者建议,可以由广告公司牵头和游戏开发商合作,针对某一个品类或者某几个品类的产品进行游戏开发,以节约费用,并方便在游戏的运营过程中对具体的广告产品进行更换,从而大大降低单个广告主的推广成本。[2]

二、电竞赛事赞助

网络游戏具有竞技性,由此衍生出了一种新的体育运动项目,称为电子竞技(Electronic Sports)。

电子竞技就是电子游戏比赛达到"竞技"层面的活动。电子竞技运动是利用电子设备作为运动器械进行的、人与人之间的智力对抗运动。通过运动,可以锻炼和提高参与者的思维能力、反应能力、心眼四肢协调能力和意志力,培养团队精神。电子竞技也是一种职业,和棋艺等非电子游戏比赛类似,是中国第99个正式开展的体育运动项目。一些公司从中看到了商机,通过对电子竞技赛事或电竞俱乐部的赞助,实行营销战略。

在早期的电子竞技项目中,绝大多数赞助商仅仅局限于与电子竞技相关的IT核心行业,如Intel、AMD、ATI、NVIDIA、华硕、技嘉、三星等。而随着电子竞技项目关注度的提高,各个领域都逐渐加大对电子竞技项目的广告投放,除了如傲风电竞椅、雷蛇、OPPO、联想拯救者、TCL这样的数码科技领域赞助商外,肯德基、红牛一类的零售快消,TT语音、猎聘App一类的互联网社交,以及梅瑟德斯奔驰一类的汽车领域都开始涉足电子竞技领域。[3]

创立于2000年、结束于2013年的世界电子竞技大赛(World Cyber Games,WCG),是一个全球性的电子竞技赛事,被称为"电子竞技奥运会",该项赛事由韩国国际电子营销

① 陈党,张翠.网络游戏广告发展现状与反思[J].东南传播,2012(11).

② 王静,程浩.试析网络游戏广告的价值与形式[J].广告大观理论版,2008(1).

③ 游戏日报.英雄联盟职业联赛全球赞助商报告[OL].知乎.https://zhuanlan.zhihu.com/p/359967759

公司(International Cyber Marketing,ICM)主办,并由三星和微软(自2006年起)提供赞助。WCG的命运与三星的命运息息相关,三星作为赞助商,其营销总体战略直接影响WCG的产生、发展与结束。2000年的三星公司已是韩国高新技术企业的代表,其当时重要盈利产品包括手机和显示器,随着三星在世界市场的拓展,其营销战略必须更能体现三星的技术领先优势和市场前瞻性,于是深受年轻人欢迎的世界电子竞技大赛,即WCG,就成了三星在全球市场推广和公关的重要手段之一。当时WCG主要依托于三星的显示器,配备三星显示器的网吧也会在选择分赛区网吧时优先被选择。而到了2013年,由于三星公司内部结构转型等种种原因,WCG也就此寿终正寝。①

国内比较早的具有一定规模的网络游戏比赛是1999年新浪和263游戏网举办的星际争霸比赛。到了2005年,电子竞技项目在我国的受关注程度大幅提升,电竞赛事直播的收看人数显著增加。网络游戏逐渐从单纯的线上游戏,发展到线上游戏与线下比赛和电视转播相结合,越来越多的商业化电子竞技比赛开始引起人们的关注,而电竞赛事越来越成熟的运作方式也在悄然改变网络游戏产业的消费形态和商业模式。

王者荣耀职业联赛(简称KPL)是王者荣耀最高规格专业竞技赛事。2021年3月27日王者荣耀职业联赛春季赛正式开赛,KPL携手IQOO、AMX、清扬、京东、58同城、上汽大众、元气森林、自嗨锅、TT语音、嘉实多、六福珠宝等十一大赞助商,共同举办赛事。越来越多的赞助商将目光投向了电竞领域。随着11月5日《王者荣耀》成功入选杭州亚运会的消息传来,电子竞技首次成为亚运会竞技项目。由此,未来王者电竞赛事将进入新的阶段。

随着电竞事业的不断规范和发展,电竞赛事和战队对赞助商的选择也越来越慎重和专业。如今,越来越多的传统行业也开始了对电子竞技项目赞助的尝试,并取得了不错的效果。如国际专业电竞椅品牌傲风赞助CSGO,而鹰牌花旗参则因为赞助中韩WAR3对抗赛而获得到了出色的广告效果。电竞赛事赞助已经成为未来网络游戏营销的一大主流方向。

三、合作及关联宣传

前文介绍了网络游戏的媒介属性,不过通常意义上,它更多的是被作为"商品"来认识和消费的。游戏市场本身也是一个竞争非常激烈的市场,不管是页游、端游,还是手游,

① BBKinG.WCG终结,寿终正寝善始善终[OL].知乎.http://www.zhihu.com/question/22667530,2014-02-06.

近年来市场规模都持续扩大,产品类型题材复杂多变。如果没有好的营销推广,游戏产品很难在激烈的市场竞争中脱颖而出,获取足够的用户数量和用户活跃度,并实现流量变现。换言之,网络游戏自身也需要营销。而同时,它作为载体的营销价值也在不断凸显,因此,在这两种动力相互作用之下,网络游戏营销经常出现合作及关联宣传的形式。

所谓关联宣传,是指网络游戏与其他产品或品牌互为媒介,共享营销及客户资源,在各自的平台上推广对方的产品,带动彼此的销售量或提升知名度,以增强双方的市场竞争力。这种方法不仅成本低、效率高,而且往往效果良好,是网络游戏营销的一种新方向。

首先,游戏间的关联营销十分常见。这一方面是因为游戏的受众群重合度高,客户资源转化率高,另一方面是由于同一运营商可能运营着多款游戏,彼此带动也在情理之中。这种营销形式通常表现为,允许用户在完成了一款游戏中的某些任务之后,就可以免费获得另一款游戏里的资源。知名移动广告平台Tapjoy就推出了这项业务,它集合了移动端的App开发者,以参与返回费用的模式来刺激用户的互动。譬如一位社区养成游戏“happy street”的用户,如果他通过游戏内置链接下载了另一款手游“castle clash”,那么他就可以在“happy street”内获得相应的金币奖励。

上述合作模式还可以进一步加深合作程度,形成游戏间内容层面的关联。如国内知名的游戏运营商盛大游戏,分别代理了由日本世嘉网络(Sega Networks)开发的移动端的在线电子RPG游戏《锁链战记》,以及由韩国网游公司Eyedentity Games开发的PC端3D动作MMORPG游戏《龙之谷》。2014年8月,盛大推出了《锁链战记》的“龙之谷”联动活动,活动中推出了五张“龙之谷”角色的特殊卡牌,为《锁链战记》吸引了许多“龙之谷”的忠实玩家。值得一提的是该时间段正是动画电影《龙之谷》上映的档期,因此,这一合作营销活动还具有更多整合营销战略层面的考虑。

除了同业合作,网络游戏还经常与其他行业的商家结成关联宣传的关系,这种现象实际上是营销界的新概念“跨界营销”的体现。跨界营销,顾名思义,指的是两种或两种以上看似不相关的行业通过策划创意相互“外包”或“嫁接”现有资源,从而强化自己的竞争优势,重新审视和评价自己的资源价值。跨界营销在移动时代具有强劲的生命力。新媒体环境下,网络游戏延伸到了更多的终端,用户基数比过去有了很大的突破,相较端游时代能够承载更多的信息,因而催生了更适合跨界营销发展的土壤,合作的深度、广度、速度都大幅提升。腾讯是少数有专门跨界合作团队的企业,腾讯游戏凭借其平台资源,拥有数量庞大的用户,2020年手机游戏《王者荣耀》日活跃用户突破1亿人次。

2014年4月，腾讯游戏贯彻跨界营销的理念，推出了“fun营销”的概念，并在半年内公布了与通用汽车、酒类品牌保乐力加、珠宝首饰品牌周大福等达成合作，希望通过互动营销方面的共同尝试来推广双方的品牌，达成双赢的局面。2019年1月，MAC魅可正式携手王者荣耀进行跨界，并喊出“吻住，我们能赢”的口号，推出5款联名口红。微博关于“mac王者荣耀”的话题已经超4730.3万次阅读量。数据显示，王者荣耀联名款口红上线几秒钟，露娜色和貂蝉色的定制款断货，官网导入的流量几乎是日常的30倍，而产品上线第一天就突破了MAC一个月的销量。截至1月13号，五支口红已基本上卖断脱销，线上商场和线上旗舰店全面缺货。①

合作及关联宣传如今已是网络游戏营销中相当重要的一种形式，大量成功的案例进一步证明了网络游戏所具有的媒介价值和用户价值。本着共赢的宗旨，双方共享销售渠道、目标消费群、宣传媒介等资源，可以强有力地促进终端销售以取得事半功倍的效果。这种营销方式成功的关键是卖点的契合和价值的捆绑。游戏的优势是精确的用户定位、较高的忠诚度以及趣味的互动模式，作为媒介，它的特性适合于与拥有更多本地资源的品牌合作，化虚拟为现实，相互打通战略市场。

建立关联宣传的核心是网络游戏与合作品牌均能高效利用对方的资源和价值，因此，虽然网络游戏作为营销平台的适用性在拓宽，但并非任何产品都适合与其合作。有合作意向的双方应了解对方的营销状况，提前分析市场反应。因为这种合作营销的形式不同于赠品促销，不以任何一个品牌为主，故而要注意双方的平等地位，以免形成某一方处于附属地位的境地。合作双方应在活动时间、地点、内容等方面协调统一，确定各自想要达成的效益，形成友好真诚的互动机制。手机游戏《第五人格》就曾与《名侦探柯南》进行联动，推出游戏内皮肤。《名侦探柯南》于1996年被搬上荧幕，是深受国内外青少年喜爱的日本动漫，在B站总播放量超过4.5亿次。《名侦探柯南》剧场版在国内的票房并不算大爆，与日本票房也有较大差距，《第五人格》作为国内享有知名度的热门手游，此次联动无疑为《名侦探柯南》进军中国市场再添一把火。而《名侦探柯南》的广大观众也通过此次联动了解到《第五人格》这款游戏，借此开拓了游戏在海外尤其是日本市场的用户群，二者创造了双赢的局面。

① 猴子曼呀.王者荣耀与mac的跨界营销[OL].知乎.https://zhuanlan.zhihu.com/p/104867395,2020-02-03.

第三节 游戏营销的风险、问题与应用策略

网络游戏拥有庞大的用户市场，作为媒介也有着得天独厚的优势，具有广阔的营销前景。数据显示，美国游戏内广告的收入预计将继续保持显著增长，2019 年收入高达 423 亿美元。这个数字还在不断增长，庞大的市场甚至催生了诸多游戏的第三方广告代理公司。不过，游戏营销在实际应用中还存在诸多风险与问题。

一、游戏营销的风险与问题

根据腾讯2021年全年业绩财报显示，在所有主营板块收入中，网络游戏位居第一，本土市场游戏收入较2020年增长6%至1288亿元，国际市场游戏收入增长31%至455亿元，游戏业务总营业收入达到1743亿元，占据总营业收入的31%。金融科技及企业业务以1722亿元位居第二，网络广告以886亿元位居第三。游戏厂商的高收益反映了游戏的玩家群体基础和玩家的“氪金”能力，但对于企业营销来说，还需考虑游戏对自己来说，是否是一个好的、合适的营销载体。

（一）网络游戏的社会接受度和监管风险

游戏固然是一种触达消费者，尤其是年轻人的重要方式，但是，游戏同时也是一个饱受诟病，监管风险比较高的产业。作为一种营销载体，网络游戏的社会接受度和监管风险也是营销者必须考虑的问题。

从社会接受度来看，网游从诞生之初就被视为“带坏”青少年的一大元凶，“游戏成瘾”成为一个持续多年的社会话题和有待矫正的问题。因此，某种程度上，网络游戏带有鲜明的负面标签，游戏厂商则成为诱骗青少年的“无良商家”的代表。从监管风险角度，由于游戏公司众多，游戏产品质量把控标准不一，里面可能存在色情、赌博、语言暴力、性别歧视、性别错乱、诱导玩家过度“氪金”等问题，这也使游戏成为重要的政府监管

和社会监督对象，从而给游戏营销带来比较高的监管风险。

2019年国家新闻出版署发布《关于防止未成年人沉迷网络游戏的通知》，提出严格控制未成年人使用网络游戏的时段、时长，并规范向未成年人提供付费服务。2021年6月，修订后的《未成年人保护法》以立法形式规定实名认证是未成年人进入游戏的必要前提。同年8月，国家新闻出版署发布的《关于进一步严格管理切实防止未成年人沉迷网络游戏的通知》，对游戏企业向未成年人提供网络游戏服务的时间做了更明确、更严格的要求，同时还要求游戏账号必须实名注册和登录，所有网络游戏必须接入国家新闻出版署网络游戏防沉迷实名验证系统，对游戏市场进行大力整顿。2021年9月，教育部、国家新闻出版署等八个部委联合发布《综合防控儿童青少年近视实施方案》，也提出要控制网络游戏总量和新增网络游戏数量。

与一系列法规出台相配套的是国家的系列整治措施。2021年9月，中央宣传部和国家新闻出版署联合其他部门，约谈腾讯、网易等头部网络游戏公司、租售游戏账号平台以及游戏直播平台。2021年公安部摸排互联网游戏企业450余家，查处问题游戏134款，“进一步压缩了为赌博、色情等违法犯罪进行推广引流的通道，净化、清朗了网络环境”。①一方面是整顿现有游戏公司，另一方面是自2021年8月起停发游戏版号，也就是游戏开放用户充值付费的“经营许可证”，从根源上收紧政策。在监管部门的系列“组合拳”之下，2021年下半年，国内共有1.4万家游戏企业注销。②

（二）干扰游戏，影响玩家体验

对于玩家来说，在游戏里，他们只想得分，只想赢。这时广告、营销信息对他们来说就变成一种干扰。因此，在网络游戏的环境下，想要吸引玩家注意到广告，实际上是变得更为困难。游戏营销固然是游戏商获取利润的手段之一，但部分网络游戏内的关卡广告设置过于频繁，同时营销创意不足，植入方式生硬，对玩家的游戏目标造成干扰，或导致营销品牌未能引起玩家注意，品牌在游戏里的“露脸”变成无效曝光，直接影响营销效果。在经济收益与玩家体验之间，企业还需谨慎平衡。

为了获得更好的游戏体验，不少用户花费数百、数千元进行游戏充值，但在游玩时

① 公安部：摸排检查互联网游戏企业450余家，查处问题游戏134款[EB/OL]. 光明网 .https://m.gmw.cn/baijia/2022-01/14/1302763488.html，2022-01-14.

② 半年倒闭1.4万家，游戏版号停发，对国内游戏公司造成了多大影响[EB/OL]. 互联狗 .https://baijiahao.baidu.com/s? id=1725884934467500842&wfr=spider&for=pc，2022-02-27.

却依然碰到需要看完广告才能进入游戏的情况，这直接导致玩家的不满和反感。2020年，游戏业巨头EA在其旗下游戏“终极格斗冠军赛4”里，每当进入和结束回放环节时，游戏都会短暂地展示一个几乎全屏的亚马孙原创电视剧*The Boys*的广告。此举遭到玩家的集体吐槽，很快，EA官方下架了这一广告，并向玩家道歉。①

（三）营销创意不足

新媒体营销中创意和体验十分关键，游戏营销也不例外。植入广告和跨界宣传是现阶段游戏营销最主要的形式，但是整体创新性不足，不同的企业采取的方案往往很相似。与快餐、便利店联名合作是许多网络游戏的扎堆选择，但通常都采取推出限定新品兑换皮肤的方式。这种方式并不能养成玩家对该快餐或便利店的购买习惯而更倾向于一次性消费，而游戏皮肤的奖励对于非游戏玩家不能产生强烈的下载吸引力，最终这场合作难免沦为游戏内玩家的小众群欢，以及快餐店的短暂消费小高潮。游戏营销的创新性很大程度上决定游戏营销的最终效果，创新的欠缺使得营销失去了原有的目的和价值。

二、游戏营销的应用策略

对于企业来说，想运用游戏这一载体来达成营销目标，需要注意以下几点：

（一）选择适合自身品牌调性的游戏产品

企业应当根据自身的品牌调性来选择游戏产品，力求目标消费者人群与游戏的玩家画像吻合。品牌调性隐藏在品牌表现之中，主要通过组织文化、产品品质和品牌形象三个方面呈现出来。②它会长久地留存在消费者的心中，影响品牌的声誉与整体印象。选择调性相符的游戏，能够达到企业与游戏双赢的目标。相反，在进行广告营销时，如果不能有效甄别合适的游戏，则会适得其反。2021年网易游戏《光·遇》与社交软件soul在微博相继发布合作消息，虽然以“社交”为切入点确实契合两边的特点，然而soul20~35岁的主要用户与游戏年龄设定在8岁以上的《光·遇》游戏玩家群体重合度并不高。因

① EA就其在游戏中植入广告的行为正式道歉[EB/OL].新浪新闻.http://k.sina.com.cn/article_2166321755_811f725b02000v4e1.html,2020-09-07.

② 岳素欣，李康，袁义欣.汽车行业品牌调性探究[J].汽车纵横，2020(09).

此，在合作消息发布后，引来两个软件用户的强烈不满，最终以《光·遇》发布道歉并取消合作收场。由此可见，企业在进行游戏营销时，需要进行详细的调查，慎重合作。

（二）契合游戏情境，合作共赢

企业应当将产品或品牌的定位和诉求与游戏的内容相结合。游戏是一种虚拟的体验，不同的游戏会提供不同的体验情景，从而激发人们不同的心理活动。品牌则是人们对于企业及其产品和服务的一种综合体验。①研究表明，用户出于增加游戏中的真实感和降低游戏费用的考虑，愿意在游戏中看到现实中商品的广告。②但是，如果广告信息与游戏体验相悖，则可能产生负面情绪。因此，企业在使用网络游戏进行营销的时候应当注意两种体验的一致性，如果投放的营销信息与游戏营造的体验情景无缝对接，往往能取得较好的效果。游戏营销属于一种隐性的营销形式，更加讲求"润物细无声"。将产品营销融入游戏情节，让消费者在不自觉间记住产品信息，是网络游戏营销追求的目标。

（三）注重创新，发掘新的营销模式

目前的网络游戏营销还远未到定型、成熟的程度，很多现有的营销形式都还可以做进一步的优化和改变，以更好地适应不同企业的不同营销需求，或创造出更高的营销效率。以最常用的游戏内置广告为例，有研究者提出"产品替换式广告"的新形式，即根据不同时段或不同广告主对游戏中所植入的广告产品进行替换，实现更为灵活的广告投放形式，使一个具体的游戏媒介可以实现对多个品牌或产品的服务。这种替换可以是模拟一天中人的活动情况，将其分时段替换，也可以是根据不同的广告主进行不同广告产品的替换。例如，游戏角色在早晨起床后可能喝的是一杯雀巢咖啡，但中午午餐时喝的是一瓶百威啤酒，而到了下午茶的时候可能喝的是立顿红茶。③这种产品替换式广告植入方式，不仅更符合真实生活情境，也更符合商品自身的消费规律，是很值得考虑的营销方式。

除了对现有营销方式的改良，随着网络游戏行业的不断发展，也随着人们网络生活和网络应用方式的改变，必将涌现出新的网络游戏营销方式。举例来说，让我们大胆想

① 张洁．网络游戏中植入式广告的模式及其应用[J]．中国集体经济，2010(9)．

② Jason Chambers. The sponsored avatar：Examining the present reality and future possibilities of advertising in digital game[D]. USA：University of Illinois at Urbana - Champain，2005.

③ 王静，程浩．试析网络游戏广告的价值与形式[J]．广告大观理论版，2008(1)．

象一下，现在的电竞赛事中，观众大部分时间是在以“上帝视角”观看比赛，但随着VR、AR技术的兴起，5G时代我们也许可以直接置身战场之中，观众可以戴上设备，自行选择视角，目之所及、耳之所闻，都是选手亲身经历的“真实场景”，你甚至可以“拿起”选手使用的耳机、喝过的饮料、身上的队服，把它们直接放入淘宝的购物车，这种代入感，是我们现在无法想象的。但在5G应用元年，一切都只是开始。[①]

（四）整合媒介，整合营销

网络游戏具有媒介属性，并且信息到达率高、互动性强、不受时空局限，因而传播效果甚佳。同时它本身还可以作为一款产品，去拓宽受众范围、转换用户资源、达成二次售卖。不少企业选择在整合营销传播战略中加入网络游戏营销，一方面弥补其他营销手段的不足，另一方面也能达成独特的宣传效果。

事实上，以实际运用情况来看，新媒体营销往往就是整合运用的——整合运用了各种媒体形式和手段，各个环节甚至很难彼此完全独立。一个品牌的形象建设和营销活动可能同时在搜索引擎优化、社交网站运营、病毒式视频传播等几个方面都有所体现。故而网络游戏营销也需考虑与其他营销手段的整合，各种媒体手段组合运用，线上线下的活动同时开展，加强与用户的互动。比如，肯德基曾与游戏《第五人格》进行万圣节活动的主题联动，推出购买指定联动套餐后附赠的肯德基万圣节角色皮肤，同时将北京、上海、广州等十六座城市的十八家肯德基门店装饰为万圣限定第五人格主题店，带有强烈游戏风格的元素将与食客们亲密接触，让顾客在现实中也能体会到游戏的快乐。还有更多的企业采取在推广前期先运用微博来快速炒热话题，给予用户一个入口接触相关信息，后面再以趣味性的游戏来增强互动及给予用户特定体验，从而在提升品牌知名度的基础上，增强用户对品牌的好感和试用意愿。对新媒体的整合运用，在如今的企业营销当中已经变得非常普遍。

总而言之，通过网络游戏这一平台进行产品及品牌推广或促销是营销的一种新尝试，尽管它目前尚未形成规范而成熟的市场，但其巨大的潜力不容忽视。随着网络游戏市场的持续升温，兼之网络游戏营销所具有的灵活、有趣、延展性强、互动性高等特点，网络游戏营销正在成为新媒体营销最具活力的领域之一。

---

① 薛嘉炯.5G时代，关于电竞的想象[J].中国广告，2019(10).

知识回顾

网络游戏，又称线上游戏或在线游戏，简称网游，是随着电脑技术和互联网的普及而发展起来的游戏新形态，它依托于互联网运行，可以多人同时参与。网络游戏具有在线性和互动性的特征。网络游戏已经发展成为文化产业的重要构成，总体上呈现移动化、社交化的发展趋势。

网络游戏由于具有互联网的强互动、多媒体和虚拟现实的特性，因而具有更为丰富的媒介意义。以线上游戏用户群为基础，依附游戏内容或者游戏平台，以广告投放、赞助、合作及关联宣传等形式为实现某个营销目标而进行的营销活动，就是游戏营销。游戏营销具有用户群体相对明确、营销接受度较高、营销模式灵活、统计测评和用户反馈便利等特点。

游戏营销的常见形式主要有广告投放、电竞赛事赞助、合作及关联宣传这三种。其中，广告投放主要有传统游戏广告、游戏平台广告、游戏内置广告和定制式游戏广告四种常见形式。合作及关联宣传则包括游戏与游戏之间的宣传形式和游戏与其他行业的合作宣传。

目前我国的游戏营销尚存在着一些风险和问题，如“网络游戏的社会接受度和监管风险”“干扰游戏，影响玩家体验”“营销创意不足”等问题。企业开展游戏营销，需注意选择适合自身品牌调性的游戏产品、契合游戏情境，合作共赢、注重创新，发掘新的营销模式、整合媒介，整合营销等。

复习思考题

1. 游戏营销有哪些形式和方法？除了本章所谈到的，你还能举出其他游戏营销形式和方法吗？

2. 企业进行游戏营销，需要注意哪些方面？

3. 举例说明游戏营销在整合营销战略中的运用。

4. 5G 技术的兴起可能会给游戏营销带来哪些改变？企业应当如何顺应和利用这一新的发展趋势。

第八章　微博营销

知识目标

1. 微博营销的概念及特征。

2. 微博营销的策略及其发展趋势。

能力目标

1. 了解微博营销的策略。

2. 把握微博营销的发展趋势。

思维导图

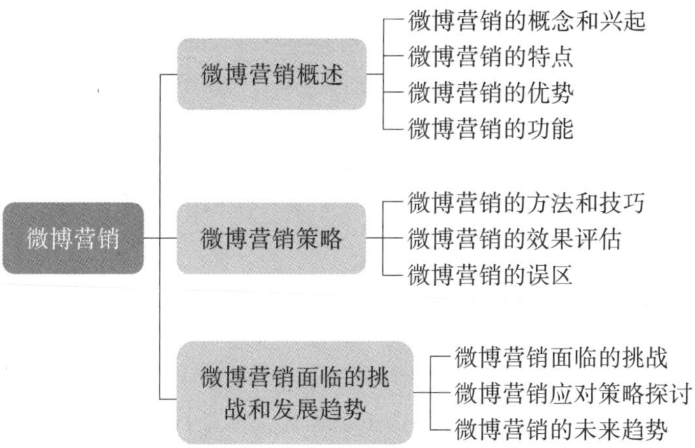

@ 案例导入

2022年冬奥会期间，谷爱凌、苏翊鸣等奥运健儿受到了广泛关注。由运动员们代言的安踏也在这场赛事狂欢中成了最大赢家。开幕式上，安踏抢占先机，“交响乐团穿安踏献礼冬奥”在微博引发网友热议，仅24小时内，阅读量便超过2.8亿次，讨论量高达16万次。比赛期间，安踏在微博进行了全方位的投放，用户在开屏、信息流、热议话题等处皆可以看到安踏的相关内容，实现了最大化曝光。同时借助微博强大的热点场域能力，安踏与热门赛事选手也进行了强绑定，“谷爱凌金龙战袍”“首金战袍比钢丝强韧15倍”等相关话题也向网友展现了安踏的产品实力。[①]通过这次微博营销，安踏实现了体育精神和品牌内核的深层融合。

微博2020用户发展报告显示，微博在2020年9月月活用户5.11亿，日活用户2.24亿，从数据来看，微博仍是中国网民不可或缺的社交平台之一。微博用户群体以90后和00后为主，两者总占比接近80%，呈现年轻化趋势。[②]这部分用户具有巨大的消费潜力，往往是企业开展营销活动的目标群体。微博以其强大的商业吸引力和稳定的流量来源，常常成为企业和品牌开展营销活动的首选项。据微博与尼尔森联合发布的《2018微博营销品牌影响白皮书》显示，微博营销项目对企业在认知度、喜爱度、预购度与推荐度上的提升均有助益。凭借着多样化的资源优势及显著的营销效果，微博不仅成为企业对外发声的绝佳阵地，并能够为品牌寻找到最优投放组合。企业在做微博营销推广时，不能只考虑ROI等短期效益，也应着眼于长期的收益。营销只是手段，如何触达消费者心智并形成品牌认知，积累社交资产，才是企业需要在微博达成的营销目的。

第一节　微博营销概述

2006年5月，美国blogger.com的创始人埃文·威廉姆斯（Evan Williams）受好友杰克·多尔西（Jack Dorsey）的创意启发，创立Twitter网站。随着Twitter的迅速成长，它无可争议地成为一个具有革命性和标志意味的网络符号。在Twitter引爆微博这一概念后，微

① 玩转社交媒体，安踏借势冬奥成大赢家[EB/OL]. 社会化营销案例库 .https://marketing.hd.weibo.com/article/view/6385，2022-02-15.

② 微博2020用户发展报告[EB/OL]. 微报告 .https://weibo.com/ttarticle/p/show? id=2309404613871951282183，2021-03-12.

博在中国获得了爆炸式的发展,成为中国互联网最耀眼的明星。与此同时,中国企业也进入了微博营销时代。[①]从早期的锤子手机、小米手机、韩寒电影《后会无期》,到如今的江小白、支付宝锦鲤、老乡鸡等,微博见证着营销手段的不断升级,其所搭建的营销体系日趋成熟,这也为企业和品牌营销带来了更多的可能性。

一、微博营销的概念和兴起

微博(Weibo),即微型博客(MicroBlog),也称迷你博客(Mini Blog),是一种通过关注机制分享简短实时信息的广播式的社交网络平台。微博是一个基于用户关系分享、传播以及获取信息的平台。用户可以通过Web,App等各种客户端组建个人社区,以简短的文字更新信息,并实现即时分享。微博的关注机制分为可单向、可双向两种。

微博营销是指企业或非营利组织利用微博这种社会化媒体影响其受众,通过在微博上进行信息的快速传播、分享、反馈、互动,从而实现市场调研、产品推介、客户关系管理、品牌传播、危机公关等功能的营销行为。具体可以从三个方面来理解这个定义:首先,微博营销的主体是企业和非营利组织。与传统营销不同,非营利组织也是微博营销的重要主体。非营利组织由于其预算的有限性,对信息发布系统与人才的投入不像企业那样充裕。因此,一种易操作、低成本而又高效的信息传播工具对非营利组织而言是非常重要的。微博的出现正符合了非营利组织的这种需求。其次,微博营销的方式是在微博网站上进行信息的快速传播、分享、反馈、互动。微博的特点决定了微博营销的方式,微博的本质是信息的快捷传播与分享,这决定了企业利用微博进行营销的方式,企业在微博上进行的一切营销活动都必须围绕这种方式进行。最后,微博营销的功能是实现市场调研、产品推介、客户关系处理、品牌传播、危机公关等。微博作为互联网时代的新型营销工具,可实现的营销功能是多种多样的,成功的微博营销可以最大限度地实现以上功能。[②]对于微博营销的定义多种多样,但是基本上都是围绕营销主体、营销方式、营销对象、营销功能等方面进行阐述,这里就不再赘述。

追根溯源,微博营销兴起的前提是微博的崛起。新浪微博是最早进入微博市场的门户网站,也是到目前为止国内表现最为出彩的微博产品。从2010年年初开始,新浪微

① 胡卫夕,宋逸.微博营销:把企业搬到微博上[M].第2版.北京:机械工业出版社.2014.

② 同上。

博就大红大紫了,这是新浪利用名人资源所引爆的一个新兴媒体。随着新浪微博用户数量的爆发式增长,许多企业看到了微博营销的潜力,纷纷入驻新浪微博。企业在微博营销实战中不断摸索成长,其中不乏在微博上取得显著营销成效的企业,如杜蕾斯、凡客、小米、WIS护肤品、蓝翔等。

二、微博营销的特点

从一开始,微博的发展就极为迅速。与传统博客相比,它将字数限制在140字之内(2016年解除字数限制),使得微博内容短小、口语化,易于操作和传播,从而在一定程度上降低了发帖门槛,能提高用户的参与度。在终端上,微博更适合于手机、平板电脑等移动端媒体;在表达上,微博更为口语化、碎片化。[①]此外,与传统博客相比,微博的参与、互动、转发更为容易,具有很强的社交性,因而短短几年微博便迅速跃升为社会化媒体的典型代表。利用微博平台所进行的营销,具有以下特征。

(一)多元化产品

微博为用户和企业提供了多元化的产品,能够包容多种类内容。从最初的文字、图片、视频,到2015年推出的文章产品、2016年的直播功能、2017年的微博故事、2018年的vlog潮流等,微博不断丰富产品多样性和形式丰富性,微博副总裁王雅娟总结道,微博是一个"Twitter(社交)+Instagram(图片)+YouTube(视频)"的综合平台,[②]这也为企业触达用户和营销活动开展提供了多样化路径。

(二)即时互动性

微博是永不落幕的"现场直播"平台。在微博上,企业可以在第一时间将营销信息传递给目标消费者,同时能够根据目标消费者对营销信息的转发、评论、点赞等相关反馈情况即时与消费者沟通,实现营销信息的交互。如果企业资源允许,企业甚至可以针对特定的潜在目标消费者量身制定个性化的反馈信息,这能让消费者亲身感受到来自企业的人文关怀,进而对企业品牌产生良好的品牌印象,达成品牌塑造的目的。在消费

① 周世禄,刘瑞生,王文博.微博"热"和"冷"解析——2010年中国微博发展态势、传播功能及社会影响[R].尹韵公,吴信训,刘瑞生.中国新媒体发展报告(2011)[M].北京:社会科学文献出版社,2011.

② 微博:"多元化"的逆袭之道[EB/OL].中国经营网.http://www.cb.com.cn/index/show/gs/cv/cv12521975175,2016-11-12.

者主导的时代,聆听消费者的意见和建议、即时反馈消费者、与消费者形成良好的沟通与互动,是成功营销的前提,而微博营销很好地契合了互动营销的这些精神,是互动营销的重要表现形式。

(三)传播速度快,范围广

微博营销离不开信息发布,微博的信息传播方式不是线性有序传播,而是无中心的开放式传播。企业在微博上发布的营销信息能够快速及时地传递给受众,而基于微博上庞大用户群的积极性和人际网络,这些营销信息又能够通过转发、评论微博得到二次乃至N次传播。有业内人士用“One to N to N”的裂变公式来形容微博的传播方式,生动形象地表明了微博传播速度的无限可能性。而微博营销的这一特点,又让其成为病毒营销的一个重要模式。

(四)湿营销的最佳阐释

在被誉为“互联网革命最伟大的思考者”的克莱·舍基(Clay Shirky)笔下,未来社会是湿的。这里“湿”的东西具有活的特征,是有社会属性的东西。美国学者汤姆·海斯(Tom Hayes)和迈克尔·马隆(Michael S.Malone)创作了《湿营销:最具颠覆性的营销革命》,提出了湿营销这个概念。“湿营销”,是指借由互联网上的社会性媒体聚合某个群体,并以温和的方式将其转化为品牌的追随者,赋予消费者力量,鼓励他们以创造性的方式贡献和分享内容,从而影响商家的新产品开发、市场调研、品牌管理等营销新战略。微博营销正是“湿营销”这一理念的最佳阐述,在微博中,由微博主发出的信息在用户之间不断呈现病毒式扩散,具有显著的社会化特性,每位受众既是信息的接收者,也是信息的传播者。成功的微博营销可以从旁驾驭社会化环境下的意见领袖,并让品牌的拥护者高度卷入,让营销往正面发展。微博,由于其本身就具有“湿”的性质,因此,在微博的“湿营销”过程中,企业通过民主的方式引导用户的言行(尤其是负面的),而不是强制打压用户的言行。在微博上,企业可以与用户进行深度对话,并使用户在对话的过程中产生对品牌和产品的信任。利用微博进行“湿营销”的另一个特点是深度的互动体验,它可以让企业的受众与传播的诉求高度互动、深度体验。[①]

① 胡卫夕,宋逸.微博营销:把企业搬到微博上[M].第2版.北京:机械工业出版社.2014.

三、微博营销的优势

微博营销作为一种网络营销方式，与传统营销模式和其他的网络营销方式相比，主要具有以下优势。

（一）提供多种类营销资源

注意力稀缺时代，企业想要被“看见”，就需要大量的曝光。微博作为具有广泛影响力的平台，能够为企业提供多种类的营销资源。微博的开屏广告、热搜、粉丝通等资源能够帮助不同种类和阶段的品牌进行营销推广，并通过科学的投放策略和多种营销资源的结合来实现营销效果最大化。企业借此得以吸引消费者关注，从而达到更高的信息到达率和阅读率。

（二）形成有效的影响力营销

微博上有众多的大V用户，他们都是各行各业的意见领袖，有数目可观的粉丝群，甚至能够引导微博上的舆论走向。作为营销传播活动中的重要角色，意见领袖在微博中的影响力不容小觑。根据艾瑞《2019年中国KOL营销策略白皮书》结合AdMaster的调研数据来看，有KOL入驻的平台类型明显更加受到广告主的青睐。[①]微博早期以“明星”作为标签，现今发展出的多垂直领域吸引了大量的KOL聚集，这成为微博营销活动的一大优势。2019年三星新品上市，通过联合不同兴趣领域的12位KOL发布定制化的“VlogA趣拍”活动视频，将产品特性渗透至生活各场景，吸引了多位用户主动关注并自发参与活动，实现了内容的跨圈层传播。[②]

（三）能够实现信息的即时和精准传播

微博由于其具有“随时随地分享信息”的即时沟通功能，能让企业在第一时间发布关于企业产品或服务的最新动态，如促销信息，让每一次营销活动都能及时到达消费者那里，进而取得更佳的营销效果。由于企业微博用户的粉丝基本都是对企业产品或服务比较感兴趣并保持关注的群体，所以企业可以通过微博上已有的关于粉丝的相关数

① 2019年中国KOL营销策略白皮书[EB/OL].艾瑞网.https://report.iresearch.cn/report_pdf.aspx? id=3346,2019-03-18.

② 三星 A80#VlogA 趣拍#短视频营销[EB/OL].金鼠标.https://www.goldenmouse.cn/uploads/soft/200225/1-200225164031.pdf.

据，分析粉丝的特征，从而进行有针对性的精准营销，达成企业和用户的共赢。此外，微博的个性标签功能让企业可以通过标签设置选择潜在的目标客户，同时也让用户快速找到相应的企业和产品。这让微博的精准营销成为可能。每天都有大量用户在微博上晒生活，企业可以通过分析微博上目标用户的行为数据制定相应的营销策略，即在微博用户大数据的基础上更好地实现精准营销。

（四）企业开展微博营销能够实现危机事件的预警功能

在“人人都是麦克风”“人人都是自媒体”的时代，任何一个关于企业的负面信息都有可能在短时间内广泛传播，如果不能及时出面解释，阻止负面信息的进一步传播，则有可能会引发企业的危机。微博的即时性、便捷性让企业能通过良好的舆论监控第一时间发现危机，并迅速作出回应，给予解决方案，制止危机的发生与扩大。[①]如今，微博已成为很多政府、企业、个人进行舆情监测、危机公关和形象管理的重要手段。

四、微博营销的功能

微博营销功能准确地说是“微博”这个工具在营销中发挥的作用，即企业能用微博做什么。微博营销功能主要有以下几点。

（一）品牌推广

品牌推广是企业塑造自身及产品品牌形象以获得广大消费者认同的过程。“3i”是菲利普·科特勒等人在《营销革命3.0》一书中提到的一个重要概念，即品牌构成的三个要素——品牌标志、品牌道德和品牌形象。其中，品牌标志是品牌呈现给消费者的直观的品牌代言物，但真正能让消费者感知品牌内涵的重要因素是品牌道德和品牌形象。品牌道德包含了一个企业的品牌内在价值观和是非观，品牌形象则包含了企业希望通过品牌传达给消费者的认知感受。[②]微博作为企业发声以及进行社会化营销的重要平台和工具，是企业与消费者进行直接接触的一个桥梁。在沟通和信息交互的过程中，无论是表达的内容还是表达的语言方式，都可以体现企业的品牌内涵。

---

① 方茜雪.企业微博营销运营模式及优势探析[J].经营管理者，2014(14).

② (美)菲利普·科特勒，(印尼)何麻温·卡塔加雅，伊万·塞蒂亚万.营销革命3.0[M].毕崇毅，译.北京：机械工业出版社，2013.

除了利用微博进行品牌的对外宣传和推广外,品牌的对内传播也不容忽视。品牌是一个企业整体形象的体现,企业员工往往比用户更能体会企业品牌对自己的巨大影响力。因此,企业内部员工理解、认同、践行企业的品牌价值观显得尤其重要,是企业品牌营销取得成功的关键。例如鼓励员工开微博,建立微博群,加强员工之间非正式的交流,实际上是一种利用微博加强企业品牌、企业文化的内传播的应用。

(二)客户关系管理

利用微博进行客户关系管理可分为以下两个方面:第一,客户信息梳理与关系维护。微博作为一个带有社交功能的平台,个人展示是很普遍的现象,用户通常能够在微博中主动提供他们的地域、年龄、学历、行业、兴趣爱好等多种信息。企业通过微博可以在不打扰用户的情况下收集必要的信息。在拥有一定的用户基数后,可以使用组建群组、应用标签分类、第三方"粉丝"分析软件等多种形式,灵活地进行客户归类。在以客户为核心的商业模式中,CRM(客户关系管理)强调时刻与用户保持和谐的关系,不断地将企业的产品和服务信息及时地传递给用户,同时全面及时地收集顾客的反馈信息。第二,在线客服。微博作为一个庞大的社交平台,具备24小时可随时联系的特点,服务人员通过微博可方便接收信息,进行反馈,可同时进行一对多的沟通交流。另外,企业微博还可以通过内容的构建,主动帮助用户解决问题,主动宣传自己的服务信息。

(三)公共关系管理

通过微博的信息收集,使用微博检索工具、检索组件,时时刻刻对企业品牌、产品和相关的话题进行监控,可以建立一个日常的监测预警机制。一旦在微博上发现和企业相关的负面信息,应及时向涉及的具体部门和人员报告,找出问题的根源,快速检索相关留言,了解情况后迅速通过私信等私下单个沟通的方式联系相关用户,力求找到信息最初的发布源头,直接解决问题。①总之,营销团队可通过微博平台,实时监测受众对品牌或产品的评论及疑问,如遇到企业危机事件,可通过微博第一时间表明企业态度、对消费者疑问予以解答,并对负面口碑进行及时的正面引导,使搜索引擎中有关负面消息尽快"淹没",让企业的损失降到最低。②

① 胡卫夕,宋逸.微博营销:把企业搬到微博上[M].第2版.北京:机械工业出版社,2014:30-34.

② 杜子建,申音,伊光旭等讲授;优米网编著.无微不至:微博营销实战指南[M].合肥:安徽人民出版社.2013:13

第二节 微博营销策略

微博的发展如此引人注目，企业、政府机构以及其他各种组织和个人也越来越重视利用微博开展微博营销和推广，但从实际情况来看，很多人只是将微博作为短期炒作或进行危机公关的临时策略，缺乏长远规划，自然很难真正及时有效地交流沟通、解决问题、达成营销目标。

一、微博营销的方法和技巧

定位是进行微博营销的第一步，需要围绕企业总体营销策略来进行。就像杜蕾斯的微博营销始终围绕着目标群体——年轻人的话题进行，紧随时尚潮流，抓住热点话题进行营销一样，其他企业的微博营销也势必要围绕着本企业产品或者品牌的调性、目标用户、目标市场的特点来制定营销策略。

（一）内容策略

作为典型的社交媒体，微博很好地展现了这个时代的众声喧哗，简短的形式与观点表达和信息传递加上了短、平、快的特征。在微博上，只有具有高质量的内容，才可能引起网友关注、形成话题，只有形成自己高辨识度的风格与特色，才可能吸引一众铁粉，在众多发声平台中脱颖而出，形成品牌效应。

作为一个可以和消费者进行实时沟通的平台，微博其实是一个非常好的能实现菲利普·科特勒所提出的“价值观营销”的渠道。微博并不是一个简单的销售商品或创造消费需求的工具，更多的是企业展现自身价值观和企业愿景与使命的平台。在这种观念下，企业不再以硬性方式推销商品，而是以真诚的态度，为消费者提供有价值的产品和服务，关注消费者生活和世界的变化，以“意义的营销”赢得消费者的信任和精神认同。

首先，微博应该摒弃“硬营销”的传统思路，尽可能为消费者提供有价值的信息，包括与企业所在行业相关的专业信息，以及各种能够引起消费者兴趣的内容、热点话题，让用户的关注更有价值。反观杜蕾斯的微博营销，我们可以看到，其发布的微博内容多数是围绕当下的热点话题、时尚观点，并针对性地结合产品本身的属性进行发布。杜蕾斯的官方微博上既有关于时下热点话题的嬉笑怒骂，也有针对其目标受众需求的专业性信息。少了推销的意味，多了和消费者对话的亲切和作为生活帮手的效用，杜蕾斯在不知不觉中和消费者建立起了良好的关系。这会使消费者在今后的产品购买或者谈论过程中，每每提及“杜蕾斯”，就像提到了一个朋友似的。能做到如此地步，其微博内容的良好规划功不可没。

其次，对专业内容与其他内容的平衡也要规划好。企业微博作为客户关系维护与服务的平台，既要考虑显示企业特点的专业性，以提高服务的质量和水平，增加用户对企业的信任度，同时又要适当地发布一些活跃气氛的内容，以拉近企业与用户的情感和关系。企业微博在开通初期应以增加影响力为主，应该适当地多发布与所在行业相关的专业内容，比如与行业相关的新闻及评论、同行发布的相关帖子等。专业内容与其他兴趣类话题的比例大概是7∶3。到了中后期，微博的内容比例则可做适当调整。具体的比例要根据实际情况而定。[①]同时，专业内容与其他内容的语言、语气使用要区隔开。使专业内容能获得用户的信任，其他内容能引起用户的兴趣及讨论。

（二）明星与红人营销

现在大多数明星都在新浪注册了微博账号，其粉丝数量也非常可观，而由于明星自身有不同的定位，其粉丝也通常有着比较显著的特点。而这其中的部分明星的粉丝就是某些企业的目标消费者。也因此企业经常会选择当红明星进行品牌代言。此外，因网络走红的新人也成了品牌的新选择，这类红人往往带有鲜明特色，企业通过将其特色与自身产品结合，来达到营销效果的最大化。

企业在选择明星与红人进行合作时，需要注意其粉丝与目标群体的重叠度及他们在社交平台中的用户认可度。如因“颓丧”气质和“反内卷”人设走红的利路修，在社交平台中呈现出的“人间清醒”形象被众多用户认可，在他与瑞幸咖啡合作的广告片《瑞幸YYDS》中，动作和台词的设计也保留了自身的特点，同时利路修的受众群体也与瑞幸咖

① 陈永东．企业微博营销：策略、方法与实践［M］．北京：机械工业出版社，2012：108.

啡受众高度契合,[①]自然引发了亿级刷屏和广泛讨论。

(三)互动策略

企业微博首先应该是像一个“人”,能够和消费者进行没有障碍的沟通,有自己的个性,能够与关注者形成一种类似“气味相投”的感觉,而不是为了单纯的曝光量而“逼”用户进行转发。

与用户进行互动沟通时,首先,应该增加对用户需求的了解,根据其实际需要进行针对性的营销。企业可以用询问、关切的语气与用户进行交流,引起用户的讨论并引出其真实的需求。实时关注用户的搜索关键词及微博热点也是获知其需求的途径之一。其次,要用消费者喜欢的或者容易理解的语言进行交流。当下的网络语言不断丰富,微博上的“段子手”也是层出不穷,官微维护者不妨多关注这些“段子手”,多使用网络语言和用户进行交流,拉近与用户的距离,成为用户的一个人格化的“朋友”,这样才能为以后的关系维护奠定良好基础。

(四)善用微博传播场域

微博兼具热点传播和兴趣聚合两大特点。一方面,微博的开放关系极容易形成基于某个话题、事件等的爆点传播,无形中形成了一个虚拟的公共空间,这为企业通过借势和造势等方式吸引消费者关注、引发兴趣提供了场所。另一方面,企业的官方微博及其账号矩阵、粉丝群等又可以被视为私域,企业借此实现与消费者的直接沟通。五菱宏光MINI EV的社交种草传播就是两者结合的范例。对女性与年轻人的目标群体特点进行洞察后,五菱宏光MINI EV将其车身颜色与马卡龙色进行认知绑定,之后通过春季场景导入,营造氛围感。在传播过程中,五菱宏光MINI EV借助了明星影响力与KOL的口碑扩散在微博中形成了声量,实现了优质内容的破圈层化传播并吸引大量用户关注。在用户被沉浸式内容种草后,官方微博引导用户进行关注互动,将其转化为私域流量,并盘活铁粉进行自发宣传,最终实现了产品的长效种草。[②]企业在开展营销活动时也应把握微博不同场域传播的特点,善于利用相关营销资源。

① 最惨打工人利路修,竟然凭借一支广告翻红?[EB/OL].营销前线.https://mp.weixin.qq.com/s/j6L8pPc-2pIHBui6v4MYTw,2021-05-17.

② 宏光MINI EV马卡龙车色社交种草传播[EB/OL].TMA.https://www.tma999.com/uploads/soft/211020/1-211020155512.pdf.

(五)营销渠道的协同效用

微博营销作为企业营销策略中的重要一环，势必要与企业其他的营销环节相整合，做好营销活动的线上宣传或者活动中期的客户服务、活动后期的其他服务等相关工作，企业需要在精力和财力允许的情况下根据不同营销渠道的特点，结合企业的特点设计合理的营销渠道组合，充分发挥每个营销渠道的特点，进而取得最佳的总和营销效果。[①]雅诗兰黛基于大数据洞察发掘出消费者的屏障修护需求，并针对消费者的屏障困扰推出了微精华系列。为了抢占精华水品类的市场份额，雅诗兰黛借力“618”营销活动，提出“屏障救星”这一卖点并进行了多平台推广。“618”前期，雅诗兰黛在微博、微信、小红书平台上发布皮肤试验结果，模拟外界对皮肤造成的伤害并突显出产品的强韧屏障功效。仅仅是试验还不足以使消费者动心，雅诗兰黛还联合丁香医生等专家发布屏障白皮书为产品背书，帮助消费者意识到屏障的重要性。在对消费者进行教育和种草后，雅诗兰黛又进一步推进了产品的集中曝光。借助年轻流量明星的影响力，雅诗兰黛实现了热度的攀升。同时通过微博牧场计划，雅诗兰黛联合多位垂直领域KOL发布使用体验，进行品牌内容的集中曝光，并在热搜投放话题“待你不薄”等吸引消费者关注。[②]

二、微博营销的效果评估

随着微博营销的广泛应用，对微博营销效果的评估标准和测量方式也成为业界和学界探讨的一个重点问题。

(一)微博营销效果评估的模式

微博营销的效果往往不是即时性的，具有延时性的特点，用户多是在潜移默化中留下了对产品和品牌的印象、与企业建立了联系。为更全面、合理地评估微博营销的效果，有研究者提出AESAR模式，即注意(Awareness)—参与(Engagement)—态度(Sentiment)—行动(Action)—保留(Retention)，依据引起用户注意、鼓励用户参与、改善用户态

① 陈永东.企业微博营销:策略、方法与实践[M].北京:机械工业出版社,2012.

② 雅诗兰黛微精华系列——“屏障救星，待你不薄”[EB/OL].胖鲸.https://socialone.com.cn/esteelauder-micro-essence-cce-campaign-2020/,2020-07-28.

度、驱使用户行为、实现用户保留这五个阶段形成的循环过程分别选取关键评估指标。如图8-1。[1]

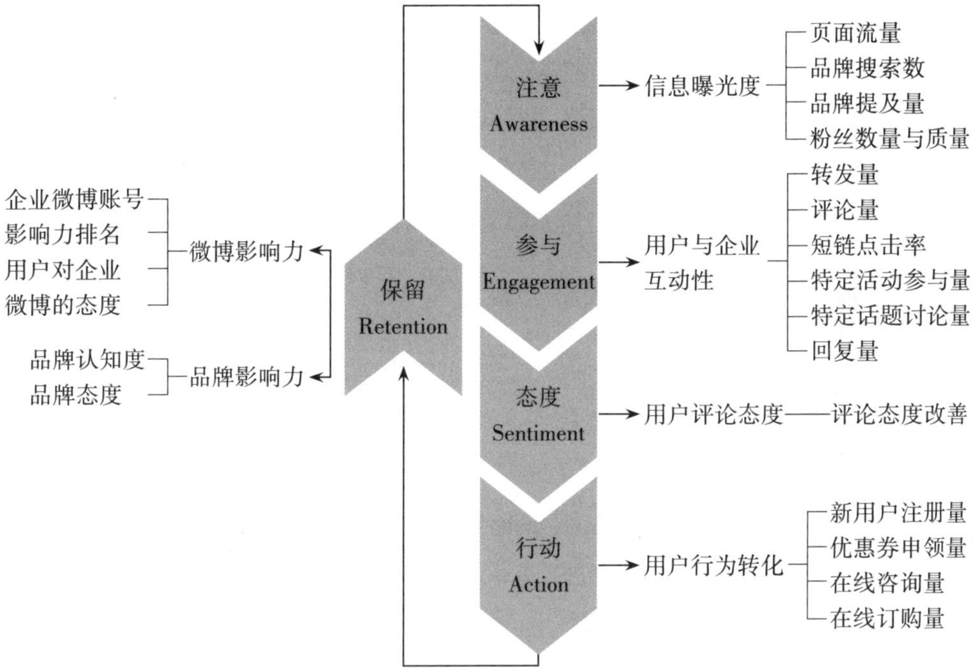

图8-1 企业微博营销效果评估模式 （《企业微博营销效果评估研究》第91页）

这五个阶段覆盖了用户从关注、参与、改变态度、行动到形成忠诚的整个过程，能够较好地反映企业微博营销活动的效果。

(二)微博营销效果的评估方式

微博营销的效果评估方式有以下三种：

1.传统网络监测。借鉴传统网络营销的监测手段，企业可以获得网页流量和转化来源方面的数据，并且对引导用户购买行为效果进行监测。通过对微博访客的跟踪或者对优惠券的使用率的统计可以获得有关微博营销效果的若干重要数据。

2.第三方监测。目前我国的第三方监测服务商有众趣、微博派、微博大师等，可以对微博等社会化媒体平台的数据进行监测，并对相关数据进行切片、处理、分析。微博上提供的第三方独立分析工具，比如微博风云等也都可以对企业微博运营、粉丝参与度等

①赵爱琴，朱景焕.企业微博营销效果评估研究[J].江苏商论，2012(1).

进行初步的数据统计、分析和挖掘。[①]

3.结合对粉丝的调研。传统网络监测和第三方监测的方式均属于典型的量化研究思路，是对用户行为的大数据挖掘与应用。这种方法固然有传统调研方法无法比拟的优势，但并不能完全取代传统调查方法。只观察消费者的“行为”，无法反映其“态度”“意见”以及“原因”，是有很大缺陷的，因此，企业应在网络监测和数据挖掘之外，结合传统的抽样调查方法，对粉丝进行更深入的调研，搜集粉丝对企业营销传播的态度、对企业产品和品牌认知度的改变以及原因，以帮助企业更全面地评估其微博营销的长远影响和价值。

（三）微博营销效果评估指标体系

微博营销活动也可以被视为一种投入产出型活动。由于企业微博的发布和回复是进行微博营销的重要部分，根据活动营销特点，可以将企业官微的活跃度和活动吸引力视为投入要素，以发微博频率和企业微博对粉丝的回复量、奖品价值作为度量指标。在产出要素方面，活动的覆盖率和用户喜爱度则分别对应转发数和评论数、正负评论比例的度量指标。收集相关数据后带入DEA模型进行企业微博活动营销效果的量化评估。[②]

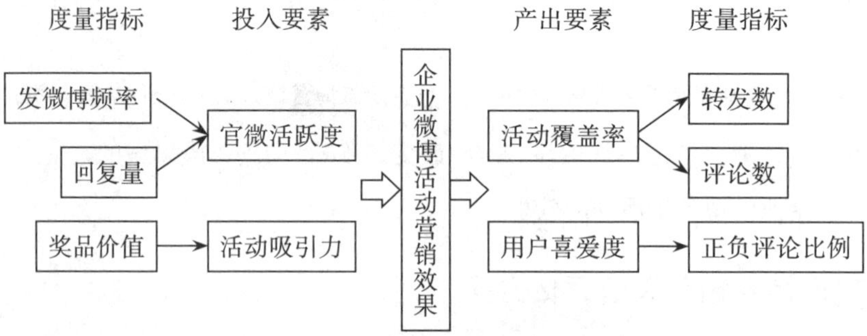

图8-2　企业微博营销效果评估指标

（《基于DEA的企业微博活动营销效果评估》第139页）

三、微博营销的误区

在对微博营销的应用中，存在着一些似是而非的观念误区，比如，误认为粉丝越多越好、转发越多活动就越成功、在微博上进行大量促销和推广，等等，归根结

①赵爱琴，朱景焕.企业微博营销效果评估研究[J].江苏商论，2012(1).

② 韩玫，何跃.基于DEA的企业微博活动营销效果评估——以S企业官方微博为例[J].管理评论，2015，27(07).

底，除了行业不规范因素之外，其错误的根源仍然在于误把微博营销当作一种短期赢利工具。

（一）粉丝越多越好

粉丝数量是微博营销的基础，但是不能盲目地追求粉丝的数量。如果某企业的粉丝数量几十万，但是每次微博转发数量仅数百次甚至数十次，那说明这些粉丝的质量并不高。有些企业为了追求粉丝的数量，不惜重金购买粉丝，这使得企业微博粉丝中存在太多的“僵尸粉”，而“僵尸粉”对企业微博营销来说没有任何价值。粉丝数量是一个容易量化的指标，但绝不是微博营销中最有价值的指标，正确认识到微博营销的价值并不停留在粉丝数量层面，是企业开展微博营销的第一步。①

（二）转发越多活动越成功

转发量的确已成为衡量微博营销效果的一个重要指标，但比数量更重要的是质，也就是说，需要分清转发微博的究竟是哪些类型的人，是不是企业的目标客户和优质客户。

与社会结构类似，微博的用户也具有明显的社会经济结构，其中，最活跃、转发意愿最高的，大多是在校学生或是刚刚参加工作的人群，他们非常活跃，但是购买力非常有限；他们喜欢在网上购买便宜打折的物品，追求物美价廉；他们很有可能不是企业的目标用户。

如果企业在微博营销活动时，只能调动这两类人群的转发兴趣，那么，微博营销活动的转化率和效果都会不理想。要想获得理想的营销效果，企业需要瞄准自己的目标消费者，不仅调动网上活跃人群的转发兴趣，而且还要获得自己目标消费群的注意和兴趣，为以后的购买或进一步参与做准备。

（三）微博上大量促销、推广信息

对于企业来说，微博是一个低成本的甚至免费的营销平台，但对于消费者来说，它应该是一个沟通和服务的平台。微博是企业与消费者零距离交流、互动的途径，其主要功能应该是服务消费者，做好客户关系管理，将消费者意见反馈给企业以改善产品，提升服务质量。如果企业在微博上发布大量促销推广的信息，用户关注的价值就会大大降低，而且这种信息也很容易被微博上的海量信息所淹没。试想，在网络上铺天盖地的

① 企业微博营销实战流程[EB/OL].晏涛三寿.http://bbs.paidai.com/topic/61114，2011-09-14.

信息中，企业发布单纯的促销推广信息，怎能不被其他信息所淹没或招来用户反感呢?

(四)一味模仿跟风

网上经常出现一些流行的网络段子和搞笑视频，无疑，企业需要学习网络流行语言来拉近与消费者的距离，但是如果企业只会一味简单地跟风模仿，找不到自己的独特之处，不能塑造自己的个性，那么在万千段子中，也只能做毫无存在感的那一个。企业微博应该找到与企业产品或者品牌调性一致的个性，借势在热点中脱颖而出。

(五)猜错客户视角

要想做好微博营销，首先要找到企业的目标消费者，然后根据这部分人群的需要进行营销活动和服务。例如，宝马汽车的微博内容就应该符合中年成功人士的品位和需求，如果整日在其官方微博上发布某某著名歌手的演唱会消息及八卦消息，那么就算微博发布得再多，其内容再吸引人，不难想象，之后的微博营销活动效果一定不会理想。①

(六)过于看重即时效果

微博营销的过程较为漫长，是一个循序渐进、潜移默化的过程。企业微博如果能在较长的时间段内积累到质量和数量都较高的粉丝群体，并能与他们建立良好的关系，那么微博营销的效果才算达到了。微博作为一个社会化媒体，其营销过程是一个长期的互动管理过程。因此，要看长期的效果，而不是当下的即时成效。

第三节　微博营销面临的挑战和发展趋势

随着微博营销的兴起壮大，微博营销所涉及的已不仅仅是营销者(如企业)、粉丝、微博运营商(如新浪微博)这几类主体，还培育出了拥有大量粉丝的知名微博，并出现了专门的微博营销公司，以及能接入微博平台的第三方应用程序开发者，多样化的主体在进一步丰富微博生态环境的同时，也对微博营销的运作和管理提出了更高的要求。

① 微博易创始人徐扬：微博营销的九个误区[J/OL].http://news.hexun.com/2013-07-11/156052911.html，2013-07-11.

以微博营销公司即利用微博平台开展微博营销的第三方公司为例，这些公司往往控制着大量知名微博，其中包括拥有庞大粉丝群体的“段子手”。这些微博营销公司可以调动较多的微博资源，但也分不同档次。低档次的微博营销公司往往通过所控制的微博账号或微博营销工具，以制造“水军”为主要手段。[①]“水军”群体的存在，令微博营销的效果存在很大水分，也令市场的风气更加浮躁。

一、微博营销面临的挑战

微博营销是依托于微博所做的营销，微博本身的特点和发展状况自然会在很大程度上影响和制约微博营销。除了市场不规范问题，当企业决定采取微博营销这种方式时，还需同时考虑和应对这种营销方式的特殊要求和问题。

（一）对粉丝的数量和质量均有要求

人气是微博营销的基础，只有拥有足够的粉丝数量，才可能达到预期的传播效果。没有数量，微博营销就失去了发挥影响力的基石。但是，在获得粉丝数量的基础上，还应该重视粉丝的质量。有的企业虽然关注数量很高，但大都是“僵尸粉”，活跃度基本为零，这对企业的营销推广并没有任何意义。积累有质有量的粉丝数量需要企业的用心经营和长期积累，是企业开展微博营销所需要克服的第一大难题。

（二）信息量大，易被淹没

据《2020微博用户发展报告》显示，微博日活用户过亿。[②]由于微博的多样内容聚合和热点事件传播能力，使得其同时兼顾公共传播和圈层传播的特性，也因此，微博内容庞杂，更新速度也极快，这就导致企业在微博上发布的信息很容易被淹没，营销信息很容易被用户忽略。

（三）属于弱关系，信任度较低

微博是典型的弱关系，用户的社会网络异质性较强，即交往面很广，交往对象来自各行各业，获得的信息也是多方面的。弱关系社区更强调信息的价值、快捷，媒体属性

① 王睿.企业微博营销影响因素与短期效果测量研究[D].北京：北京邮电大学经济管理学院，2012.

② 微博2020用户发展报告[EB/OL].微报告.https://weibo.com/ttarticle/p/show? id=2309404613871951282183，2021-03-12.

更强。[①]但是在强关系社区中,你会对朋友的一条信息花费更多的精力来分析、判断、接纳,有时甚至会因为朋友的一条信息而改变自己以往的认知。

因此,微博的弱关系属性给企业的营销效果带来很大的局限性。首先是用户所能付出的时间和精力都十分有限,其次是相互之间的信任度较低。双方要建立平等、真诚、友善的沟通,自然是困难重重。

(四)负面信息传播的速度快

一方面,微博上数量庞大的用户以及简单地使用规则使得信息传播速度非常之快,这对企业进行营销推广有非常大的意义;但是另一方面,也使微博的信息内容很难控制。一旦企业在某方面处理不当,负面信息就会以惊人的速度传播开来,对企业的信誉和形象造成严重的伤害。

(五)受众细分不到位

企业往往根据微博用户在某一个时间段内所关注的对象进行用户类型划分。比如,如果某个用户在某段时间对电影方面的关注较多,那么这个用户就很有可能只被电影营销方面的企业所关注。但事实却是,微博用户的关注内容往往很分散,关注的对象也是不断变化的。[②]广泛的关注内容和不断变化的关注对象经常让企业对用户的划分过于简单,从而导致其反而丧失掉真正的目标用户。

(六)用户注意力阵地转移

短视频正在不断夺走用户的注意力,凭借流量优势,抖音等短视频应用成为广告主青睐的平台。QuestMobile发布的《2021互联网广告半年大报告》显示,短视频广告位居2021年上半年互联网广告收入的第一位。[③]虽然微博也有秒拍等内置视频功能,但其优势并不明显,企业在微博的营销也因此受限。目前,微博的日活数据已经逐步被抖音、快手等超越,《微博2020用户发展报告》显示,微博2020年9月日活用户2.24亿,而抖音

① 宗宁.SNS中的强关系与弱关系[EB/OL].雷锋网,http://www.leiphone.com/news/201406/sns-relationship.html,2012-09-20.

② 孙擎.浅析国内微博营销面临的挑战[A].中国商贸,2011(3).

③ QuestMobile2021互联网广告半年大报告——行业研究报告[EB/OL].湃客.https://www.questmobile.cn/research/report-new/169,2021-08-31.

截至2020年8月日活跃用户突破6亿,[①]快手平均日活也到达了3亿。[②]逐渐流失的用户和活跃度的落后,都为企业的微博营销带来挑战。

二、微博营销应对策略探讨

针对微博营销目前所面临的问题,企业可以从以下几方面着手,提高微博营销的质量和效果。

(一)利用热点话题和营销活动吸引有效粉丝

尽管企业微博粉丝数量不是越多越好,但是一定的粉丝数量对企业开展微博营销活动还是必不可少的。只有在拥有一定数量的有效粉丝的情况下,企业的营销活动才能够顺利开展并且比较容易地进行扩散,达到微博营销的效果。

要想吸引更多的有效粉丝,企业就需要利用微博自身的优势来吸引目标用户的关注,例如利用热点话题来吸引粉丝,进行有针对性的营销活动来保持目标用户的兴趣,并在后期跟进维护与粉丝的关系。

(二)提供独特而有价值的内容及有趣、易参与的互动

要想让企业微博能够保持用户的持续关注,而不至于在微博海量的信息中被淹没,就需要发掘独特、有价值的或者有趣的内容提供给用户,让他们主动关注微博内容,并且保持较高的忠诚度和活跃度。一方面,企业应该抓住用户的需求点和兴趣点,发布符合其日常认知的信息内容,或者反其道而行之,用无伤大雅的噱头来吸引用户的兴趣。只有微博粉丝愿意积极转发分享企业微博,才能有效地保持企业微博的曝光度和有效期,防止信息被迅速淹没。另一方面,在用户决定营销效果的微博平台上,企业可以创造更多与用户互动的机会,进行适当的营销活动。保持企业微博的活跃度及和用户之间的联系也是防止信息被淹没的有效对策之一。

---

① 抖音发布2020数据报告[EB/OL].新华网.http://www.xinhuanet.com/tech/2021-01/05/c_1126948875.htm,2021-01-05.

② 快手2020年上半年平均月活7.76亿,日活用户日均使用时长达85.3分钟[EB/OL].界面新闻.https://baijiahao.baidu.com/s?id=1685054286265451182&wfr=spider&for=pc,2020-12-03.

(三)保证微博的真实有效性

企业需要确定消息的可靠性后再发布微博,以免因为传播不实的消息而降低企业的信誉。由于微博上信息过量,用户常常仅根据一次经验甚至第一印象,来评判是否持续关注或直接拉黑某微博,所以,企业在发布微博时需要对自己的微博内容负责,在保证信息的及时性的同时还要确保所发布信息的真实性。赢得微博用户的信任,是企业进行微博营销的关键一步。

(四)关注用户态度并做好防范

作为一个相对开放的新媒体平台,微博已成为企业监测、发现舆情的重要窗口,对企业的情报收集和危机公关具有重要价值。为防范企业和品牌陷入舆论上的被动或更严重的危机,企业很有必要建立专门的微博团队,时刻关注用户对企业形象、产品、品牌的使用体验和评价,做好服务工作,维护好企业形象,能够及时发现问题并寻找有效的解决方法,做好企业的危机公关。杜蕾斯之所以能够在众多用户中赢得好的口碑,除产品质量之外,很重要的一点就是能够把握用户的心理,借势推出能够引起用户共鸣的微博。反观肯德基在2014年曝出的质量问题之后的反应,网上呈现舆论谴责倾向。

(五)利用大数据精准定位目标用户

企业可以通过收集用户的浏览及上网习惯,建立起企业自己关于目标用户的数据库,据此精准定位目标用户,进行有针对性的营销。借助口碑的力量,一部分活跃的目标用户能够扩大企业微博营销活动的范围,吸引其他有相同兴趣爱好的用户。如果企业能够利用大数据准确识别用户类型与价值,就能更好地开展口碑营销,提高营销的效果和效率。

(六)厘清微博营销在整体营销战略中的位置和角色

随着微博用户的逐渐稳定,企业可以通过搜集微博用户的动态而进行舆情监测、行为监测,为企业线上及线下的营销推广活动做好数据准备。此外,企业在使用微博的同时也不能忽略其他社交类应用的使用,比如微信。诚然,微信的崛起的确对微博产生了一定冲击,造成了用户的分流,但是,二者各有特色和优长,可以在企业营销中发挥不同的作用，形成互补。作为营销者，应厘清微博在企业营销大格局中的地位和作用，并有效地利用其他营销平台和手段，进行优势互补，服务于企业的整体营销目标。

三、微博营销的未来趋势

微博CEO王高飞在2018微博影响力营销峰会中指出，作为移动时代连接用户的重要平台，微博不仅为企业提供了基于用户深度互动的营销环境，同时也将明星、KOL、粉丝与企业紧密连接。未来，微博将致力于为企业构筑自己的用户群和新渠道。[①]基于这些特点，社交关系和优质内容将成为微博营销的下一个发展方向。

（一）"Social First"：营销新主张

凯度华通明略的全球副总裁和分析师奈杰尔·霍利斯曾提出："Use a social first strategy to build your brand"。他认为，企业应该通过社交营销的方式了解消费者需求，提升营销效能。[②]微博是连接企业和消费者的重要渠道，以社交为先，企业不仅可以即时收到用户的反馈和评论，同时也可以收集用户的兴趣偏向，快速跟进消费趋势与需求。如欧莱雅集团发现微博中女性用户对虫草成分的社交偏好增速最快，后续研发瞄准这一需求，及时推出含有虫草成分的高端产品线，新品上市秒变爆款。[③]

可见，"Social First"打破了只有在营销和销售过程中接触消费者的模式，覆盖了贯穿研发、生产、市场、销售与服务等多方面的全价值链。在此过程中，借助微博所特有的热点聚集和各圈层的差异化能力，企业能够直接与消费者进行对话，在这个过程中建立起情感的连接和品牌价值的传递，也就是真正实现"社会化营销"而不是"社会化媒体营销"。

（二）持续运营：积累社交资产

企业的微博经营是一个长期持续的过程，也就是说，企业微博不能只在活动期间活跃，活动过后就一潭死水，而是要将与粉丝的互动常态化，以此触及潜在客户，进而为企

① 微博影响力营销峰会："Social First"时代下的微博营销新趋势[EB/OL]. 社会化营销快讯 .https://mp.weixin.qq.com/s/7FzoEx_Pnz9Hcp8LcBxGxg，2018-11-06.

② Social First时代，奢侈品品牌如何撩动年轻人的心?[EB/OL]. 数英 .https://www.digitaling.com/articles/128596.html，2019-04-16.

③ 同上.

业积累社会化资产。老乡鸡能够为此提供一些参考。2020年3月，老乡鸡花了200元在农村做了一场发布会，从之前的“老乡鸡董事长手撕员工联名信”，到这次的发布会，充斥其中的搞笑氛围吸引了众多网友关注，发布会火了，老乡鸡这个企业也火了。但热度并没有就此结束，随后，网友们发现，老乡鸡的官方微博每天都在跟粉丝互动，从提供“咯咯哒”的叫早服务，以及董事长束从轩“你每天就是这样糊弄工作的?”互动评论，都引发了网友的极大兴趣和自发互动，人性化的语言和“不正经”的态度自此成为老乡鸡官微的标签，让老乡鸡品牌的知名度和好感度都得到极大提升。①

虽然明星和KOL的影响力能够帮助企业更好地开展活动，但由于其形象并未与特定品牌或企业绑定，只是短暂的合作关系，这对于企业的长期运营并无助益。通过持续经营与粉丝的关系，企业有望积累社交资产，提升自身影响力，后续可以此为出发点策划营销活动，为企业带来永续价值。

(三)营销升级:永动模式

随着移动互联网的成熟以及用户增长变缓，单纯依靠流量实现曝光的方式并不能为企业带来业务增长，如何促使用户向“粉丝”转化，实现客户的忠诚循环，成为当下企业在微博营销的升级重点。微博高级副总裁王雅娟在2018微博影响力营销峰会中提出了解决方案即“营销永动机模型”，这一模型提供了一个双循环思路，区别于传统购买行为导向的决策漏斗，营销永动机模型可以视为相互咬合的两个齿轮，一个是从认知、考虑、评估到购买的流量循环圈，另一个是由购买后的享受、推荐和纽带组成的忠诚循环圈。两个循环圈互相融合，互相影响，用户在其中的行为也是循环往复的，通过这一模型企业完成了从流量循环到忠诚循环的双闭环。②

作为开放式传播平台，微博以用户和内容为基础构造的场域连接了企业和消费者，同时其所提供的丰富的营销产品及资源，为企业的营销活动提供了便利。企业应该有效利用这一沟通平台，结合当下“Social First”的营销趋势，与消费者之间建立长期良性的社会关系。此外，聚宝盆、粉丝头条等由微博提供的营销工具能够有效帮助企业提升投放效率，实现活动的快速传播。

① 老乡鸡的营销，早就放飞了自我[EB/OL].运营派.https://www.yunyingpai.com/extend/589808.html，2020-03-20.

② IG、锦鲤等裂变营销背后，微博提出“Social First”“永动模型”[EB/OL].Morketing.https://baijiahao.baidu.com/s?id=1617027907605707127&wfr=spider&for=pc，2018-11-14.

知识回顾

微博的多元化产品、即时互动性、快速广泛的传播速度及社交化都让微博在营销方面呈现出众多的优势。微博营销成本较低，而且能够实现信息的及时和精准传播，让企业实现用最少的钱实现效果最大化的营销效果。由于微博日渐成熟，企业可以通过搜集用户在微博上的动态来预测用户对企业产品及品牌的态度变化，通过搜集用户对企业产品、服务等的评价来尽早地发现问题，从而进行及时的危机公关，所以微博营销还为企业承担了危机预警功能。

进行微博营销也需要一定的策略。企业需要运用诸如内容策略、明星与红人营销、互动策略、善用微博传播场域、营销渠道的协同效用等来吸引有效的粉丝群，并保持与粉丝群的积极互动，来实现营销活动的广泛传播，达到企业微博营销的目的。由于微博营销的特殊属性，进行微博营销评估时，需要使用AESAR模式进行评估，结合三种常用的评估方式和评估指标体系对微博营销进行有效的评估。

微博平台上信息量大，企业信息容易被淹没，并且微博属于典型的弱关系，微博用户之间的信任度较低，加上微博上负面信息的传播速度快，以及受众细分不到位等原因，企业要慎重地对待这些挑战。面对这些挑战，通过热点话题吸引有效用户、保证微博真实有效性及提供有价值的内容和互动来维系用户、关注用户动态做好危机防范、利用大数据准确定位目标用户、厘清微博营销在企业营销中的恰当角色都是企业积极应对挑战的方法。随着微博的不断发展、成熟，微博将成为一个更好的营销平台。微博营销呈现出“Social First”的营销趋势，企业通过社交营销的方式了解消费者需求，提升营销效能。

复习思考题

1.微博有哪些特点？微博营销的概念和优势是什么？

2.微博营销的策略有哪些？

3.微博营销面临的挑战和应对措施分别是什么？

4.微博营销的发展趋势有哪些？

第九章　微信营销

知识目标

1. 微信营销的概念及特征。

2. 微信营销目前面临的困境。

能力目标

1. 了解微信营销现有的几种方式。

2. 把握微信营销未来的发展方向。

3. 了解微信营销的方法和技巧。

思维导图

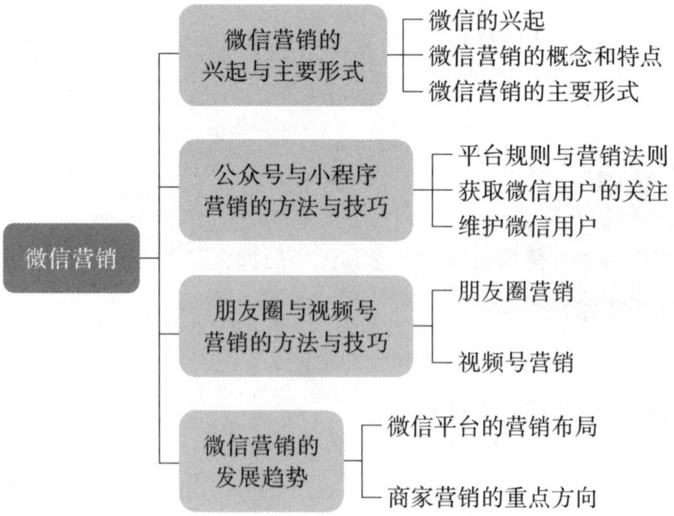

@ 案例导入

大三学生小水收到了此前下单的完美日记旗下的眼影盘，打开快递箱，她发现除了眼影盘外，箱子里还有一张“领红包攻略”卡片，上面写着“添加美妆顾问微信，可领1-100元”。小水按指引通过微信扫码添加了顾问小完子后，很快收到了对方热情积极的回复，包括一键领红包、进入专属会员群领取福利，以及一些细节的售后服务。本着薅羊毛的心态，小水又加入了会员专属群。进群一段时间，她发现小完子时不时在群里发布一些美妆建议和限时促销活动，产品种类很多，折扣力度也很大，不知不觉地在群里购买了好几款心仪的产品。

上面的消费场景每天都会数次地发生，这是完美日记微信营销的成果之一。这个成立于2017年的中国美妆品牌，在短短四年间从无到有，已稳进彩妆类国货的第一梯队。在完美日记的发展历程中，微信营销扮演了重要角色。具体来看，可以将其微信生态的策略概括为“精细化运营”+“多平台联通”+“强后台支持”的模式。

首先，精细化运营。完美日记推出了美妆顾问小完子和小美子的微信IP，为其打造私聊话术和朋友圈，增强账号真实性、生动性。当消费者微信扫码了产品附赠的红包卡片后，就会匹配到专属的小完子或小美子个人号，后者将引导消费者进入专属群聊。在社群里，小完子或小美子定期发放产品优惠券、促销直播链接以及美妆护肤的科普和建议，辅之以机器号调动社群氛围，整体强调精细化运营。

其次，多平台联通。在微信内部，完美日记通过微信个人号、专属社群、小程序和公众号，实现内容和用户的互通；微信对外，打通淘宝直播、小红书与微信的联系。目前，完美日记形成了庞大的微信矩阵，有近千个微信个人号，多个分工不同公众号如Perfect-Diary完美日记、完美日记颜究所、完美日记美妆TV、完美日记颜霸少女、完美日记实验室、完美日记体验店、完美日记校园联盟，多个不同功能小程序如Abby′s Choice完子心选、完美日记旗舰店&perfectdiary、完美宠礼、完美有礼、完美日记京东商城、完美日记线下体验店、完美日记会员商城、完美日记宠粉联盟、perfectdiary旗舰店等。

最后，强后台支持。健全的微信生态背后离不开一个高效强大的数据中台，完美日记背后的数据中台管理着微信个人号、微信社群以及旗下多个小程序，具体功能表现为自动化的内容分发、精细的用户行为追踪、精准的产品与活动效果监测等①。自动化的

① 12000字全面解读完美日记：从组织架构到增长策略[EB/OL]. 增长黑盒Growthbox.https://mp.weixin.qq.com/s/71AiXom_-VYIkKCZ3-X76Q,2020-03-01.

内容分发极大地提高了运营效率，也节省了人力、财力成本；精细的用户行为追踪可有效监测用户的浏览足迹和时长，判断用户喜好，进而改进后续产品组合策略；产品与活动效果监测可精准地把握产品价格、库存、促销活动效果等，起到持续优化的效果。

第一节　微信营销的兴起与主要形式

完美日记的微信营销，是千千万万品牌主借助微信实现品牌与业务推广的缩影。这个诞生十年的软件，已远远不止于成立之初的即时通信功能。尤其近年来，随着流量红利的逐渐消失以及信息流广告投放同质化等情况出现，品牌方获客成本不断提高。在此情况下，具备私域和公域属性的微信平台更加受到品牌重视。

一、微信的兴起

微信，英文名 WeChat，是 2011 年 1 月 21 日由腾讯推出的一款手机即时通信应用软件。

在社交层次，用户可以通过手机、平板电脑和网页登录微信客户端来发送语音、文字、图片和视频，以及实现多用户之间的聊天，也可以通过“搜索号码”“摇一摇”“附近的人”“扫描二维码”等方式添加好友，并通过朋友圈、视频号等功能实现多样互动。社交以外，微信通过设置“公众平台和消息推送”“小程序”“微信支付”“金融理财”“生活服务”“公众账号”“交通出行”“绑定邮箱”“发送地址”等功能，把微信打造成一个自媒体生态链条，使用户可以在微信上完成资讯、社交、娱乐、购物等生活需要。国内类似的即时通信软件还有 QQ、米聊等，后者已于 2021 年 2 月宣布下线。国外类似的软件如 Facebook Messenger，Whats App，Line、Kakao Talk 等。

2021 年 1 月 21 日，在上线十周年之际，微信公布日活跃用户达到 10.9 亿，有 7.8 亿人每天翻看朋友圈，3.6 亿人每天浏览公众号来获取对外界的认知。这款诞生于 2011 年的即时通信软件，已成为中国网民社交、生活、娱乐、获取知识的必备产品。

二、微信营销的概念和特点

微信营销，是一种基于用户群落与微信平台的全新的网络营销方式。今天的微信，在应对市场机遇和内外部竞争中不断调整，已从十年前专注熟人社交的通讯平台发展成了具备超大用户规模、超广业务种类、超高经济体量和超强限制能力的超级平台[①]。基于其庞大的用户基础和巨大的传播价值，微信生态已成为品牌商家营销推广的必争之地。

微信营销具有以下特点：

（一）公域营销与私域营销相结合

在微信上，既有微信社群、微信个人号、企业官方公众号、视频号等相对私域的空间，又有搜一搜、朋友圈、非自营公众号和视频号等相对公域的空间。品牌可以制定公私结合的微信营销策略，一方面借助大数据精准触达目标受众，在付费公众号、朋友圈、搜一搜等公域空间进行广告投放，传播品牌理念和产品信息；另一方面，在自营公众号、视频号、直播间、微信社群、个人朋友圈等私域空间精细化运营粉丝，打磨内容，以此挖掘长期价值。公域营销与私域营销相结合，起到强化品牌、促进销售的营销目的。

（二）精准营销，一对一互动

微信的公众账号往往是用户主动加以关注的，说明用户对该话题、该产品有兴趣，公众账号的粉丝便是企业想要找到的老客户、新客户或潜在消费者，因此微信营销在更大程度上是精准营销。同时，微信基于LBS的位置功能也能使商家定位出周边的潜在消费者，提供精准营销的平台。微信上的互动是“一对一”的互动，在完成信息的推送之后，商家可以根据客户的反馈进行一对一的对接，根据客户的要求量身定做解决方案，这种营销给客户的感觉往往是“专一的”“私密的”。[②]因此，微信营销更接近于朋友化、人性化的营销，运用亲切动人的语言图片，拉近和用户之间的距离，从而提高用户黏性。

① 关于《互联网平台分类分级指南（征求意见稿）》《互联网平台落实主体责任指南（征求意见稿）》公开征求意见的反馈[EB/OL].国家市场监督管理总局.https://www.samr.gov.cn/hd/zjjg/202112/t20211228_338510.html，2021-12-28.

② 弓萍.利用微信公众平台做好服务营销[J].现代营销，2013(11).

(三)生态内消费链路完整,信息高触达、高转化

从消费旅程地图来看,消费者通常在消费过程中会经历注意、兴趣、欲望、记忆、行动直至忠诚与推荐阶段。目前微信拥有个人号、朋友圈、微信群、公众号、搜一搜、小程序、视频号、直播等众多子产品,且相互打通,原地引流,生态内基本已完整覆盖了消费者的消费全链路。如在朋友圈投放信息流广告或公众号软文引起消费者注意和兴趣,添加品牌客服微信后在其私聊窗口、朋友圈广告、微信社群内反复接收营销信息,易被唤醒购物欲望和被动强化记忆,同时,微信小程序已打通消费场景,消费者可直接在微信内部直接完成下单。此外,如消费者产生忠诚,也可直接分享至朋友圈或好友,无跨平台转发的限制。因此,可以说微信已逐步搭建了完整的消费链路,整个过程完整流畅,进一步促进信息高触达、高转化。

(四)初期成本低,维系成本较高

相对于投放传统的电视、报纸、户外广告以及新兴的淘宝、抖音、小红书等形式,微信不收取平台抽成,信息成本要低廉得多。比如,申请公众账号是免费的,发布公众号文字也是免费的,另外如在品牌社群或个人号中与客户达成交易,微信也是不收费的。但长期来看,当粉丝数量扩大时,就要投入大量的人力、物力、财力和受众做好沟通互动,商家也必须不断制作高质量的文案、图片等内容,如何做好微信公众账号的维系比申请一个账号群发硬性广告信息要复杂得多。

三、微信营销的主要形式

"连接一切",是微信的母公司腾讯的知名企业宣言。自微信诞生以来,其发展历程也与"连接一切"的文化基因息息相关,从即时通信时期的"连接人与人",到公众号时期的"连接人与信息",再到今天小程序、视频号、直播时期的"连接人与服务",微信不断拓展"连接"的内涵和外延,也持续地影响着用户的生活方式和品牌商家的营销方式。

目前来看,微信营销的主要形式有:

(一)公众号营销

微信公众号作为微信面向公众的内容建设产品,承担着品牌经营、内容运营、维系

用户、获取市场价值的重要作用。企业微信营销主要有三种方式，分别为推送式营销、客服式营销，以及公众号广告。

推送式营销通过主动推送文章、活动等方式与用户建立互动关系，维护及提升品牌形象。公众号的底层逻辑是内容生态，账号主体需要明确定位与人设，确定细分目标受众，打造高质量、高价值的文章，并结合多样化、趣味性地运营进行用户运营，吸引新粉丝、稳住老粉丝。

黎贝卡的异想世界是一个以图文形式分享穿搭资讯、时尚心得与生活态度的时尚类微信公众号品牌，2014年由《南方都市报》首席记者黎贝卡创立并运营。成立七年来，黎贝卡的异想世界在全网获得了超2000万关注，活跃用户200万，其微信文章达到了每篇十万加阅读量的成绩①。在账号定位方面，黎贝卡的异想世界官方格言为“与1000万都市女性，分享美好的一切，打造更精致的时髦生活”，将定位锁定在时尚、美丽、精致、都市等关键词上，整体带动账号的内容生产和形象包装。在目标受众方面，该账号将一线、新一线城市中独立自主、追求品质生活、时尚美丽的年轻女性作为主要受众。在文章内容方面，黎贝卡的异想世界坚持原创内容，其推送内容由专业的策划团队打造，主要依靠亲自收集评析国内外时尚达人的穿搭和国内外大众、小众品牌的持续关注，在此基础上为粉丝推出不同场景、风格的穿搭建议以及时尚甚至生活理念。此外，该账号的文章风格是相对轻松与幽默的口语化表达，多是时尚小姐姐的口吻，风格调性亲切自然，且整体一致。在推送频率方面，黎贝卡的异想世界坚持工作日日更，在团队的整体努力下从内容和发文频率两方面实现了维持粉丝黏性的目的。

客服式营销多出现在服务号，指将微信与自身的客户服务系统相结合，满足用户在售前、售后的各类服务需求，将微信打造成又一客服平台。②例如“中国南方航空”以自动回复的形式推送客服信息，用简单的数字编号代表不同的业务类型，向消费者提供预订机票、查询订单、办登机牌以及行李查询、天气查询等服务。

公众号广告是基于微信公众平台生态，以类似公众号文章内容的形式在包括文章底部、文章中部、互选广告和视频贴片等四个广告资源位进行展示的内容广告。③此类广告通常可以夹杂于微信文章中触达消费者。目前来看，由于文章内容与广告内容较

① “种草女王”黎贝卡：为女性打造美好生活矩阵[EB/OL].福布斯中国.https://www.forbeschina.com/life/50395，2020-07-25.

② 吕清远.大数据时代下的微信营销价值[J].现代经济信息，2013(20).

③ 朋友圈广告介绍[EB/OL].腾讯广告.https://e.qq.com/resources/wx-moments/

难一致，易中断读者对公众号文章的阅读，影响读者情绪。因此效果较难把握。

（二）朋友圈营销

微信朋友圈营销可分为三种，第一种方式是在朋友圈投放信息流广告，第二种是商家在个人号朋友圈中树立形象发布信息，第三种指商家让用户将广告内容分享到朋友圈，利用用户和其朋友之间的强关系售卖产品。

第一种，利用朋友圈信息流广告营销。朋友圈信息流广告是以类似朋友的原创内容形式在用户朋友圈进行展示的原生广告。此类广告具备正常的点赞、评论等互动形式，且被该广告投放的用户间可以看到对方的点赞评论。因此朋友圈信息流广告通常可以夹杂于海量的日常朋友圈中几近无声无息地影响消费者，特殊情况下用户们的互动会进一步增强广告吸引力，扩大该广告的传播效果。如肯德基在朋友圈针对目标消费者投放肯德基“疯狂星期四，黄金鸡块9块9”活动，唤醒用户消费冲动。

第二种，利用个人号朋友圈营销。这种形式指商家在添加用户微信好友后，运用朋友圈动态发布、好友点赞、评论互动等形式建立个人形象、发布营销信息等。如，太平洋保险公司面向业务员进行朋友圈营销培训，建议业务员打造个人朋友圈封面，定期发布保险知识信息和活动促销信息、医疗与保险理财政策解读信息等，实现与用户或潜在用户的互动。

第三种，利用用户朋友圈分享营销。这种形式指激励消费者在自己的朋友圈分享店家商品信息。商家期望以一个消费者为基点，利用该消费者与其朋友之间的强关系将商品信息向该消费者的亲朋好友渗透，以取得滚雪球式的营销效果。例如聚美优品通过微信公众平台打造了首个美妆试用平台，粉丝将活动分享到朋友圈，便有机会获得免费试用的机会。

（三）小程序营销

微信小程序上线于2017年，是内置于微信的云端应用程序，它实现了应用“无须安装和卸载”“触手可及”的梦想，用户扫一扫或搜一下即可打开应用。2022年1月6日，2022微信公开课PRO会上，微信公布称其2021年微信小程序日活超过4.5亿人，日均使用次数相较2020年增长了32%，活跃小程序则增长了41%。

小程序的优势在于体量小、入口多样、一站式链路等方面。首先，小程序作为内置于微信的云端应用程序，具备无须安装、无须卸载、用完就走的好处，用户使用负担小，进入门槛低。其次，入口多样，微信已开通了首页搜索菜单项、微信关键词搜索、公众号文章嵌入、聊天好友分享、附近的小程序、大家在用等入口，进入便捷，易于分享。最后，一站式链路，操作步骤简洁，如用户在读完品牌公众号文章后直接从文中的小程序进入购买，无须切换界面和平台，方便快捷，用户体验佳，对品牌来说，获客成本小。

小程序营销的应用场景较为丰富，可以理解为“镶嵌在微信里的App”，具体功能诸如官网和H5的企业形象展示、在线编辑、预约、对话客服、下单、支付等，覆盖媒体、出行、美食、购物、医疗、教育、工具等。上线4年，小程序营销领域涌现众多成功案例，如百果园小程序上线6个月便取得了日最高新增用户300万+的成绩，日订单峰值5万+，人均到店用户2万+。“线上拼团”强势转化，“到店自提”又为店铺进一步引流，同时带动店内其他商品的销售。①

（四）视频号营销

视频号上线于2020年，是微信生态中视频和流媒体直播内容的承载形式，集成了平台的社交流量、产品能力和商业变现能力，也是微信近两年最重视的产品。目前视频号已开放，所有拥有视频号入口的用户均可浏览视频内容，用户还可以通过开通视频号资格，实现视频号的运营和内容发布。

视频号的优势在于全场景支持、用户流量大、高社交转化等。首先，全场景支持，微信为视频号提供了生态内的最佳露出位置，在发现页、推荐、搜一搜、看一看、附近的直播和人等处均设置了视频号入口，此外还实现了微信聊天对话框、微信群、朋友圈、公众号、小程序等一键进入入口，为视频号归集了来自生态内各个板块的流量。其次，用户流量大，视频号自带微信生态的11亿日活，覆盖从城镇到农村的几乎所有人群，用户分布均衡，为各类营销需求提供广阔市场。最后，高社交转化，视频号采取“算法”+“社交”的推荐分发模式，其中的“社交”模式是视频号相较于其他平台天然具有的优势。微信为视频号设置了朋友在看、朋友赞过等入口，将微信熟人好友生态与视频号打通，而熟人环境的偏好相似性和高信任度也利于视频内容的分

---

① 解读九大经典小程序营销案例，看他们如何打造百万级用户爆款小程序[EB/OL].CSDN开发者平台.https://blog.csdn.net/weixin_44480075/article/details/102951280，2019-11-07.

发，利于生态内直接转化。[①]

视频号的应用场景主要可以分为视频内容、直播、购物消费三种。在视频内容领域，微信视频号的主张是“记录真实生活”，在2022年召开的微信公开课PRO上，数位视频号团队的讲师都提到了“真人”和“原创”的关键词。在直播部分，微信2020年下半年推出直播功能，其中建党100周年、神舟十二号发射、孟晚舟女士归国等大型事件的视频号直播都突破了千万场观，2022年底，音乐会直播成为视频号直播的新探索，西城男孩线上演唱会总场观超过了2000万，最高同时在线数是150万。泛知识、泛资讯、泛生活、体育、音乐……直播的内容和场景的深度、广度在不断增加。在购物消费部分，这个功能代表了视频号在商业变现部分的布局，2020年10月，视频号推出小商店功能，并开始内测直播带货，2021年4月，视频号小商店入口改为商品橱窗，直播带货部件、功能持续改善。

（五）LBS定位营销

LBS指基于位置的服务，通过电信移动运营商的无线电通信网络或外部定位方式获取移动终端的位置信息。微信的LBS功能最初是为了方便用户寻找添加好友，而在用其做营销时，该功能被用于找寻目标消费者。LBS定位功能精准地给出了以位置为准的目标消费者。通过查找“附近的人”，店家附近有哪些潜在消费者一目了然，投放广告促销信息后，由于位置上的便利，更能直接地促进消费者入店消费。这种方式为许多无力支付大规模广告宣传费的小店家提供了有效的营销渠道。

盘子女人坊是一家以中国风艺术体验为主的摄影工作室，在北京、上海、广州、深圳、长沙、杭州、苏州、武汉、南京、成都、厦门、天津、青岛等全国一二线城市设有多家实体店。在其发展运营过程中，LBS定位营销起到重要作用。盘子女人坊通过获取用户地址，在朋友圈投放信息流广告，典型的文案如“寻找在某某城市的100位小姐姐拍写真”“在某某城市的你，两位数价格圆一个古装女主梦”。当用户被吸引填写了联系方式后，盘子女人坊会立刻致电用户，邀请其至最近的门店体验拍摄，实现实体店引流。

① 2021年微信视频号营销市场现状与发展趋势分析[EB/OL].前瞻产业研究院.https://www.qianzhan.com/analyst/detail/220/210826-0033c1ba.html,2021-08-26.

（六）微信扫码营销

二维码是一种以图形为识别对象的识别技术，它是用某种特定的几何图形按一定规律在平面（二维方向上）分布的黑白相间的图形上记录数据符号信息的条码，它具有信息容量大、编码范围广、保密、防伪性能好、译码可靠性高、纠错能力强、容易制作、成本低廉等众多优点。二维码在微信营销当中的应用主要也是用来连接线上与线下，通过“扫一扫”商家二维码，用户可以成为商家的微信会员，获取产品、促销信息或直接获得打折优惠。二维码以一种更精准的方式，打通了商家线上和线下的关键入口，在微信营销中得到广泛运用，而且在整个新媒体整合营销中应用也非常广泛，经常被用来作为整合线上与线下营销方法的手段。现在许多大小商家店铺的营销活动中，都可以看到二维码的身影。

扫描二维码虽然方便、简洁，应用甚广，但真正主动扫描商家二维码的消费者很少，因此二维码营销往往需要和直接的促销优惠相结合，为消费者扫描提供动力。

第二节　公众号与小程序营销的方法与技巧

近几年，微信着力搭建生态内社交+内容+商业的闭环，其中，公众号承担了内容生态和社交生态的主力军角色，小程序则具有直接将流量变现为商业价值的功能。做好公众号营销和小程序营销，对品牌建设和销售变现具有重要意义。

一、平台规则与营销法则

（一）平台规则

按照微信官方的划分，公众号分为订阅号和服务号两种，二者的区别如表9-1。通俗来讲，如果想用公众平台简单发文，做宣传推广服务，建议选择订阅号；如果想用公众平台进行商品销售和服务，建议选择服务号。

表9-1 微信服务号与订阅号的区别

产品	适用主体	主要功能	发文次数
服务号	媒体、企业、政府或其他组织	为企业和组织提供业务服务与用户管理能力，主要偏向服务类交互	服务号1个月（按自然月）内可发送4条群发消息
订阅号	个人、媒体、企业、政府或其他组织	为媒体和个人提供一种新的信息传播方式，主要功能是在微信侧给用户传达资讯	订阅号（认证用户、非认证用户）1天内可群发1条消息

目前来看，绝大多数品牌主都将订阅号视作公众号微信营销的主力军。从平台角度来看，社群关系和订阅号是微信平台保持活跃最为关键的两个要素，近几年来，微信持续渐进地在对订阅号进行调整和变更。2018年6月，微信订阅号全面更新，调整公众号内容推送形式，包括将原本的账号列表模式改为直接呈现推送图文的模式，加入好友阅读提示，置顶功能变为星标功能，等等。2020年5月，订阅号取消时间排序机制，表示新的内容列表将根据用户阅读喜好排序，但未说明排序算法的具体规则。

此种情况下，平台算法和用户的权力被放大。[①]由于算法推荐的机制并未说明，因此订阅号主体的重点应放在进一步生产满足用户需求的内容上，并通过多种形式引导用户订阅和置顶。

小程序是微信内搭建和实现特定服务、功能的平台。按照微信官方说法，目前小程序面向个体、企业、政府、媒体、其他组织等开放注册。

（二）营销法则

对于公众号营销来讲，核心的营销可以从起步期和发展期两个阶段进行分析。

1.起步阶段

在起步阶段，核心的目标是明确好“我是谁”“我要为谁生产内容”“我要生产什么样的内容”。因此本阶段的营销重点可概括为寻找账号定位、明确账号受众、产出优质内容、善用渠道引流。

寻找账号定位。结合账号运营的目的、账号运营主体的优势与劣势等要素完成账

① 微信公众号推送试改版，规则制定权谁说了算[EB/OL].南方财经.http://www.21jingji.com/article/20211214/herald/6325c9317fdce84759c73f103d520836.html，2021-12-14.

号定位，进而确定细化的账号价值观、文章风格、内容分类、内容调性等。

明确账号受众。依据性别、年龄、收入、职业、地域等人口统计学要素，资讯、学习、求职、科普、娱乐等使用目标等，对受众进行细分。结合自身定位明确账号主要受众，在此基础上基于受众兴趣、需求等进行内容生产。

产出优质内容。结合自身定位和账号受众需求，持续产出优质内容，善于运用精美的排版，达到令受众有印象的、有所收获的效果。

善用渠道引流。多平台引流，微信平台内通过账号互推、设计裂变传播机制等形式，平台外借助微博、小红书等渠道的流量，形成初期粉丝受众。

2.发展阶段

保证内容频率。固定发文时间和内容频率，协助受众养成定时阅读习惯。

重视受众价值。用户权力在更新的订阅号推送政策中显著提升，在此基础上要进一步重视受众价值，具体包括重视受众反馈，倾听受众建议，引导受众置顶和分享，和受众形成良好的互动关系。

观察外部环境。留意宏观环境，包括账号定位相关的社会热点、微信平台规则等；留意微观环境，包括同类型账号、热门账号等与账号内容生产相关的信息。

建立公众号与小程序的互动。微信目前实现了公众号与小程序的打通，因此账号主体可建立公众号与小程序的互动，比如将小程序添加到公众号文章中，在使用小程序过程中引导用户关注公众号等，实现内容与流量变现的闭环。

对小程序来说，找到合适场景是关键。初期引流可以从以下角度入手。

1.借助公众号引流

基于微信赋能，公众号与小程序已实现了深度结合，品牌商家可以通过公众号后台绑定小程序。绑定后，小程序可以分别出现在公众号关联通知、公众号资料介绍页、公众号模板消息、公众号菜单栏、公众号文章、公众号底部广告等位置，可以进行初期引流。

2.借助用户引流

小程序无须安装，无须卸载，体量小，分享便捷，品牌商家可以通过设计裂变传播机制，激励用户进行分享。如欢乐斗地主小程序的分享可赢欢乐豆活动，美团App的分享至群可抽红包等。

二、获取微信用户的关注

从企业角度,开展微信营销的首要任务便是获取用户关注并成功维系用户,以保证营销活动和营销效果的持续性。

(一)转换老用户

通过微博获取用户。相较于微信,微博更早开始流行,许多企业也一定尝试过微博营销,具有一定的微博粉丝积累。但相比之下,微信给企业带来的用户的关系链比微博更强。因此,许多企业对微信营销也十分重视。微信企业大号"小米手机"的养成,和其微博还有关系。实际上,在小米决定开始发展微信营销之前,其两个官方微博账号(@小米手机、@小米公司)已有数百万的粉丝。通过在微博上告知微信号以及利用微博宣传微信活动等方式,一部分微博上的老用户成功地转换为微信上的新用户。

通过官方网站获取用户。对于具有一定用户群的电商平台来说,通过官方网站获取用户是最简单有效的方式。官方网站作为一个B2C的平台,很多时候交流只是单向的,官方放出产品信息,关注的用户进行了解或购买,与用户的联系并不紧密。而微信营销正好弥补了这个缺陷,让一批忠实用户与企业联系得更紧密。小米手机每周会有一次开放购买活动,每次活动的时候就会在官网上放微信的推广链接,以及微信二维码。据了解,通过官网发展粉丝效果非常之好,最多的时候一天可以发展3到4万个粉丝。

通过实体店获取用户。对于有线下实体店的企业来说,已有的会员无疑会是潜在的微信用户。将他们的实体会员卡转换为电子会员卡,或者让他们掏出手机,成为商户的微信粉丝,也是获取用户的一大途径。

(二)发展新用户

1.通过策划活动获取用户

策划活动是获取用户的重要途径。在这方面,北京的朝阳大悦城深受其益。在投入基本为零的情况下,朝阳大悦城获得了14万的粉丝,产生了上千万的媒体价值。策划微信营销活动,要把握几个关键的要素:

第一,明确你的活动主题。要告诉顾客为什么会策划这次活动,这样才会引起潜在顾客的注意。在这一方面，朝阳大悦城非常善于利用热点事件、话题或节日进行活动策划，有很多值得学习的范例。例如元宵节时推出的“一猜到底”是结合节日习俗推出的微信活动，单日最高回复量超过5000人次，累积回复量超过1万次。

第二，明确你的奖励。顾客为什么参加你的活动，最主要、最直接的原因是你提供的奖励。不但要设计好能打动潜在顾客的心的奖品，更要将这些奖品突出、详细地写出来，让你的活动更加诱人。

第三，注重活动形式的设计。采取多样、新颖、创意的方式，以赢得消费者注意。

2.通过广告推广获取用户

通过媒体广告获取用户。无论是传统的报纸广告、电视广告，还是网络媒体广告，无论是文字形式还是视频形式，在这些媒体广告中嵌入二维码是最简单有效的推广微信号方式。此外，在广告宣传中附带告知微信号，也可以将广告受众转移到微信上，让他们了解更多的信息。

通过产品获取用户。每一个企业都有自己的产品，每一款产品都可以为企业获得大量客户。对于传统企业来说，通常产品的销售都是靠代理商把产品销售出去，企业并不真正拥有迅速与客户建立联系的能力。但因为微信，尤其是微信二维码的出现，企业得以利用产品或服务获取大量的目标用户。比如，星巴克推出特惠二维码，别出心裁地在星巴克咖啡杯上印制了二维码，只要用户用微信扫描二维码，就有机会获得星巴克全国门店优惠券，成为星巴克VIP会员。利用产品进行二维码微信营销，要注重有创意的二维码设计，还要告诉顾客他们能获取的利益是什么。

通过合作获取用户。杜蕾斯和虾米音乐进行合作互相推广彼此的微信公众二维码，只要用户扫描二维码关注了它们的账号，就可以点歌，分享到朋友圈之后便可以参加活动，有机会获得杜蕾斯提供的奖品。杜蕾斯和虾米音乐的公众账号分别有100万的用户，相互合作以后相当于有200万用户可以参与活动，迅速扩大活动人数。这是一种利用各自资源扩大客户数据库的方法，值得借鉴。

3.通过社交关系获取用户

微信在本质上是一个社交软件。利用用户与微信好友之间的强关系，将产品或服务信息进行分享，往往能起到推荐的作用，进行口碑营销。这种方式一般和微信活动结合起来，以一些礼品作为奖励，让已有用户将广告信息分享至朋友圈或发送给好友，这样,用户实际上就为商家进行了传播营销,范围从一个好友圈扩散至多个好友圈,产生“滚雪球”的效果。

三、维护微信用户

对微信的使用,消费者掌握很大的主动权,既可以主动关注公众号,亦可取消对公众号的关注。许多微信公众号都在追求庞大的粉丝量,但微信“一对一”的交流特征使得庞大的粉丝互动成为一件非常困难的事情。消费者的需求和生活习惯复杂多样,当微信营销无法满足其需求或者对其生活形成干扰时,用户便会取消关注,导致用户流失。

(一)把握推送内容

受制于手机屏幕的大小,多数人并不愿意在微信上阅读长篇大论。因此,微信的推送内容设置是微信营销的重中之重。

1.标题的设置:让用户在标题中找到感兴趣的内容

增强标题吸引力的最主要方式,便是在标题中直接向用户强调利益和价值。看了我这篇文章,用户能够得到什么利益和价值?这种利益可以是满足消费者物质上或心理上的需求的,也可以是价格实惠、省时、安全、方便等各方面的好处。例如“限时特价”“全场7折”等。

另外,还可以根据当前时事热点或用户群关注的热点做题,与自身产品或服务相结合,吸引用户的注意。

2.正文的写作:内容为王

微信营销,内容为王。向客户提供最优质的内容,才是获取用户的根本。在正文写作中要注意:

(1)要有打动用户的核心、重点,强调用户的需求。在用户阅读完之后,能引发他们思考或者为用户提供对他们有价值东西,才能使用户产生购买欲和需求。

(2)用事实说话,保证真实性,同时力求专业性,增强可信度。要用足够的事实作为论点、论据说服读者,最好有相关的专业见解,这样文章才更具说服力。

(3)注意微信营销内容的呈现形式。通篇都是密密麻麻的文字,再好的文章也会被舍弃,而对话形式的营销内容或图文并茂的营销活动,则能提供更好的用户体验。

(二)把握推送时间和频率

碎片化阅读是当今手机阅读的趋势,用户在上卫生间、等公交车或排队等零碎时间会拿起手机消磨时间。为了适应这种阅读习惯,公众号在向消费者推送内容时,应把握适当的推送量。同时,手机用户每日上网的密集时间段有一定的规律,因此,要重视每次发送信息的时间,如果能够把握住精准的时间,便利于大大提高内容阅读量。周末是低谷期,重要文章不要选周末发。从发布周期来看,每天9点到10点,13点,17点,21点和23点是用户上网的密集期,其中,又以21点和23点的访问量最大。[①]

(三)把握沟通方式

及时回复。当用户主动咨询的时候,回复越及时,用户就越有好感。现在,越来越多的微信商户都提供了"回复关键字"等自助咨询服务,既提高了服务效率,又增强了用户好感。

增强互动性。千万不要因为觉得回复用户的留言很麻烦,就不去做这件事情,或者弄个聊天机器人在那里应付了事。如果平时舍得花大笔钞票去买广告、聘请昂贵公关公司,那我们更应该花些钱在用户互动上匹配资源。因为到了互动环节,只需要再花一点点力气就有可能让用户转化成为客户。

(四)线上线下同步营销

微信"扫描二维码""朋友圈""查找附近的人"等功能为商家提供了线上线下同步营销的工具。如消费者在实体店"扫描二维码",关注商家的微信公众号,便可在线下购买中获取优惠;在朋友圈转发商家信息,亦可在线下购买中获得优惠;同时,商家可利用"查找附近的人"功能向周边人群发促销信息,促使周边的潜在消费者进店购买。

线上线下同步营销如今应用广泛,也成为商家为自己的微信公众号积累粉丝的手段之一。"小米"手机在发展微信公众号粉丝时,便采用了定期举行有奖活动来吸引用户。例如关注小米微信可以参与抽奖,抽取小米手机、小米盒子,或者可以不用排队优先买到比较紧俏的机型。

---

① 毛艳琼,李丽萍.浅谈中小企业微信公众平台的运营[J].中小企业管理与科技,2014(5).

第三节　朋友圈与视频号营销的方法与技巧

短视频商业生态发展如火如荼。2020年，微信宣布正式入局，推出视频号生态，计划将视频号"原子化"发展，打造诸如公众号、小程序一样的生态内基础组件[①]，承载视频和流媒体直播内容。过去两年，视频号获得了微信生态的鼎力支持，如今正与聊天、微信社群、朋友圈、公众号、小程序等组成微信商业闭环。在此情况下，做好朋友圈、视频号的营销至关重要。

一、朋友圈营销

按公域和私域进行划分，可将朋友圈营销分为信息流广告投放和个人号朋友圈营销两个方面。两种营销主体不同、形式不同、特点不同，因而营销技巧和方法也不同。

（一）朋友圈信息流广告

信息流广告是一种根据用户的社交关系、兴趣图谱、活跃程度、地域范围等信息进行大数据分析和挖掘而投放的广告，多通过嵌入用户每日接触的大量信息流之中进行推广[②]。微信信息流广告的优点在于投放精准，触达率及转换率高，效果可测，且依托于朋友圈社交属性和点赞、评论功能等促进用户深度参与广告传播，实现双向互动。

1.朋友圈信息流广告的类型

根据腾讯广告官网相关内容，朋友圈信息流广告主要有图片和视频的形式。具体展出形式依据部件功能和跳转逻辑如下表。

① 上线两周年，终于看懂视频号的"快"与"慢".[EB/OL].新浪财经.https://finance.sina.com.cn/tech/2022-01-06/doc-ikyamrmz3580726.shtml，2022-01-06.

② 牛耀红.操控，赋权，话语空间：理解社交媒体广告的三个维度——以微信信息流广告为例[J].编辑之友，2017(10).

表9-2 朋友圈信息流广告类型

广告类型	类型介绍
标签式卡片广告	利用标签外显关键信息,精准吸引感兴趣的用户
常规式广告	投一条广告,就像发一条朋友圈
基础式卡片广告	将外层创意融汇到一张卡片中,点击灰色卡片区域可直接跳转至原生推广页、小程序或自定义H5,最大化满足品牌主的创意需求
行动式卡片广告	在卡片外层展示行动按钮,指引用户的下一步行动
选择式卡片广告	一个广告,两套创意。用户根据喜好进入不同创意落地页,丰富产品展示的同时也满足用户个性表达的需求,更容易激发社交传播。选择式卡片样式对广告创意门槛高,左右按钮两套创意素材需有明确对比感和清晰信息表达
全幅式卡片广告	广告画幅更大,跳转至首页是全屏视频的原生推广页
全景式卡片广告	360°沉浸体验,创新互动形式,用户转动手机,360°了解产品
滑片式卡片广告	设置"滑动"按钮,结合品牌的创意,给用户营造全新奇趣的视频体验,促进用户参与广告传播
长按式卡片广告	设置"长按"互动和朋友圈的氛围动效,让用户亲手发现品牌彩蛋惊喜,促进用户惊喜感,定价偏高

2.朋友圈信息流广告所需技能

合格的信息流广告需要有清晰的主题、具有吸引力的创意图文,还需要高效合理的投入产出比。综合来看,投放信息流广告需具备以下技能:

第一,行业洞察能力。要熟悉行业内竞争格局,熟悉竞品和自身产品市场份额、产品特色、消费者特点等,明确品牌或产品的营销亮点。

第二,基础优化能力。熟悉微信信息流广告投放逻辑和步骤,具备操作能力。

第三,创意构想能力。具有策划、创意产出能力,能产出符合产品特色和微信信息流广告业态、引起受众关注与喜好的文案、策划等。

第四,数据分析能力。具备熟练的数据分析能力,包括依据投放素材和投放目标对投放人群进行差异化调整,对异常数据进行排查和分析,熟练掌握各数据含义及数据之间的关联关系,能够对数据做推导和分析。

第五,营销策略能力。具备广告投放策略制定能力。包括投放前期依据投放目标和需求制订投放策略，投放中期及时反馈信息，针对不同情况调整优化，投放后期整体观察总结，保证投放效果良性发展。[①]

(二)个人号朋友圈营销

朋友圈作为用户高频浏览的社区，是商家与消费者互动的有效场地，但大多数情况，朋友圈直接营销是机遇与挑战并存。商家在朋友圈发放广告时，经常由于发送过多广告而引发朋友圈好友的不满情绪，甚至被好友屏蔽。究其原因，往往是因为商家的营销过“硬”，在内容和频次上对用户形成了信息污染。为避免被屏蔽或营销无效的情况，个人号朋友圈营销可参考以下技巧。

首先，打造良好的个人形象，塑造口碑。对于一些知名度较小的中小微企业和个体商户来说，个人号的朋友圈甚至在一定程度上代表了企业形象。因此一定要注重朋友圈形象打造。朋友圈的本质是社交，可以通过发表丰富的社交生活，发布时评热点问题评论，或针对所在行业发表专业性意见等形式增强账号真实性。同时，可依据个人优势和特点打造一定人设，如专家型角色、销售让利类等。此外，在日常生活中，也可在朋友圈与好友通过点赞、评论适度互动，增强账号生动性。

其次，摒弃“硬营销”，平衡社交与营销。朋友圈切忌不加分析地刷屏广告，因此，企业应当注意即使是硬广告，也要加以评述总结，显示个人，且需要控制发文频率，因时、因事，适度营销。

最后，关注用户需求，发布精准有效内容。朋友圈营销需要关注微信内好友需求。建议在每次进行广告营销时换位思考，思索本条朋友圈是否是用户需要的内容，相同的内容尽量不要重复发送，有价值的内容则可精简总结，高效提炼，一次性发出，不要给好友造成过多困扰，否则也易变成无效营销。

完美日记的“小完子”个人号在朋友圈打造美妆顾问的形象，不定期转载和发布美妆、护理心得和文章，推荐不限于品牌的美妆好物，在活动来临时，一次性地发布精炼版本的促销活动信息，内容吸睛，有效带动朋友圈用户消费冲动。此种个人形象+真实IP+精准营销的形式，帮助完美日记高效完成了朋友圈版块触达消费者任务。

① 信息流广告背后投放原理[EB/OL].知乎.https://zhuanlan.zhihu.com/p/126633946,2020-04-07.

二、视频号营销

随着视频号+公众号+社群+小程序+商品橱窗+直播的全链路打通，微信商业生态闭环基本搭建完成，越来越多的商家进入到视频号生态中，视频号业态的竞争也越发激烈。在此情况下，账号搭建、内容运营、数据增长三大部分尤其重要。

（一）视频号视频内容营销

1.账号搭建

品牌、商家或者个人首先需要基于视频号目标分析、自身优势与劣势、细分受众等因素确定账号定位、调性等，明确账号标签；其次，需要进一步思考稳定、成体系的内容方面，以便后续有持续的内容产出。在账号发展初期，可以通过同类型竞品账号分析，学习高质量账号的视频风格、内容题材、互动方式等。①

2.内容生产

基于账号定位确定好初期稳定的内容类型后，还需要坚持关注社会热点，定期输出符合账号调性的热点化内容。同时，搭建账号素材库，日常坚持浏览同类型视频平台和学习同类型账号内容，随时随地积累素材。明确优质视频的内容逻辑，促进生产流程化，如明确每条视频的视频内容、视频文案、人声、音乐、封面标题、视频简介、置顶评论等，持续提升内容生产能力。用数据思维指导内容生产，一方面，研究平台官方的推送机制，如视频号强调依托熟人网络进行内容分发等；另一方面，注意观察每个作品的点赞、播放、阅读、评论、收藏、转发等数据，对比分析优质内容的逻辑，改进后促进内容迭代优化。

（二）直播营销

2020年10月，视频号上线小商店功能，开始内测直播带货，2021年4月，视频号小商店入口改为商品橱窗，直播带货部件、功能持续改善。直播营销的方法论需要从直播前期、直播中期两个阶段分析。

---

① 9个维度拆解视频号爆款运营方案、增长策略、数据分析、流量变现全攻略[EB/OL].人人都是产品经理，http://www.woshipm.com/operate/4409870.html，2021-03-16.

1. 直播前期：策划与推流

直播计划需要明确直播时间、场地、主题、人员、嘉宾、宣传物料、推流机制、直播玩法、转化机制等，若是带货直播，还需要选择好带货产品。

直播推流可选择视频号视频内容预热、公众号图文预热、社群预热、朋友圈预热等，引导用户点击“直播预约”，平台将推送开播提醒。

2. 直播中期：玩法与转化

直播中自带的互动玩法有抽奖、连麦、红包等。主播可以在直播间发起抽奖，设置参与条件、活动时长和中奖名额，比如评论品牌或产品活动宣言，引导关注等，一方面增加直播间的互动性，另一方面提升账号关注；可以在直播间发起语音连麦或视频连麦，提升直播间的可观看性，增强互动，提升用户黏性；可以通过群内发红包引导观众进群，促进用户加群，实现流量转化至私域。

第四节　微信营销的发展趋势

作为腾讯旗下的拥有12亿多用户的国民级应用软件，微信的一举一动都颇受关注。十年来，微信体量持续增大，业务与功能愈加丰富，已形成微信公众号、朋友圈、小程序、微信支付、搜一搜、视频号、企业微信等生态产品，在社交、资讯、生活、商业领域承担重要功能。但值得注意的是，在微信布局领域变多、产品形态完善的同时，基于微信生态的营销方向和运作难度也发生变化，对管理和运营人员提出了新的挑战。

一、微信平台的营销布局

2022年1月6日，一年一度的微信公开课PRO开课。作为微信最受关注的宣发事件，每一年的微信公开课PRO会总结上一年在产品领域的成就表现及下一年规划，传达企业价值观。基于对微信公开课PRO的总结和分析，一定程度上能获悉微信营销的未来发展趋势，进而给品牌和商家带来启发。

近年来，结合内外部大环境的变迁，微信平台在社会与商业层面持续地深度实践与调整布局。以下是2020~2022年微信公开课PRO的相关信息和分析：

表9-3 "微信公开课PRO"2020~2022年内容对比

时间	2020年	2021年	2022年
主题	未完成 Always Beta	激发 WeBuild	入微
产品	小程序、企业微信、小游戏、微信支付、AI	小程序、微信支付、企业微信、搜一搜、小游戏、视频号	视频号、小程序、微信支付、搜一搜、企业微信
关键词	小程序：探索更多商业交易场景 企业微信：企业高效的服务 小游戏：内容力，大作为 微信支付：打造用户的交易身份证 AI：赋能B端与C端	小程序：多行业的服务承载基建 微信支付：降低交易门槛 企业微信：深化人即服务 搜一搜：连接优质内容与高效服务 小游戏：让开发者和用户获得更多价值 视频号：基于社交关系链的记录与创作平台	视频号：原子化发展 小程序：连接更多线下场景与服务 微信支付：助力小微商家数字化经营 搜一搜：连接微信生态 企业微信：连接创造价值
重点分析	探索赋能线下业态 赋能企业运营管理 交易门槛的降低	持续打通线下业态 微信与企业微信互动 连接内容与服务 补充内容生态	视频号功能基础化 微信商业闭环形成 生态内互联价值增大 小微商家是未来重点

从"微信公开课PRO"2020~2022年的推广内容来看，每年提出的主题、推出的产品、涉及的关键词和营销重点有不变和延续，也有舍弃和创新。其中，"小程序""微信支付""企业微信"这几个王牌产品一直位列推广明星产品队列，"搜一搜"在2021年加入，"视频号"在2022年成为头号主推产品。再结合微信的自身特色和竞争生态，可以看出其清晰的营销布局逻辑，即：基于用户社交关系链和"连接一切"的价值理念打通商业链。具体来说包括以下几个方面。

首先，基本形成生态内商业闭环。社交端，微信目前有聊天、群聊、朋友圈维持用户体量和使用黏性；内容端，公众号、朋友圈、视频号、搜一搜等组成较为丰富的内容生态；商业端，小程序、视频号直播、企业微信、微信支付实力强劲，为内容与流量变现提供了工具。总的来说，微信已基本实现社交+内容+商业的商业闭环。

其次,增大生态内产品互联价值。过去几年,微信基本实现了生态内所有产品的互通,比如小程序、视频号直播可在聊天窗口、群聊、公众号、朋友圈、搜一搜等诸多场景转发;搜一搜从此前的单一内容与用户搜索功能发展成为微信生态的连接器,一键搜所有,连接优质内容与高效服务;微信与企业微信打通,使得"人即服务"更加高效,业务员积累的客户资源可一键导入公司客户数据库,提升服务效率。随着微信平台打通生态内的产品关联,微信平台整体的营销价值也随之变大。

此外,坚持赋能实体数字化发展。生态内产品从不同维度带动企业数字化发展,通过数字化工具释放服务势能。小程序实现品牌-实体店-用户、小店-用户的连接,帮助品牌连接百万个终端小店,延伸线下门店服务半径,高效转化微信社交与内容价值,搭建交易场景,已成为多行业的服务承载基建;微信支付支持小微商家数字化发展,通过信用分等方式为买卖双方提高信任度,降低交易门槛,促进交易增长;企业微信利用数字化协助企业联通企业-员工-消费者,乃至合作伙伴甚至上下游供应商,在组织管理、私域营销、经营运作等方面降本增效,激发增长活力。

最后,完善私域营销功能与场景。微信商业生态的最底层价值是社交与用户,因此私域营销也是微信相对于其他产品而言的最大优势领域。企业微信功能的丰富升级,使得企业微信与微信联通便于维护社群客户资源,提升服务效率;企业视频号、小程序与微信社群联通,促进私域营销变现。通过持续打通壁垒连接旗下产品,基于社交关系链,形成微信生态商业化合力。

总的来说,未来几年的微信会继续发力商业领域,在私域营销、助力数字化经营、平台内联通交易等方面加大支持力度。对应用微信营销的企业来说,机遇与挑战并存。

二、商家营销的重点方向

在市场竞争激烈、营销成本上升的外部大环境和微信持续赋能生态内商业布局的情况下,微信营销平台在我国已成为数字营销基础设施般的存在。对商家来说,未来可从以下几方面入手。

首先,利用微信较为完整的商业闭环,发挥联通价值。借助微信视频号、小程序、公众号、企业微信、朋友圈联通基础,建立一整套的微信运营方法论,最大化地实现用户价值变现。具体包括,引导用户进入会员企业微信社群;利用公众号、视频号、社群、运营人员朋友圈等形式建立品牌形象、沟通活动信息等;设置激励机制,引导用户群内通过小程序、视频号直播等形式下单并分享，实现私域营销价值最大化。

其次，搭建微信营销专业队伍，提升运营思维和技能。随着功能的细化丰富，微信营销的版块和难度也随之增大。建议企业搭建专业的营销团队，通过案例学习、实操复盘等方式形成品牌独有方法论，持续提升服务质量与运营效果，实现私域营销价值最大化。

最后，坚持用户洞察与客群关系维护，明确私域营销界限。私域营销的重点在于客户资源的维护，要及时进行私域内用户需求、情绪、不同类型活动数据等复盘梳理，结合客户调研等方式，持续提升客群关系服务质量。另外，要明确私域营销界限，不要有影响用户的举动，如通过“微信拍一拍”等较为熟人社交的方式与用户沟通，保持良好的沟通界限。

知识回顾

微信营销，是一种基于用户群落与微信平台的全新的网络营销方式。今天的微信，在应对市场机遇和内外部竞争中不断调整，已从十年前专注熟人社交的通讯平台发展成了具备超大用户规模、超广业务种类、超高经济体量和超强限制能力的超级平台。

微信营销有“公域营销与私域营销相结合”“精准营销，一对一互动”“生态内消费链路完整，信息高触达、高转化”“初期成本低，维系成本较高”等特点。基于微信现有的功能和特点，利用“公众号”“朋友圈”“小程序”“视频号”“LBS定位”“二维码”等发展出了许多营销方式。

近几年来，微信深耕社会与商业领域，在形成生态内商业闭环、增大生态内产品互联价值、赋能实体数字化发展、完善私域营销功能与场景等领域持续发力，微信营销的价值和影响力会越来越大。在市场竞争激烈、营销成本上升的外部大环境下，品牌和中小商家可依托目前的营销平台和营销方式，抓住机遇，培养微信营销思维与技能，促进经营发展。

复习思考题

1. 什么是微信营销？

2. 微信营销的特征是什么？

3. 微信营销有哪些方式？

4. 如何理解公众号、小程序、朋友圈、视频号营销？

4. 如何理解微信平台的营销趋势？

5. 你认为微信营销未来的发展趋势是怎样的？

第十章　App营销

知识目标

1.App营销的概念与分类。

2.App营销模式及常见策略。

能力目标

1.了解及掌握App营销模式。

2.掌握App营销的策略与方法。

思维导图

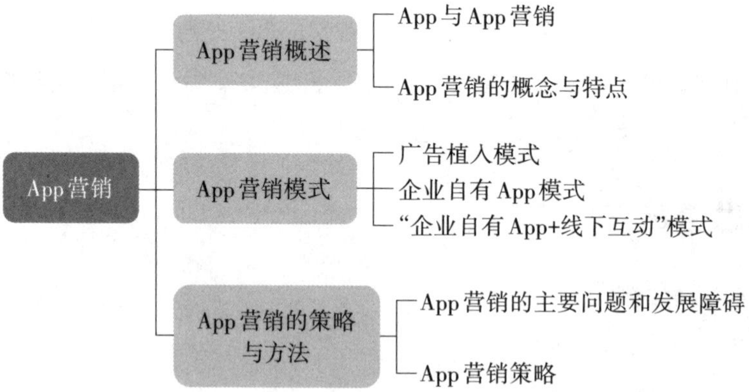

@ 案例导入

在现代社会，出门忘了带什么会让我们觉得像是缺失了身体的一部分呢？相信对很多人来说，答案是手机。每天早晨醒来，睁开眼第一件事就是打开手机点开微博App或者微信朋友圈，看看自己是否错过身边人的精彩；等车的间隙，你可能会拿出手机点开各类游戏的App玩上几局消磨时间；肚子饿了想点外卖，手机上那几个生活必备的外卖App可能会是你点餐的首选途径……手机已经成为我们生活中不可或缺的部分，这种不可或缺并非全然因为手机的通话功能，而在很多时候是因为手机上的各种App。App在为我们的生活带来各种便利与乐趣的同时，也为企业的新媒体营销提供了一种更直达有效的方式。

2012年，由谷歌与可口可乐联合推出的"再版巅峰想象(Hilltop Re-Imagined)"App，其设计创意十分贴切地展现了目标客户群的特征。用户在手机上安装这款应用，一键点击并选择目的地后，就会在这个地方特定位置的自动饮料售卖机里出现一瓶可口可乐送给路过的陌生人，售卖机会在屏幕上显示一条个性化的短信息给收到可乐的人，并录下收到可乐的人的反应视频，返回给发送者。该应用宣扬了年轻人喜欢分享，热衷于新鲜事物，快乐并乐于助人的个性品质，该营销活动拿下了2012年戛纳国际创意节首座移动类全场大奖。

据App Annie发布的数据，2019年全球App下载量已达2040亿次，用户平均每天在移动设备上花费的时间达3小时40分钟，与2017年相比增加35%。可见，我们的生活已经与App有了很大程度的联系。App使用量的增长，昭示着App营销的无限潜力。

第一节　App营销概述

伴随着智能手机、平板电脑等移动智能设备的快速发展和普及，App热潮应运而生，它安静地躺在"离你身体最近的一块屏幕里"，出现在你需要的任何时刻，精准地满足你"潜藏于心"的各种需求。[①]App不仅悄然改变了人们的很多生活习惯和信息获取方式，而且人们对App的这种心理依赖和使用习惯，也为之带来巨大的营销价值。

① App营销案例："精准"原来可以这么玩[J/OL]. 中国日报财经频道.http://www.chinadaily.com.cn/hqcj/2011-07/20/content_12946332.htm，2011-07-20.

一、App与App营销

App就是英文“Application”的缩写，中文直译为“应用”或“运用”。我们通常所说的App，实际上指的是“Application Program”，也就是“应用程序”，而且是特指在网络平台或智能移动终端上运行的第三方应用程序。随着iPhone等智能手机的流行，App渐为公众所熟知和使用。各种类型的App借助其自身入口获取流量，集聚用户，服务用户。

（一）App的发展和分类

最先提出App概念的是美国苹果公司。在智能移动终端普遍还不发达的时候，苹果率先推出应用商店App Store，里面的应用软件都是苹果公司和第三方开发者专为iPhone、iPod Touch、iPad以及Mac量身打造的，有的App免费，有的则是收费的。正是这些设计精巧、功能强大、种类齐全的App，无限延展了电脑和手机的功能，并使得iPhone成为一款真正意义上的智能手机。2008年7月11日，苹果App Store正式上线。7月14日，App Store中可供下载的应用软件已达800个，下载量达到1千万次。2009年1月16日，数字刷新为超过1.5万个应用软件，超过5亿次下载。到了2010年，苹果公司又发布了具有划时代意义的iPad平板电脑，使得移动App市场开始了对移动智能终端新的探索。2011年1月6日，App Store扩展至Mac平台。2013年5月，苹果公司宣布其官方应用商店App Store的应用程序下载量已突破500亿次，全球用户平均每秒钟从App Store下载800余个应用程序。2019年，App Store每周访问量超过5亿次。

在苹果公司的带动下，手机、PAD自带App成为智能终端设备的标配，App的开发和应用得到迅速发展。以谷歌公司牵头的运营开发商组织开发出针对安卓系统的App，微软、塞班的运营商也相继开发了针对其手机操作系统的App。随着智能手机以及其他智能移动终端的普及和发展，App这个概念被推广开来，更多的消费者开始接触到App。

2014年，苹果iPhone 5S推出“You’re more powerful than you think”（你的能量超乎你想象）系列广告，就是以各种手机应用为主题，分别展示了手机App在运动、健康、音乐、亲子、户外、科学、智能家居以及更多突破性领域的强大功能，充分展现了手机在App助力之下的迷人魅力和无尽可能。

App的类型划分方式有多种，按照载体的不同，App可以分为网页App和移动App两大类。

网页App是指需要在PC机的浏览器上加载运行的软件，依托浏览器程序语言和网页浏览器进行运作。网页App不需要专门下载，只需要在网页上点击在线加载，就能够在原网页上获得更多的功能。例如2008年在校内网兴起的“开心农场”，就是只需用户打开浏览器，从网页中对这一软件进行加载，就能够进入游戏。

移动App就是在智能手机、平板电脑及其他智能移动终端上运行的各种应用程序。随着各种移动终端设备的普及，移动App成为人们最为熟悉的运用之一。移动化和社交化是未来App发展的主导趋势。相比网页App，移动App的运用要广泛得多。微博、微信、QQ、淘宝的移动客户端都属于移动App。由于本书在其他章节有专文讲述微博、微信的营销，本章对此就不再赘述。

（二）App营销的兴起与发展

早在2008年，苹果的App Store就已经正式上线，但App营销真正形成风潮、引起营销界的广泛重视，则还是前几年的事。移动终端设备的迅猛发展、移动互联网技术的发展和上网资费的下降，都是App营销兴起和发展的重要支撑条件。

1.App营销的兴起条件

（1）智能移动终端的爆发式增长

在苹果公司推出iPhone以后，移动终端逐渐走向智能化。根据全球著名研究咨询公司Gartner的预测，2014年全球IT终端设备的出货量将达到25亿台，比2013年增长7.6%。其中，手机将成为出货量的主要贡献者，达到19亿部，较2013年增长5%。从2014年开始，包括平板电脑、混合设备和翻盖式设备在内的ultra mobile将成为设备市场增长的主要驱动力。①

移动终端的广泛使用及其硬件水平的不断提升，为App的发展提供了契机，也为App营销的多样化、精细化发展提供了有力的硬件支持。

（2）移动互联网技术的发展

终端设备为App营销提供了必要的硬件条件，而移动互联网则为之提供了同样重要的网络运行条件。随着移动通信技术的升级换代，网络速度相比过去得到了大幅度提升。2019年6月6日，工信部正式向中国电信、中国移动、中国联通、中国广电

① 2014年全球IT终端设备出货量将达25亿台[EB/OL].赛迪网.http://news.ccidnet.com/art/1032/20140109/5321807_1.html，2014-01-09.

发放5G商用牌照，中国正式进入5G商用元年。[①]根据工信部发布的《通信业经济运行情况》，2020年全国4G用户总数达到12.89亿户，全年净增679万户，占移动电话用户数的80.8%。5G网络建设稳步推进，新建5G基站超60万个，全部已开通5G基站超过71.8万个，5G网络已覆盖全国地级以上城市及重点县市。根据中国互联网络信息中心（CNNIC）的《第48次中国互联网络发展状况统计报告》，截至2021年6月，三家基础电信企业的5G手机终端连接数量达3.65亿户，较2020年12月净增1.66亿户。

网速和流量资费是消费者在使用App时的重要考虑因素。5G的逐渐普及和更多的套餐优惠政策，将有效地打消消费者的顾虑，让App的使用真正成为无负担、得实惠的选择，为App营销的进一步发展奠定基础。

（3）对用户碎片化时间的利用

在信息爆炸的时代，消费者的时间和注意力早已呈碎片化地存在。手机已经不再是单纯的通讯联络工具。全覆盖的网络和便携的设备，友好的界面和丰富有趣的内容与功能，使得消费者可以自由地使用智能移动终端上的App来填补碎片化时间的空白。[②]

根据中国互联网络信息中心（CNNIC）的《第48次中国互联网络发展状况统计报告》，截至2021年6月，我国网民使用手机上网的比例达99.6%；使用台式电脑、笔记本电脑、电视和平板电脑上网的比例分别为34.6%、30.8%、25.6%和24.9%。

与PC上网相比，手机等移动终端设备的便携性，使得随时随地上网和使用成为可能。企业开发出越来越多适合于在手机等移动终端上适用的App，在极大地丰富移动终端功能的同时，成功地利用消费者碎片化的时间和注意力，开展企业的营销活动，增进消费者与企业的互动。因此，从这个意义上讲，时间的碎片化分散了消费者的注意力，但却增加了App使用的概率，从而也推动了App营销的发展。

2.App营销的发展现状

最初，App营销的形式比较简单，与普通的网页广告差不多，都是在App打开后，在应用界面的不同位置进行广告推送。这与移动互联网的发展类似，本质的概念没有变，

① 5G商用牌照来啦！看看哪里能找到"看得见、摸得着"的5G[EB/OL].新华社新媒体.https://baijiahao.baidu.com/s?id=1635757688505031021&wfr=spider&for=pc,2019-6-8.

② 悉星.App营销兴起的背后[J].市场观察,2012(1).

只是用更新的技术去进行包装,使其更接近消费者。

iPhone的面世极大地推动了App,尤其是移动App的发展和普及,进而带来企业App营销爆发式的增长。在2010年,国内的App营销也迎来了遍地开花的景象。最先试水的是各大电商,他们在网页平台的基础上开发出手机App,为的是在短时间内占领智能移动平台。这些电商把手机App开辟为另一个售卖平台,并同时在App上进行客户信息的收集与商品信息的推送,属于网站移植式App营销,其中的代表性个案就是手机淘宝。

在此之后,以微信为代表的社交软件开始逐渐强化其营销功能,成为App营销中又一大引人注目的发展趋向。在市场进入初期,许多社交App都是不讲求盈利的,专注于做好社交功能,为的是扩大用户数量,搭建庞大的用户基础平台。等到拥有了一定规模的用户群以后,社交App才开始慢慢释放其营销潜力,谨慎地尝试更多样化的营销手法。

随着App营销概念的不断推进,App营销的形式发生了许多变化。许多企业不再借助第三方的App进行营销,而是自己开发App,将信息直达消费者。星巴克、可口可乐、宜家等知名品牌都先后开发出了自己的App进行营销。大多数营销App的常规内容包括:产品信息与推介、每季新品信息、门店或者渠道信息以及优惠措施和优惠券,部分服务类企业的App可能还具有网上预定功能并附带有一些可以结合品牌与产品特性的辅助工具,产品信息一般也会定期或者不定期更新。App营销的内容虽然看起来比较常规老套,但其营销形式却十分新颖,往往都使用了时下最新潮的一些技术手段,能给予消费者一种全新的体验,让其在愉快、新鲜感十足的主动使用中不自觉地接受企业的营销目的。

2019年,苹果公司宣布App Store每周访问量超过5亿次,App的强劲发展势头由此可见一斑。如此广阔的市场,等待的是企业App营销的大力开拓与创新。

二、App营销的概念与特点

(一)App营销的概念和主要形式

App营销即应用程序营销,指通过网页或智能手机、平板电脑等移动终端上的应用程序来开展的营销活动。在App营销中,应用程序App是作为营销的载体和渠道,这点是App营销与其他营销最根本的区别。拿《极品飞车》这款游戏来说，如果汽车企业提供的车型只能在游戏的电脑客户端上使用，在手机下载的游戏App客户端中没有，那么对这家车企来说，这就不算是App营销，而是游戏营销。脱离了App这一载体，就不能纳入App营销的范围。

根据营销软件公司HubSpot的统计报告，2020年，网络是市场营销中使用的第一渠道，在未来一年营销预算的分配上，26%的受访企业表示会分配在应用软件上。另据Salesforce的统计报告，在受访企业中，使用率最高的数字营销方式是社交媒体（91%）和数字广告（91%），数字内容（88%）位列第二，网站和应用程序使用率达86%，位列第三，电子邮件（76%）和移动营销（69%）位列第四和第五。由此可见，App营销事实上涵盖的范围是很广的，其使用率也是很高的。

从表现形式上看，App营销主要主要有以下几种类型：

1.开屏广告

开屏广告是在App启动时短暂展示的全屏化广告形式，是一种常见的App广告类型。很多App都有开屏广告。这种广告展示在应用刚刚开启时，用户的注意力非常集中，特别适合广告主进行品牌曝光宣传。根据《2018中国移动互联网用户行为洞察报告》，对于App中出现的不同类型的移动广告，中国移动互联网用户更偏爱开屏广告[①]。由此可见开屏广告在用户和营销中的重要地位。

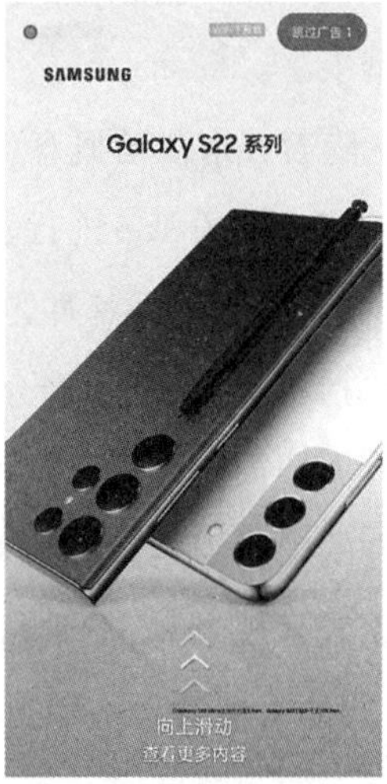

图10-1　三星在网易云音乐App投放的开屏广告

2.信息流广告

信息流广告是一种将广告以与内容联动的方式进行交互的广告形式。[②]在微信、抖音等社交媒体里，信息流广告是十分常见的。

3.H5广告

H5广告是在移动端网络社交媒体中传播的带有交互体验、动态效果和声效的Web网页广告。H5是HTML5的缩写，HTML全称为HyperText Markup Language，直译为“超文本标记语言”，它是一种基于互联网的网页编程语言。H5广告极具互动性

① 用户偏爱开屏广告、今日头条使用率高——2018中国移动互联网用户行为洞察报告.[EB/OL].广告门.https://mp.weixin.qq.com/s/W2MfLhIVej_ATlMNCWg7Wg,2018-08-02.

② 刘鹏、王超.计算广告[M].北京:人民邮电出版社.2019.

的特点，使其在广告市场中越来越重要。2019年，淘宝App推出了“人生账单”H5广告。用户只要在淘宝App的搜索栏输入“淘宝人生账单”几个字，就会进入淘宝消费总清单H5，在H5上会显示用户使用淘宝以来的一些数据，比如剁手金额、下单次数等。网友们纷纷在社交平台晒出了自己的账单，使得这样的一支H5广告，一跃成了热搜内容。

4.VR/AR广告

现在，已经有越来越多的品牌开始尝试使用VR/AR广告。2017年，加拿大可口可乐就和流媒体音乐平台Spotify合作，推出了一个“玩可乐”的活动。用户可以通过手机App扫描可口可乐瓶身，就能播放189个Spotify提供的歌单。用户还可以在App中通过扭转瓶子来切歌，同时相关曲目的专辑封面也将以AR的效果显示在瓶子的四周。此次AR营销方案作为回归加拿大市场营销活动的一部分，预计生产约三千万瓶附带AR音乐广告的可乐。

图10-2　Spotify应用截图

2014年，沃尔沃为推广某一车型，打造了一款名为Volvo Reality的VR应用，消费者在手机上下载App后，然后戴上Google Cardboard，就可以享受360度的体验，在家中就能感受沃尔沃经过开放田野、山区和湖泊的驾驶乐趣。Google Cardboard是由一块纸板、两个透镜以及一块磁铁做成的平面包装观看设备，能够给使用者带来虚拟现实体验[①]。尽管这款App在技术上还不够成熟，但仍不失为将VR技术应用于App营销的一个创新尝试。

① 刘卫华：四个优秀的虚拟现实营销活动[EB/OL].映维网.https://news.nweon.com/10319，2015-09-09.

图10-3　Volvo Reality应用截图

(二)App营销的特点

App营销具有以下特点:

1.精准度高

App与其他营销途径不同,一般是用户根据自己的需求进行搜索并且主动下载的,这意味着,用户在下载App时往往就已经对这一App或App代表的企业有了一定了解或需求,而且用户对App的日常使用往往也与即时的需求和消费直接相关,只有当他们准备消费或有所行动时,才会点开相应的App,比如外卖订餐、打车、团购,或者给小孩讲故事、玩游戏、跑步健身,等等。因此,App营销是种双向选择的营销,是营销企业和消费者双方都同时选择了特定的App。所以,在App中传递的营销信息,其针对性非常强。

2.信息全面

通过传统媒体进行营销推广,企业所传达的信息量极大地受限于媒体版面和时段,不可能对产品进行全面、立体的介绍和演示。而App则可以通过定期的推送,将企业产品和服务的相关信息详细、全面地展示在消费者面前,还可以通过各种个性化的、趣味性的、互动的方式增强消费者的产品体验,搜集其反馈意见。

3.趣味性强

App的种类、形式是很多样化的,App营销不仅可以通过文字、图片、声音等方式来传递信息,还可以通过游戏等交互的方式,与消费者进行互动,在互动中传递信息,增进消费者对品牌的好感,增加用户黏度。比如,2012年,法国航空公司推出一款全新的音乐应用——Music In the Sky,用户安装后用手机对着天空,搜寻空中随机散布的歌曲,捕到后就可以直接试听。法航在此之前就推出过航班上的音乐服务,可以让乘客在乘坐航班的时候享受高品质的音乐服务,而Music In the Sky应用的推出,则让地面上的听众也能收听到法航提供的音乐,它将用户的手机变成了一个个音乐雷达,去发现散布在天空中的音乐。这款应用中还内置了一些互动小游戏,可以赢取优惠机票。尽管这次App营销的主要目的是通过App里面的互动小游戏推广法航的优惠机票,但是,这种将旅行、天空以及音乐等感性元素结合起来的方式,无疑比赤裸裸的营销方式要好得多,给人留下的印象也深刻得多。[①]

4.互动性强

由于App的开发门槛并不高,App营销的成本也比较低,市场上存在的各种App已经多得浩如烟海,而且还在不断有新的App被开发出来。如何在多如牛毛的App里脱颖而出,成为消费者的生活助手,成为企业的营销利器,互动是关键。像"签到"、转发有奖以及各种互动小游戏,都已经成为很常见的App营销互动方式,此外,还不断有一些创造性的、个性化的互动方式涌现出来,不断刷新消费者的体验。

5.效果可控

由于App一般为企业自主开发或委托第三方开发,更便于对营销效果的监控,对营销的管理和控制也更为灵活。企业可以通过App营销,及时收集消费者的需求数据,根据消费者需求进行改进,培养消费者的购买偏好。

随着智能终端的普及、移动互联网的快速发展,移动App的使用越来越广泛。越来越多的企业也更加重视App营销,特别是移动App营销。由于使用量和普及率的不同,移动App给企业带来的关注度远比网页App的要大。根据CNNIC的最新统计报告,截至2021年6月,我国网民使用手机上网的比例达99.6%;使用台式电脑、笔记本电脑、电视和平板电脑上网的比例分别为34.6%、30.8%、25.6%和24.9%。PC机在移动上的不便,限制了网页App的发展,而智能手机、平板电脑以及谷歌眼镜、苹果手表iWatch、小米手环等智能可穿戴设备的不断发展,以及5G技术的逐渐普及,给移动App营销开辟出广阔空间。移动App营销将成为App营销中的主流,这也是本章讨论的重点。

① Music In The Sky:天空中不只有飞机 还有好听的音乐[EB/OL].雷锋网.http://www.leiphone.com/news/201406/1122-liuyun-music-in-the-sky.html,2012-11-22.

第二节　App营销模式

互联网时代,越来越多的企业意识到App营销的重要性。App营销成本低、精准度高,可以作为企业整合营销传播战略中的工具之一,帮助企业建立客户数据库,沉淀高频用户,那么,App营销一般有哪几种营销模式呢?

一、广告植入模式

广告植入模式也叫App内置广告,企业以植入的形式,借助第三方App进行营销。通常是企业将自身品牌、广告或其他营销信息植入第三方App,当用户点击广告栏便自动链接到企业网站。这种模式是最基本、最常见的一种App营销模式。据著名市场研究与咨询机构Strategy Analytics发布的报告,在当前智能手机普及率已相当高的美国和西欧市场,广告商在应用内置广告上的开销已超出移动网站上展示型广告开销。[①]企业借助第三方平台植入自己的品牌,最常见的形式是动态广告栏,App用户通过点击进入网站链接,最后在企业网站获取相关信息、参与活动、注册邮箱或者是订阅RSS,一步步地将App用户从广告的"过客"转化为消费者甚至是忠诚顾客,并且在转化用户的过程中,广告主可以通过App后台实时监测、收集数据,掌握转化率。这种营销模式的优势是,在吸引更多的人注册、为企业带来更多实际收益的同时,简单方便地扩大品牌和企业的知名度。以大众点评为例,商家不仅可以利用大众点评宣传产品和品牌,开展打折等优惠活动,还能够借助大众点评的"点评"功能获得口碑,促进销售。

除了动态广告栏,App内置广告的具体形式还有:页内轮播广告、封底广告、封面广告、loading(下载)广告等。

App内置广告的计费方式通常为CPC(Cost Per Click),即按点击量付费,也有部分App采用CPA(Cost Per Action),即按行动付费。不管采取哪种方式,吸引足

① App应用内置广告已成移动广告市场主流[EB/OL].中国广告行业网.http://www.guanggao001.com/news/16281061.html,2012-04-23.

够多的用户关注和参与是营销成功的关键。因此,企业选择热门的、与自身产品和顾客高度关联的App营销平台,是非常重要的。只要找到了适合自身的第三方App,那么,这种营销模式对企业来说就会成本较低、操作简单、受众面广,是一个很不错的选择。

二、企业自有App模式

除了借助第三方App平台进行广告植入的方式,企业开发出自己的App,通过自己专属的App进行营销也是一种很有效的方式。而且,这种方式因为不需拘泥于第三方App的特定内容、形式和要求,而完全可以根据企业自身需求做出富有个性的App,因此,这种方式对企业来说可能是非常有吸引力的一种方式,可以给企业的App营销带来无尽的创意空间。

互联网时代的飞速发展,让拥有一款App不再是一件困难的事情。不需要复杂的编程技术,许多网站提供平台,免费地让任何人都可以立即做出可交互、可管理,可以在Android或iOS系统上运行的App。企业把适合自己定位的App发布至App商店供用户下载,用户可以全方位了解产品和企业的信息,强化对品牌的认知、认同甚至是归属感。

1.企业自有App的类型

企业自有App可以是单一功能型App,最常见的形式就是企业研发出来的一些互动小游戏,例如飞利浦SHQ5200运动耳机的“夜跑侠”小游戏;也可以是包含多种功能的App,除了推广品牌之外还有其他功能,例如星巴克闹钟App。在内容上,App可以以企业产品为核心,也可以以品牌为核心,或两者兼顾。但不论是研发哪种类型的App,自有App的核心都是以用户需求为主,需符合用户的喜好、兴趣和习惯。

互动小游戏功能虽简单,但如果与广告及其他营销手段配合得当,便可充分发挥游戏的情境代入及娱乐性优势,将品牌理念演绎得更充分,让消费者对品牌的体验更完整、逼真。美国Chipotle Mexican Grill墨西哥风味连锁快餐在其广告营销策略上一直强调自然健康的饮食理念,贯彻这一理念的稻草人系列广告片之“BACK TO THE START”,

一推出便夺得2012年第59届戛纳广告节影视类金狮奖及全场大奖。除了广告片，Chipotle还推出了相配套的免费游戏Chipotle Scarecrow，讲述的是小稻草人因为无法接受工业流水线食品的不健康理念，离开自己所供职的食品加工厂后，利用自己小院中的健康蔬菜为人们烹制纯天然食物的故事。在游戏中，玩家将游历4个不同的世界，首先要逃离食品工厂，然后要拯救被圈养的可怜动物，最后经营自己的绿色农场，制作出健康食品，让大家享受真正的美食。①

图10-4　Chipotle Scarecrow游戏截图

除了简单的互动游戏外，企业还可以根据自己的用户特征和需求开发出有各种实用功能的App。比如星巴克针对很多年轻人喜欢赖床的问题，就推出了一款别具匠心的闹钟形态的App EarlyBird（早起鸟），用户在设定的起床时间闹铃响起后，只需按提示点击起床按钮，就可得到一颗星，如果能在一小时内走进任何一家星巴克门店，就可在正价购买任意手工调制饮料的同时，享受半价购买本周精选早餐食品的优惠。这款App的设计巧妙之处在于，它不仅给用户提供了闹钟服务、消费打折的实用功能，而且更高明的是，它"让消费者从睁开眼睛的那刻便与这个品牌联系在一起"。②

2.企业自有App营销的优势

首先，根据App功能的不同，企业自有App营销可以实现不同的营销需求。有一些App能帮助开发它们的企业提升效率、降低成本以及收集信息，改善消费

① 游戏中的食育：Chipotle"稻草人奇遇记"[EB/OL].有机会.http://www.yogeev.com/article/39847.html，2013-09-17.

② 2012年企业App营销创意十大经典案例[J/OL].中国广告网.http://www.cnad.com/html/Article/2013/0109/20130109145857304.shtml，2013-01-09.

者的产品和服务体验，例如“美团外卖”App、肯德基App等营销类App。还有一些App则是多样化的功能拓展，能够帮助消费者更好地了解产品和服务、传播相关知识和资讯，从而提高产品的用户体验。而相比于借力于第三方App平台进行营销，自有App营销的优势在于，消费者不再是被动地接受营销信息，而是变成主动了解信息的参与者。通过下载使用App，消费者更能直观、全面地了解企业和产品的信息。

图10-5　星巴克手机App“闹钟”（福布斯中文网）

瑞典邮局曾推出一款名为“Sweden's Safest Hands（瑞典最安全的手）”的App，让人们可以真切体验一回快递员的日常工作。活动以一种竞赛的形式开展，安装了这个App的用户每天6点、12点、18点会收到服务器发来的一个虚拟包裹，只需携带这个虚拟的包裹第一个赶到指定地点，就能获得包裹中标识的真实物品。游戏看似难度不大，但是真正参与起来却是竞争激烈。想要获得奖品，就需要很快赶到目的地点，但是手机中那个虚拟的包裹却如豆腐一样，不能走得太快，还得小心翼翼地紧盯着手机屏幕，一旦包裹掉落，就前功尽弃。此外，还得时刻提防着包裹被其他超越者夺走。充满惊险的模拟邮差体验实则在不断提醒用户：记住了，邮政部门的工作就是如此。除此之外，企业还准备了42个“神秘包裹”作为奖品奖励用户。这款App集趣味、竞争、好奇和利益四个元素为一身，让用户在体验游戏的快乐的同时，主动积极地参与到与品牌的互动中。瑞典邮政“最安全的手”的形象也深刻地扎根在了用户脑中。①

其次，营销的个性化和精准化可以在企业自有App营销上得到极致化的体现。如前文所述，由于是企业自己推出、自主设计的App，所以完全可以根据企业和产品的独特价值与个性来设计App，可以完全根据目标人群的需要来设计，可以借助自有App收集目标人群的信息，帮助企业建立消费者数据库，从而深入了解他们的喜好、习惯和心理，有

① 麻震敏.App营销 打动用户是关键[J].成功营销，2011(12).

助于企业根据市场和消费者的变化制定新的市场营销传播策略。毕竟,“如何帮助品牌建立起这种遍布全网的动态网络,快速地感知用户的需求、取向、去向等非常重要,是判定App营销价值是否实现的一个至关重要的因素。”①

家居品牌宜家(IKEA)曾推出一款手机App,让用户定制自己的家。用户可以创建并分享自己中意的家居布局,还可参与投票选出自己喜欢的布局,宜家还会对优秀创作者进行奖励。②这款App充分体现了个性化定制营销的特点,而且通过用户参与,直接有效地获取了用户的需求信息。

最后,企业自有App为企业的低成本快速增长提供了一种可能。由于最终的营销效果并非取决于企业投入创建App时的成本,而是在很大程度上取决于App内容的策划,因此,只要内容足够出色,企业完全可以以相对较低的成本创造出可观的营销传播效果。通过App促进线下销售固然是一方面,而通过企业自有App来加强品牌与消费者的互动、建立用户口碑、维系客户关系、增进用户体验,则是企业自有App的另一大功能。对于大多数企业来说,实现互动和口碑层面的功能是一个更现实的营销传播目标。企业通过App这个平台与消费者保持密切互动,形成更稳定持久的关系;而从顾客的角度,则是可以通过App,根据自己的意愿,自主地选择与自己喜爱、信任的品牌建立联系。

日本一家著名的美发品牌Lucido-I为苹果应用商店App Store开发了一款App,让用户可以很方便地了解自己所适合的发型和颜色。用户只需使用苹果手机或iPad等移动终端下载该款应用,打开它并拍摄一张正面照,就可以自由选择想搭配的发型颜色,从中选出自己最喜欢的形象。用户还可将照片分享到社交媒体,与朋友互动,听取好友的反馈。另外,用户也可用这款App随时随地浏览Lucido-l的新品信息、产品推荐、检视相关产品信息等。由于实用性强、易操作、易分享,该款App共得到了60多万人的下载,社交网络上也引起了广泛的讨论。③

合格证
检验员:03

① 麻震敏.App营销打动用户是关键[J].成功营销,2011(12).

② 2012年企业App营销创意十大经典案例[EB/OL].中国广告网.http://www.cnad.com/html/Article/2013/0109/20130109145857304.shtml,2013-01-09.

③ 日本护发产品iPhone App应用案例[EB/OL].网络广告人社区.http://www.iwebad.com/case/1057.html,2011-09-15.

图10-6 日本护发品牌lucido-l的App截图 （网络广告人社区）

不管是这个美发品牌的App，还是宜家的定制家App，都是利用App创建出一个良好的用户互动平台，拉近品牌与用户间的距离。上述例子也说明，良好的互动让App可以发展成为企业弥补线下体验短板的工具，从而打通会员营销及体验、服务体系。

三、“企业自有App+线下互动”模式

App作为营销工具，其价值不仅在于帮助企业获取直接的经济收益，还在于能成为企业加强消费者互动、提高企业服务质量的一种创新方式。加强互动的方式可以是线上互动，也可以是“线上+线下”的互动。企业在自有App的基础上，利用LBS((定位服务)、AR技术(增强现实技术)或QR二维码等技术，实现线上互动和线下互动的整合。这种线上线下相结合的方式能大大拓展App营销的形式设计和创意空间，让消费者的体验更立体、多元，更容易产生意想不到的传播效果。

2013年，妮维雅儿童防晒霜延伸了“protection”(保护)的概念，设计了一款帮助家长防止小孩走丢、守护孩子安全的App，让妮维雅在防护肌肤之余，还能守护孩子、守护家庭。这个大胆创想能实现的关键正是手机App与定位技术的结合，通过平面印刷媒体和手机的无线联动，随时掌握孩子们的位置信息。妮维雅注意到两类目标人群(父母和孩子)的行为习惯——父母：他们高频率使用智能手机，而在里约热内卢他们更有在沙滩上和家人一起看杂志的习惯。因此，妮维雅在杂志内页印有手环形式的妮维雅广告，内嵌一枚“雷达”按钮，家长只需将这只“手环”剪下来绑在孩子们的手臂上，同时下载手机定位App，就可以时刻关注孩子们的动向。一旦孩子们超出了安全范围或者离开自己过

远，App就会发出警报，家长可以通过定位App迅速查找到孩子的方位。这一创意加深了妮维雅守护家庭的品牌温情形象和创新形象，并且第一次在巴西跃上防晒霜销量榜冠军。①

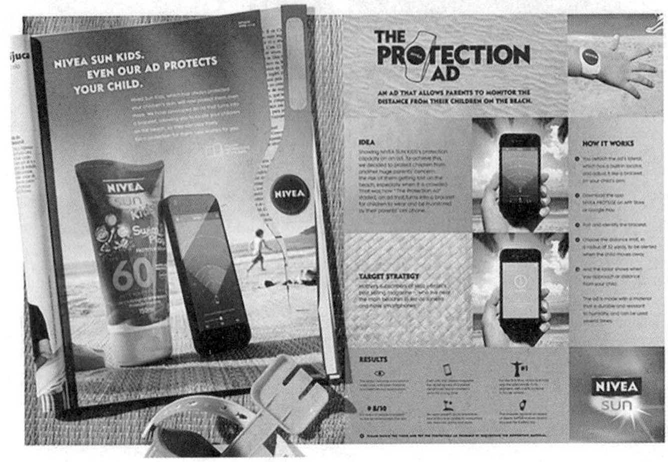

图10-7　妮维雅儿童防晒霜广告 （媒介360）

从技术手段上看，“手机App+AR+LBS”是目前比较常见的线上线下结合互动方式。代表性的案例有日本的ibutterfly项目、宝马MINI GETAWAY城市活动、NEW BALANCE的城市接力，等等。iButterfly项目是将各色优惠券变身为一只只翩翩飞舞在城市各个角落的虚拟蝴蝶，通过下载iButterfly App利用手机摄像头进行捕捉，帮助服务业和餐饮行业进行有趣的宣传，使客户既享受到优惠折扣，又得到良好的游戏体验。宝马MINI GETAWAY城市活动是在斯德哥尔摩城市某处设置一台虚拟的MINI最新款车，参与者下载App后便可查看虚拟车的位置，任何人都可以去抢这台虚拟车，最后一个抢到并保留的人即可获得一辆真实的车。该活动很好地将LBS与App结合，同时通过AR技术展示虚拟车辆，通过“抢”的方式聚集受众，获得了很好的传播效果。运动品牌NEW BALANCE（新百伦）为庆祝纽约的新旗舰店开业，开发了一款城市短跑接力App——Urban Dash。用户下载这款应用后，找到应用中显示的分布在纽约不同地方的虚拟接力棒，最先到达目的地的人将会获得一双New Balance574鞋子。虚拟接力棒可能会被其他人抢走，所以只有跑得快的人才有机会赢得胜利。②

① Yan，Vanessa. 走心不走丢：妮维雅锁定关爱 守护家庭[EB/OL]. 媒介360.http://www.chinamedia360.com/News/NewsDetail.aspx? nid=CD017CA6BA37A460，2014-09-03.

② 四个经典的手机App+AR+LBS（SOLOMO）营销案例[EB/OL].http://www.alibuybuy.com/posts/63837.html，2011-08-18.

“企业自有App+线下互动”模式具有更强的精准性和互动性，而且已经在一定程度上体现了整合营销传播的理念。技术与创意的巧妙融合，为企业和消费者带来更多互动、体验和分享的机会，带来更多新奇的创意空间，让App营销成为一种酷炫又实用的营销方式。

第三节 App营销的策略与方法

在移动营销时代，App营销具有其他媒体不可比拟的优势，尤其是它不仅对用户无强制、无干扰，而且往往还能提供某种实用功能，从而让用户养成使用App的习惯，但是，这种贴身又“贴心”的新媒体，以目前的发展状况而言，仍然具有某些不足和问题，需要营销者有针对性地予以解决和改进。

一、App营销的主要问题和发展障碍

App营销是眼下企业在进行新媒体营销时经常采用的营销类型，但目前平台发展并不成熟、创新模式少、优质App较少、营销难以可持续进行，都是横亘在App营销发展道路上的一道道障碍。

（一）品牌App的平均生存周期不长

这主要是针对企业自有App而言。大部分企业自有App都是承担短期营销的功能，并无长期发展规划，其中有一些甚至都不是企业经过深思熟虑之后的产物，只是一味盲目推出，或简单地模仿某款热门App，东施效颦，缺乏创意，自然很难得到用户的关注和认可。

App的生存周期不长，一方面是由于App本身的质量不高，另一方面可能是推广方面存在问题。App Store上有着数以万计的App应用，如果不能脱颖而出，缺乏曝光率，无法吸引用户的注意，就会泯灭在“App海洋”之中。从目前来看，无论是在苹果App Store等应用商店还是其他移动广告平台上，各类应用的确丰富，但很多应用都只被下载

过几次，或者下载后应用率也不高。大多数应用由于推广不力，进而被“打入冷宫”，成为“沉默应用”。对于这些无人问津的App来说，它们植入广告的有效性自然较差。①

（二）App数量很多，但高质量的App比较少

对于大部分企业甚至个人来说，开发一款App并不是一件难事：只要掌握一些必备的计算机语言即可。再加上App营销的优势，使得很多企业选择开发自己的App，逐渐造成了海量App的现象。然而，量多并不意味着质优，在众多App中，高质量的App缺口非常大。造成这种现象的一个重要原因就是企业的盲目跟风。人们对于新鲜事物一时的兴趣和热爱成就了某款App的火爆，不少企业遂随之跟进模仿。放眼如今的App营销，模仿跟风者众，而锐意创新者少。有很多App虽然名字不同、形式存在差别，可究其内容的本质仍然是“换汤不换药”的。“愤怒的小鸟”走红了，便涌现出无数个“愤怒的小鸭”“愤怒的小马”……App内容缺乏新意，总是生搬硬套，到最后终将失去用户的兴趣。

（三）企业App支付功能不够完善

前面我们讨论过，App营销对于企业的价值主要在于推广品牌、拉近企业和消费者的距离，感知消费者的需求与动向。不过很多企业并不满足于上述目标，如何通过App引导消费、让消费者买单才是他们的终极目标，然而支持在App上直接支付的寥寥无几。消费者通过App了解了企业产品、获取了相关的优惠券后，并不能以最便捷的方式立即实施购买，而是往往还需要到线下实体店去消费、购买，这中间的地理距离和时间差令消费者的消费意愿充满了变数，必然会影响最终的消费兑现。支付功能的不完善使得App在很多时候只是作为企业营销的辅助手段，没有发挥更大的作用。

（四）App营销的可持续性难题

相比于“下载”这一个动作，持续的关注和使用就显得难度更大了。有不少App面临的境遇都是下载之后就被用户遗忘和搁置，甚至被直接删除。消费者出于一时的兴致或优惠活动的刺激而下载了App，但之后根本就想不起来或者不想去用这个App。企业对于这种现象要格外重视，如果消费者下载了App但却不用，那么这款App自然也就形

---

① 冯和平，文丹枫.移动营销：企业营销的终极武器[M].第1版.广东经济出版社，2007.

同虚设，并不能真正起到实际的营销作用，当初企业做活动时所获得的有关App下载量的数字也就成了毫无意义的数字了。

在信息爆炸的时代，网络无时无刻不在生产着海量的信息和各式各样的网络产品，企业想要取得App营销的成功，首先需要保证自己的App内容和创意足够优秀，接下来便是维护、互动和更新的问题了。在信息海洋中，企业需要持续地投入大量精力去维持、巩固现有的成果。消费者的注意力是有限的，若一个App没有足够的吸引力，在不断受到其他外界刺激的情况下，用户黏度很难继续保持在一个较高水平。此外，由于生活节奏加快，受众时间碎片化程度加剧，企业的营销信息可能很难连续完整地传递给消费者。因此，如何实现App营销的可持续性、维持用户黏度，是App营销的一大难题。

二、App营销策略

针对上述主要问题，企业进行App营销需要遵循一些常规的营销法则，包括：

首先，企业需要做好App的定位，包括对App功能和角色的定位。企业需要在充分的市场调查基础上进行定位，包括对消费者的使用习惯、消费心理、购买习惯等各方面的考察。用户通常是利用零碎的时间打开App使用某种单一的功能，所以企业在设计App时要尽量去除多余冗杂的功能，尽量做到精、准。而只有确定App本身的功能契合消费者的习惯，才能利用App营销的精准性给消费者最大的便利。除了功能之外，企业还需要注意对营销产品进行分类，对于不同的产品采取不同的营销策略，确保App营销的有效性。

其次，有针对性地选择用来进行App营销的产品及信息。App营销承担的角色是丰富产品及品牌信息并做好消费者互动与服务，在运营时，如何在对的时间让合适的消费者遇见合适的信息是一大关键。企业通过App传达给消费者的并不是所有有关企业产品、行动和规划的信息，而是要有针对性地选择产品和信息，并在App营销的过程中提升用户的产品体验和品牌体验，引起消费者共鸣。

第三，关注最新的相关科技发展动态，为App营销的技术手段创新寻找灵感。在关注App内容规划的同时，App营销策划者还需随时关注日新月异的科技发展动态，尤其是与IT、LBS以及体验相关的技术。因为正是其中的某些技术，才成就了那些创新的

App营销形式，给消费者带来耳目一新的震撼体验。传媒是人感官的延伸，利用人们的感官增强App的趣味性和表现力，更容易让人们有分享和购买的冲动。

最后，App营销对企业来说不是一时兴起，而是细水长流，企业需要做好长期规划和维护更新。如何让App营销在发展中形成一个开放的、动态的闭环，是许多学者公认的App营销的关键问题。除了从消费者角度开发App，企业还可以面向内部员工、客户、合作伙伴、股东开发App，让他们与企业一同传播品牌、促进销售。

就目前来看，越来越多的企业开始尝试开发和使用自己企业的专属App进行营销，这类App营销形式更加灵活，个性化程度很高，不过，这类App往往面临着质量、创意和可持续方面的问题，如何成功吸引和留住用户，是让很多企业感到困扰的问题。在多如牛毛的App市场中，除了用广告硬推、捆绑下载的老套方法，企业怎样才能让自己的App真正获得消费者青睐，进行有效的App营销呢?

1.有用是前提

App营销可以说是当下最时髦有效的新媒体营销方式之一，但这首先需要用户的下载，吸引用户下载是进行App营销的第一步。而要促成消费者的主动下载，就必须让消费者感受到App能为自己带来的切实好处和作用。毕竟，下载App是一件既费流量又要费点时间的事情。

可口可乐在2012年曾推出一款名为“CHOCK”的手机App，用户下载此款App后，就可以一边看电视一边抓瓶盖抽奖了——用户在指定的可口可乐沙滩电视广告播出时开启App，当画面出现可口可乐瓶盖，且手机出现震动的同时，挥动手机去抓取电视画面中的瓶盖，每次最多可捕捉到3个，广告结束时，就可以在手机App中揭晓奖品结果，奖品都是汽车之类的重量级奖品，对消费者来说颇具吸引力。①

除了可口可乐，像本章前面所举的例子，如iButterfly、宝马MINI GETAWAY城市活动、NEW BALANCE城市接力，就都是以奖品或折扣优惠的形式直接给以消费者好处，以这种最直接的方式来调动消费者的参与积极性。而瑞典邮局、宜家家居、美发品牌Lucido-I则是依靠形式创新和体验优势来吸引用户，在给用户提供体验服务方面有很强的实用性。星巴克闹钟、妮维雅PROTECTION AD则向目标用户提供了产品以外的其他实用功能——闹钟服务和防止孩子走丢，虽然是额外的附加功能，但其实用性丝毫不亚

① 2012年企业App营销创意十大经典案例[EB/OL].中国广告网.http://www.cnad.com/html/Article/2013/0109/20130109145857304.shtml,2013-01-09.

于企业产品的核心功能。当然,星巴克闹钟除了提供叫醒服务以外,还提供了打折优惠。总之,这些经典案例无一不是给消费者提供某种或某几种实用的价值和功能。即便是作为单一功能型设计的互动小游戏,如Chipotle Scarecrow游戏,也给用户提供了娱乐休闲的功能,那么它对于用户来说,同样也是一款有用的App。

2.互动是核心

在信息碎片化的时代,企业已经很难全方位长时间地与消费者保持联系,消费者在下载App以后,若没有值得关注的内容作为主要的吸引,很快消费者的关注度就会降低,App的用户黏度会越来越低。

不同于传统的媒体形式,App这种新载具赋予了消费者更大的主动权和决定权。想要吸引消费者,还是应当从满足其需求及行为习惯出发。在大数据时代,企业可以通过大数据的信息分析整合来挖掘消费者的兴趣点与需求,从而有针对性地进行App的开发。除此之外,企业还应当在与消费者的一次次互动中挖掘其需求,时时关注用户动态,并将在互动中所获取的信息用于App及整个营销策略的改进。换言之,即便App不能帮助企业实现即时的销售,那么至少应该成为企业获取客户反馈、维系客户关系、提供会员服务的有力工具。

3.创意是关键

在App的海洋里,如果没有令人眼前一亮的创意,那么无论它有多么实用,也无论提供再多互动,都很难引起消费者注意。因此,在App营销中加入足够的创意,才是营销成功的关键。创意可以从内容方面着手,也可以从技术手段方面切入。

像法航"Music In the Sky"让用户用手机到天空中去搜寻随机播放的音乐、iButterfly将优惠券变成蝴蝶让用户去捕捉,都可谓是天马行空的创意;麦当劳通过一个手机App便让顾客把自己拍摄的视频融入企业的广告片中,即前半段UGC(用户自制内容)、后半段企业广告,是在调动顾客参与性和营销个性化方面所做的有益尝试;杜蕾斯的"防小人"手机应用程序"Durex Baby"(杜蕾斯宝宝)让用户提前感受养小孩的烦恼,在小聪明里透着一丝狡黠。当然,App营销的创意并非全然是小技巧,在数字技术时代,有冲击力,能感染、鼓动人的,仍然是饱含着情感的大创意。丰田汽车的"Backseat Driver"(后座司机)App让小朋友坐在后座也可以通过手机感受到与父母一起开车的乐趣,并且可以很方便地把每趟旅途分享到Twitter,等将来孩子长大了依然能回味小时候这段和父母一起开车的经历，其营销创意在好玩里透着浓浓亲子情。

4.整合是助力

一次成功的App营销，除了需要从自身产品特点和消费者需求出发，具备好的创意和技术手段之外，整合运用其他媒体终端和营销手段，相互配合、自成体系，也是非常重要的。通过线上线下多种营销方式和工具，实现服务、平台的整合，增强单个App的吸引力和影响力，使消费者多角度、全方位地感受到企业营销活动的刺激，增强营销效果。

例如，在整个整合营销体系运作的前期，可以动用各种营销手段来促进企业声望的提升及带动相关App的下载量；在整合营销体系运作的后期，充分利用App营销的体验、互动优势来进一步提高用户体验度和黏度，实现营销效果最大化。①

知识回顾

App就是英文“Application”的缩写，我们一般所说的App就是指在网络平台或智能移动终端上运行的第三方应用程序。App的类型划分方式有很多，按照载体的不同，App可以分为网页App与移动App。网页App是指需要在PC机的浏览器上加载运行的软件，依托浏览器程序语言和网页浏览器进行运作。移动App就是我们所熟悉的可以在智能手机、平板电脑以及其他智能移动设备上运行的应用程序。移动化和社交化是未来App发展的主导趋势。

App营销即应用程序营销，指通过网页或智能手机、平板电脑等移动终端上的应用程序来开展的营销活动。App营销具有精准度高、信息全面、趣味性强、互动性强、效果可控等特点。移动互联技术的发展和智能移动终端的普及是App营销得以兴起的原因，也正是因为有这些技术的发展，App营销的发展势头锐不可当。

本章主要探讨了App营销的三种模式：广告植入模式、企业自有App模式、企业自有App+线下互动模式。广告植入模式也叫App内置广告，企业以植入的形式，借助第三方App进行营销。企业自有App模式则是企业开发出自己的App，通过自己专属的App进行营销。自有App是为企业量身定做的，因而极富个性，营销的个性化和精准化可以在企业自有App营销上得到极致化的体现，而且可以以相对较低的成本创造出可观的营销传播效果。企业自有App+线下互动的模式则是巧妙结合了线上线下互动的全新模式，

① App营销与整合网络营销[EB/OL].珍岛.http://www.trueland.net/IndustryNews/appzhengheyingxiao.shtml，2013-05-23.

通常是结合利用了手机App和LBS、AR、QR码等技术，大大拓展了App营销的形式设计和创意空间，给消费者带来更深刻、立体、多元的体验，增强消费者与企业间的互动。线上线下互动相结合的App营销已经在一定程度上体现了整合营销传播的理念，借助的是技术与创意的交融。

App营销目前主要存在品牌App平均生存周期不长、数量多但质量不精、支付功能不够完善、可持续性难等问题。企业进行App营销，有一些常规的营销法则要遵守：要做好App的定位，有针对性地选择用来进行App营销的产品及信息，并关注最新的相关科技发展动态，做好长期规划和维护更新。鉴于企业自主开发App进行营销的情况越来越多，本章对这类App的营销策略进行了重点探讨，给出四个策略要点：有用是前提、创意是关键、互动是核心、整合是助力，认为有用、有趣、互动、整合是未来企业App营销的发展趋势。

复习思考题

1.App营销和移动营销的区别？

2.App营销有哪几种模式？

3.App营销的核心是什么？

4.搜集企业App营销成功或失败的案例并总结App营销的策略。

参考文献

1.(美)菲利普·科特勒,(印尼)何麻温·卡塔加雅,(印尼)伊万·塞蒂亚万.营销革命4.0:从传统到数字[M].王赛,译.北京:机械工业出版社,2020.

2.(美)菲利普·科特勒,(印尼)何麻温·卡塔加雅,(印尼)伊万·塞蒂亚万.营销革命3.0:从产品到顾客,再到人文精神[M].毕崇毅,译.北京:机械工业出版社,2013.

3.(美)肯特·沃泰姆,伊恩·芬威克.奥美的数字营销观点:新媒体与数字营销指南[M].台湾奥美互动营销公司,译.北京:中信出版社,2009.

4.(美)拉菲·默罕默德,罗伯特·菲谢尔,伯纳德·杰沃斯基,等.网络营销:构建网络经济中的竞争优势[M].王刊良,译.北京:中国财政经济出版社,2005.

5.(美)玛丽·史密斯(Smith. M).关系营销2.0:社交网络时代的营销之道[M].张猛,于宏,赵俐,译.北京:人民邮电出版社,2013.

6.(美)索利斯.互联网思维——传统商业的终结与重塑[M].周雷,廖文俊,译.北京:人民邮电出版社,2014.

7.(美)瓦妮莎·福克斯.搜索营销[M].钱峰,译.北京:东方出版社,2011.

8.(英)维克托·迈尔-舍恩伯格,肯尼思·库克耶.大数据时代[M].盛杨燕,周涛,译.杭州:浙江人民出版社,2013.

9.陈永东.企业微博营销:策略、方法与实践[M].北京:机械工业出版社,2012.

10.董雅丽,杨魁.关系文化与关系营销[M].北京:中国社会科学出版社,2006.

11.冯和平,文丹枫.移动营销:企业营销的终极武器(第1版)[M].广州:广东经济出版社,2007.

12.宫承波.新媒体概论[M].北京:中国广播电视出版社,2007.

13.郭国庆.市场营销学通论(第2版)[M].北京:中国人民大学出版社,2003.

14.郭庆光.传播学教程(第2版)[M].北京:中国人民大学出版社,2011.

15.胡卫夕,宋逸.微博营销:把企业搬到微博上(第2版)[M].北京:机械工业出版社,2014.

16.黄河.手机媒体商业模式研究(第1版)[M].北京:中国传媒大学出版社,2011.

17. 蒋宏，徐剑. 新媒体导论[M]. 上海：上海交通大学出版社，2006.

18. 匡文波. 新媒体概论[M]. 北京：中国人民大学出版社，2012.

19. 刘鹏，王超. 计算广告[M]. 北京：人民邮电出版社.2019.

20. 卢爽. 关系营销[M]. 北京：中国纺织出版社，2003.

21. 痞子瑞.SEO 深度解析：全面挖掘搜索引擎优化的核心秘密[M]. 北京：电子工业出版社，2014.

22. 祈定江. 口碑营销——用别人的嘴树自己的品牌[M]. 北京：中国经济出版社，2008.

23. 史达. 网络营销(第2版)[M]. 大连：东北财经大学出版社，2010.

24. 史达. 网络营销理论与实务[M]. 北京：经济科学出版社，2003.

25. 唐绪军. 新媒体蓝皮书：中国新媒体发展报告(2013)[M]. 北京：社会科学文献出版社，2013.

26. 陶丹，张浩达. 新媒介与网络广告[M]. 北京：科学出版社，2001.

27. 肖凭，文艳霞. 新媒体营销[M]. 北京：北京大学出版社，2014.

28. 尹韵公. 新媒体蓝皮书：中国新媒体发展报告(2012)[M]. 北京：社会科学文献出版社，2012.

29. 尹韵公. 新媒体蓝皮书：中国新媒体发展报告(2011)[M]. 北京：社会科学文献出版社，2011.

30. 恽如伟. 数字游戏概论[M]. 北京：高等教育出版社，2012.

31. 曹进，吕佐娜. 大众文化视角下的"新新"媒介探析——以腾讯微信为研究对象[J]. 东南传播，2012(9).

32. 昌蕾，李晶. 网络游戏植入式广告的植入应用研究[J]. 新闻界，2010(5).

33. 陈党，张翠. 网络游戏广告发展现状与反思[J]. 东南传播，2012(11).

34. 陈懋. 搜索引擎营销[D]. 北京：清华大学经济管理学院，2005.

35. 陈永东. 微信之于微博：是互补而非替代[J]. 新闻与写作，2013(4).

36. 陈永晴. 直播电商：营销新势能的反思[J]. 出版广角，2020(21).

37. 陈喆. 浅析网络游戏植入式广告价值[J]. 商，2012(20).

38. 弓萍. 利用微信公众平台做好服务营销[J]. 现代营销，2013(11).

39. 何晓劲. 从"整合营销"到"统合营销"[J].21 世纪商业评论，2009(8).

40. 黄穗绮琳. 移动电商平台内容营销策略探究 [D]. 武汉：武汉大学，2019.

41. 黄琍. 大数据的营销价值[J]. 武汉商业服务学院学报，2013，27(5).

42. 韩玫，何跃. 基于DEA的企业微博活动营销效果评估——以S企业官方微博为例[J]. 管理评论,2015,27(07).

43. 黄楚新,吴梦瑶.我国直播带货的发展状况、存在问题及优化路径[J].传媒,2020(17).

44. 黄升民,刘珊."大数据"背景下营销体系的解构与重构[J].现代传播,2012(11).

45. 韩新远,网络直播营销的特质与治理研究——以双循环新发展格局为视点[J].河南社会科学,2021,29(6).

46. 匡文波."新媒体"概念辨析[J].国际新闻界,2008,3(6).

47. 李华君,张智鹏.人工智能时代数字出版的用户新体验:场景感知、场景生产与入口把控[J].出版发行研究,2019(5).

48. 刘俊博.基于位置服务(LBS)的营销平台分析[J].新闻传播,2013(8).

49. 刘雅婷,李楠.直播电商虚假宣传的法律规制[J].知识产权,2021(05).

50. 吕清远.大数据时代下的微信营销价值[J].现代经济信息,2013(20).

51. 麻震敏.App营销 打动用户是关键[J].成功营销,2011(12).

52. 马翠华.网络广告业务模式演变研究[J].中国出版,2014(12).

53. 毛艳琼,李丽萍.浅谈中小企业微信公众平台的运营[J].中小企业管理与科技,2014(5).

54. 蒲信竹,张哲.基于场景视角的移动出版营销策略研究[J].中国出版,2018(5).

55. 齐馨.百度携手耐克合力创新搜索营销[J].成功营销,2009,17(7).

56. 邱淑华,黄昭谋,黄裕峰.多重影响者:一种公关的操作模式与实践[J].现代广告,2014(12).

57. 任芳达.小游戏,大不同[J].焦点,2004,52(8).

58. 芮益芳,亢樱青.直播+电商风口已现:购物体验优化再试水[J].商学院,2016(9).

59. 沈春宁.主流媒体直播带货的行与思[J].传媒,2021(08).

60. 阮云胜.基于SEO的搜索引擎营销探析[J].经营管理者,2010(21).

61. 王红侠. 引领视频娱乐营销风向标[J].中国广告,2011(3).

62. 王静,程浩.试析网络游戏广告的价值与形式[J].广告大观(理论版),2008(1).

63. 王睿.企业微博营销影响因素与短期效果测量研究[D].北京:北京邮电大学经济管理学院,2012.

64. 王知津,潘颖.中文搜索引擎商业模式比较:以百度和谷歌为例[J].图书馆工作与研究,2012,201(11).

65. 肖海清.社交搜索的应用分析——以Facebook社交图谱搜索为例[J].武汉:华中师范大学研究生学报.2013,20(3).

66. 谢建家.地图搜索三问题[J].互联网天地,2007(3).

67. 熊澄宇,廖毅文.新媒体——伊拉克战争中的达摩克利斯之剑[J].中国记者,2003(5).

68. 薛嘉炯 .5G 时代，关于电竞的想象[J]. 中国广告，2019(10).

69. 颜景毅 . 如何进行口碑营销[J]. 销售与市场(评论版)，2008，(12).

70. 殷存举 . 搜索引擎优化技术研究[J]. 软件工程师，2014.17(7).

71. 应冬乐 . 网络游戏广告研究[D]. 南京：南京师范大学新闻与传播学院，2007.

72. 原雷霞 . 浅谈微信营销的价值及其运用策略[J]. 时代经贸，2013(24).

73. 赵爱琴，朱景焕 . 企业微博营销效果评估研究[J]. 江苏商论(市场销售版)，2012-01-09(1).

74. 周丽，范建华 . 形塑信任：网络电商直播的场景框架与情感逻辑[J]. 西南民族大学学报(人文社会科学版)，2021，42(02).

75. 朱云，申超红 . 符号互动视角下出版业直播营销策略研究[J]. 科技与出版，2020(08).

76.Jansen B J , Mullen T . Sponsored search: an overview of the concept, history, and technology[J].International Journal of Electronic Business, 2008, 6(2).

后 记

本书是在《新媒体营销》(2016年版)基础上编写而成。黄爱贞、刘梓茜、卢沁、王玉、王雨馨、闫泽茹、石丽、苗勃、邓景夫、张兢芮、郭宇婕等人参与了2016年版的编写工作。鉴于新媒体营销的快速发展与变化,我们编写了本书,一方面吸收最新的理论研究成果,对本书前三章进行相应修改,另一方面根据新媒体营销的现实应用情况,对营销方法部分进行了大幅修改。新增“直播营销”一章,并对搜索营销、视频营销、游戏营销、微博营销、微信营销、App营销等章节进行较大幅度的修改。

此次编写,各章作者如下:第一章:周丽玲;第二章:周丽玲;第三章:刘明秀;第四章:柯英文;第五章:柯英文;第六章:刘明秀;第七章:汪佳玮;第八章:董梦媛;第九章:高钰;第十章:陈晨。由周丽玲提出全书编写设想及章节框架,并统校、修订全稿。

感谢丛书总主编武汉大学新闻与传播学院周茂君教授所提供的机会和帮助,同时也非常感谢我的合作者们的热情参与和辛苦工作。西南大学出版社的编辑为本书付出了大量时间,对待书稿的细致认真令我感动。多方的通力合作,才使得本书得以顺利完稿和出版。

虽然几经审校,仍难免存在错漏之处,恳请广大读者批评指正。

周丽玲

2022年6月